W0191625

Walter Ulbricht · Mein Urgroßvater

Das Buch

Noch nie hat sich einer von Ulbrichts Nachfahren veranlasst gesehen, über den berühmt-berüchtigten Vorfahren eigene Nachforschungen anzustellen. Der Urenkel Florian Heyden schon. Ihn störte einmal, dass in der eigenen Familie kaum über den Mann gesprochen wurde. Was zwangsläufig neugierig macht. Zum anderen missfiel ihm, dass in den meisten Veröffentlichungen abfällig, höhnisch oder diffamierend über seinen Urgroßvater berichtet wurde, er schien eine Unperson zu sein. War er das wirklich? Florian Heyden hat sieben Jahre lang Ulbrichts Leben zwischen 1893 und 1945 erforscht.

Der Autor

Florian Heyden, geboren 1980, studierte in London, war Praktikant an der dortigen Deutschen Botschaft sowie im britischen Parlament und anschließend bei einem internationalen Marktforschungsunternehmen tätig. Seit 2011 arbeitet er in der Schweiz als Manager in der Konsumgüter- und Nahrungsmittelbranche. Seit vielen Jahren setzt er sich intensiv mit seiner Familiengeschichte auseinander. Dank seiner Herkunft bekam er bei seinen Recherchen exklusiven Zugang zu deutschen, russischen, amerikanischen und britischen Archiven und stieß auf zahlreiche unbekannte Materialien über seinen Urgroßvater. Heyden lebt mit seiner Familie in Genf.

FLORIAN HEYDEN

Walter Ulbricht
Mein Urgroßvater

edition ost

Für Lala, Lucie & Noé

Inhalt

Prolog

In meiner Familie ist das Private nicht privat und das Öffentliche nicht öffentlich. Geschichte war nie nur die Geschichte großer Persönlichkeiten. Bei uns ist alles Private durchdrungen von den Erfahrungen des letzten Jahrhunderts, auch den leidvollen. »Wir sind anders«, sagte meine Großmutter Dora zu meinem Vater Jörg, und dieser Satz wurde wie ein Erbstück der Familie von Generation zu Generation weitergegeben. Das Erbe war Abgrenzung und Außenseitertum, im Alltag, in der Schule, überall.

Unsere Familiengeschichte war ein gut gehütetes Geheimnis. Meine Eltern und Großeltern sprachen nicht über unsere Vergangenheit. Sie lebten mit der ständigen Gewissheit, überwacht zu werden, ohne genau zu wissen, wo, wann und durch wen. Meine Großmutter war nach dem Krieg zur Familie ihres Mannes, meines Großvaters, nach Lübeck gezogen. Sie dachte, sie ließe ihre Leipziger Wurzeln hinter sich. Doch so sehr sie es auch versuchte, es gelang ihr nicht. Meine Großeltern hatten Angst vor der Intoleranz ihrer Mitmenschen und davor, wegen dieser Verwandtschaft an den Pranger gestellt zu werden. Unsicherheit und Furcht begleiteten sie. Die Angst, dass jemand herausfinden könnte, wer sie waren und woher sie kamen, übertrug sich auf die Nachgeborenen. Darüber wurde jedoch nie offen gesprochen. Das Gefühl der Andersartigkeit war beständiger Teil ihres Lebens. Die verwandtschaftliche Beziehung zu Walter Ulbricht war Grund für Ausgrenzung, Kündigungen und Umzüge. Meine Großeltern fassten nirgends Fuß. Sie hatten Angst, selbst ins Visier zu geraten.

Immer wieder mussten meine Großeltern ihr Leben, ihren Freundeskreis und das soziale Umfeld neu aufbauen, und immer wieder wurde es zerstört, und sie mussten von vorn beginnen. Die Presse und die Paparazzi machten regelmäßig Jagd. Meine Großmutter bat darum, unseren Namen oder den Wohnort nicht zu nennen. Erfolglos. Als Tochter des vermeintlichen Diktators schien sie Freiwild zu sein. Darum versuchten sie und ihr Mann nicht aufzufallen und machten sich klein.

Und nicht nur die Presse interessierte sich für die Familie. Mein Vater erinnerte sich, dass nach dem Prager Frühling 1968 zwei Herren in auffällig-unauffälligen dunklen Anzügen und mit breitem Akzent auftauchten und nach seinem Großvater in der DDR fragten. Ihm wurde nicht zum ersten Mal bewusst, dass nicht nur das Ministerium für Staatssicherheit der DDR, sondern auch die bundesdeutschen Geheimdienste sich für unsere Familie interessierten.

Zwei Haltungen dominieren bis heute die Sicht auf Walter Ulbricht: Die einen hassen ihn, die anderen beweihräuchern ihn. Dazwischen ist wenig. So kann kein Mensch beurteilt werden. Also: Wer war Ulbricht wirklich? Sebastian Haffner sagte, kein deutscher Staatsmann außer Bismarck habe die Geschichte seines Staates so lange beeinflusst wie Walter Ulbricht, keiner so wirkungsvoll. Aber wie kam es dazu? Wer war dieser »universelle Geist«, dem »Oberflächlichkeit fremd war«? Wer war dieser »deutsche Arbeitersohn«? War er der zynische »rote Zar der Sowjetzone, Diktator, Zuhälter, Hochverräter«? Eine »graue Maus«, von »Millionen gefürchtet, gehasst und verflucht«? Ein »Mensch ohne Charisma, Charakter und Charme, kontaktarm, ein schlechter Redner«? Wer war dieser Mann, der mit Etiketten wie »Mauerbauer«, »Lügner«, »Spalter«, »Spitzbart« bedacht wurde? Nach außen wirkte Walter Ulbricht verkrampft und angestrengt, sprach nur über Politik. Im Kreise der Familie war er locker und entspannt, in seinem persönlichen Lebensstil bescheiden und anspruchslos. Er rauchte nicht und trank nur selten Alkohol. Soweit seine Zeit und seine Gesundheit es zuließen, trieb er Sport, fuhr leidenschaftlich Ski und machte ausgedehnte Spaziergänge. Er führte schließlich – in dritter Ehe – ein intaktes, bürgerliches Familienleben. Politisch hat er sämtliche Krisen navigiert und unzählige Rivalen ausmanövriert. Er hat einen Staat gegründet und konsolidiert, hat Prinzipientreue mit taktischer Geschmeidigkeit kombiniert. Sein demütiger Fleiß mündete in Gleichgültigkeit gegenüber eigenen Gefühlen. Walter Ulbricht hätte den Lebensunterhalt seiner Familie durchaus respektabel auch als Tischler bestreiten können. Er hat aber dem einfachen Weg den für ihn richtigen vorgezogen.

Rosa Michel, die zeitweilige Lebensgefährtin und Mutter der gemeinsamen Tochter Mimi, merkte in ihren privaten Erinnerungen an: »Es ist genug (gesagt), wenn man überhaupt über seine Privatleben schreiben will, dass er stets als Berufsrevolutionär sein Privatleben der Partei untergeordnet hat – das gilt auch gegenüber allen drei Frauen. Er gehörte ganz der Partei, fühlte sich schuldig ihr gegenüber, wenn er sich ihr nicht restlos widmete.«

Dieses Buch zeichnet das Leben meines Urgroßvaters bis Ende 1945 nach. Es ist die erste Hälfte seiner Geschichte, in der zwei Weltkriege, Revolutionen, Verfolgung, Illegalität und ein Leben im Exil den Rahmen bilden.

Die Dramatik dieser Zeit und die Anforderungen, die sie an ihn stellte, hätten größer kaum sein können. Rekonstruiert aus Akten, Gesprächen, Briefen und Nachlässen soll hier möglichst unverstellt sein Leben nachvollzogen werden. Vielleicht hilft dies, seine Entscheidungen in dieser Umbruchszeit, seine Weltsicht und Denkweisen zu verstehen.

Besonderen Dank schulde ich – neben zahllosen anderen – Andrea Bentschneider und Kirill Chashchin für unzählige Stunden Recherche, konstruktive Kritik, Erstellung, Ausarbeitung und Durchsicht des Manuskripts. Weiter danke ich den Staatsarchiven in Russland und in Deutschland, dem Stadtgeschichtlichen Museum Leipzig, dem Englischen Nationalarchiv und besonders Jörg und Alain für ihre Unterstützung.

Florian Heyden,
Genf im Frühjahr 2020

Kindheit, Lehr- und Wanderjahre

Walter Ulbricht wächst in bescheidenen Verhältnissen in Leipzig auf. Sein Vater, der Schneidermeister Ernst August, und seine Mutter Pauline umsorgen ihn und seine beiden jüngeren Geschwister liebevoll, »große Sprünge« wie den Besuch einer weiterführenden Schule können sie sich aber nicht leisten. Nach der Schule nimmt Walter eine Tischlerlehre auf

Mein Urgroßvater kommt am 30. Juni 1893 um halb zwölf Uhr mittags in einer Dachwohnung in der Gottschedstraße 4 im Westen Leipzigs zur Welt. Seine Eltern, Schneidermeister Ernst August Ulbricht und dessen Frau Pauline, sind seit einem Jahr verheiratet und leben erst seit einem halben Jahr zusammen hier. Ihre Hochzeit war im Februar 1892 in Leipzig. Die Ulbrichts sind beide als überzeugte Sozialisten politisch sehr aktiv. An den Stadtverordnetenwahlen kann aber nur teilnehmen, wer das Bürgerrecht besitzt. Nach Anfrage des Stadtrates beim Polizeiamt um ein Führungszeugnis leistet daher auch Ernst August Ulbricht, dem Aufruf der SPD folgend, am 10. August 1892 seinen Bürgereid. »Vater Ulbricht«, wie er auch genannt wird, ist mit Leib und Seele sozialdemokratischer Parteifunktionär. Die Alexanderstraße ist Ernst Augusts Agitationsbezirk. Mit dem Parteilokal im Restaurant Morgenröte in der Hauptmannstraße 7 gehört er der Mitglieder-, Zeitungs- und Bürgerrechtskommission des Bezirks Westen I an.

Pauline war im sechsten Monat schwanger, als das junge Ehepaar am 28. März 1893 die Dachwohnung in der Gottschedstraße bezog. Das Haus ist erst zehn Jahre alt und eine gute Adresse: Hausbesitzer Wolanke achtet auf den Ruf seiner Mieter, »gutes Bürgertum« mit ehrbaren Berufen, vom Architekten bis zum Rechtslehrer. Auch der spätere Reichskanzler Gustav Stresemann wird wenige Jahre nach den Ulbrichts im Haus wohnen.

Das 1881/82 von Christian Wilhelm Röger errichtete und später an den Schneidermeister Eduard Wolanke verkaufte Gründerzeitwohnhaus war eine respektable Adresse. Wolanke, Inhaber eines »Ateliers moderner Herrenmoden« in der Petersstraße 1, wohnte selbst hier. Es ist wahrscheinlich, dass die Ulbrichts bis 1900 in der Mansardenwohnung untergekommen waren. Dann zogen sie in die unweit gelegene Alexanderstraße 5, wo die Miete niedriger war. In der Gottschedstraße wohnte von Ende 1899 bis Anfang 1901 auch ein Student namens Gustav Stresemann zur Untermiete. Mit einer gewissen Wahrscheinlichkeit nahmen sich der damals 22-jährige Gustav und der siebenjährige Walter damals wahr.

Am 15. Oktober 1893 lassen Ernst und Pauline ihren Sohn evangelisch taufen. Pate ist ihr Nachbar, Hochschullehrer Lincke: »Paul Hugo Lincke, Rechtslehrer aus der Gottschedstraße 4, wünscht seinem lieben Patenkinde Walther Ernst Paul Ulbricht fröhliches Gedeihen zum Tauftag am 15. Oktober 1893.«

Der Sohn gedeiht, er wird liebevoll umsorgt. Die Familie teilt sich mit den anderen Hausbewohnern einen Garten, ein kleines

Walters Geburtshaus in Leipzig, Gottschedstraße 4 (seit 1934 Nr. 25),
Aufnahme aus den achtziger Jahren mit der Gedenktafel

Abbildung auf den folgenden Seiten:
Eintrag im Leipziger Standesamt-Register über die
Eheschließung der Eltern 1892 und den Tod der
Mutter am 27. Juli 1926
Eintragung des Standesamtes über die Geburt der
Kinder Walter (30. Juni 1893), Hildegard (1. März
1899) und Erich (18. Februar 1901)

I. Ehe-

Namen und Stand der Ehegatten.	Reli- gion.	Geburtstag und Geburtsort.	Namen, Stand und Wohnort deren Eltern.	Zeit u. Ort der Ehe- schließung und Nummer des Reg.
Ulbricht, Ernst Auguste, — Schneider.	ev. luth.	28. März 1864 zu Krummen hennersdorf bei Freiberg	der verstorbene Berghauer Heinrich Förchner Ulbricht und dessen verstorbene Ehefrau Auguste Emilie geborene Küttner zu Krummenhennersdorf	Der 6te Februar 1892 zu Leipzig. No. 111 des Heimathsregisters.
Rothe, Pauline Ida	ev. luth.	26. October 1868 zu Schildau	der Barmaurer, weiland Ernst Carl Rothe und dessen Ehe- frau Johanne Pauline geborene Burkhard zu Schildau	

gatten.

Beglaubigungs- vermerk.	Zeit und Ort der kirchlichen Trauung.	Zeit und Ort des Todes.	Standesamt Register-Nummer und Beglaubigungsvermerk.
Beglaubigt Leipzig en 6ten Februar 1892. Der Standesbeamte. Müller	am 6. Februar 1892 in der Kirche zu St. Matthäi in Leipzig durch Herrn Superintendent Schwarz Bürgerschuldirektor	27. Juli 1926 zu Leipzig= Eutritzsch zuletzt wohnhaft in Leipzig	Leipzig I Reg. Nr. 1952 1926. Beglaubigt Standesamt Leipzig I den 28. Juli 1926 Der Standesbeamte J. V. Grumbach

Großeltern: siehe Seite 14 flg.
Gedenkblätter: „ „ 16 flg.

II. Kin-

Nummer.	Vor- und Zunamen.	Zeit und Ort der Geburt.	Standesamt und Nummer des Geburtsregisters.	Beglaubigung des Standesbeamten.
1	Walter Ernst Karl Ulbricht	30. Juni 1893 zu Leipzig	Leipzig I 2525.	Beglaubigt Standesamt Leipzig I den 3. 7. 93 Der Standesbeamte
2	Hildegard Johanna Ulbricht	t. März 1899 zu Leipzig	Leipzig I 897.	Beglaubigt Standesamt Leipzig I den 4. 3. 99 Der Standesbeamte
3	Erich Ernst Ulbricht	18 Februar 1901 in Leipzig	Leipzig I 334.	Beglaubigt Standesamt Leipzig I den 20/2 1901 Der Standesbeamte
4				

- 5 -

Religion, Tag der Taufe, kirchliche Beglaubigung.	Tag der Schulaufnahme.	Tag der Confirm. resp. Communion.	Zeit und Ort des Todes.	Standesamt und Nummer des Sterberegisters.	Beglaubigung des Standesbeamten.
a luth. Conf. getauft am 15. tober 1893 den Kirche z. St. Matthäi in Leipzig.					
am 8. April Getauft am 22. Mai 1899 durch den Prediger Schifferdecker					

Taufzeugen: siehe Seite 10 flg.

Walters Großeltern: Heinrich Ulbricht und Auguste, geborene Küttner, die am 31. Juli 1859 im sächsischen Krummenhennersdorf heirateten

Ulbrichts Sohn Ernst, ein Schneider, heiratete 1892 die Tochter Pauline des
Kammmachermeisters Ernst Rothe aus Schildau in Sachsen

Privileg. Die Familie hat es nicht leicht. Ursprünglich kommen die Ulbrichts vom Land. Walters Großeltern väterlicherseits stammen aus Krummenhennersdorf, gelegen zwischen Dresden und Chemnitz, Pauline und Familie stammen aus Schildau bei Torgau. Großvater Heinrich Ferdinand Ulbricht hat als Bergschmied bei Freiberg gearbeitet, der Vater Ernst, im März 1864 geboren, ist in Leipzig ein Schneidermeister, dessen Arbeit die Kunden schätzen. Noch Jahre später erinnert sich eine ehemalige Kundin: »Herr Schneider Ulbricht war ein guter Schneider, denn mein Mann, Rauchwarenhändler Martin Marcus, und seine Söhne sowie andere verwöhnte Herren ließen bei ihm arbeiten.«

Trotz Anerkennung kommt die Familie finanziell kaum über die Runden, und Walters Mutter Pauline näht für die Nachbarschaft. Oft hilft sie auf dem Markt aus und verkauft Gemüse, um die karge Familienkasse aufzubessern. In den Nachwuchs investieren die Eltern trotzdem. In der Vorschulzeit besucht Walter den Leipziger Pestalozzi-Kindergarten, damit er umfassend gefördert, sein Gemeinschaftsgefühl gestärkt wird und er seine eigenen Begabungen entdecken kann.

1897 treten Walters Eltern aus der Evangelischen Kirche aus und werden Mitglied der freien Deutschkatholischen Gemeinde. Die Deutschkatholiken sind eine religiös-politische Bewegung, die ihre Wurzeln in den 1840er Jahren hat. Die Freireligiösen sind besonders in den Industrieregionen in Schlesien, Sachsen und im Rheinland populär. Sie bieten Lebenshilfe und wenden sich gegen Dogmatismus und die Repressalien der konservativen Fürstentümer, lehnen das kirchliche Lehramt und den päpstlichen Primat ab, sie sind gegen Heiligenverehrung, Beichte, Zölibat und traditionelle Liturgieformen. Nur Taufe und Abendmahl werden als Sakramente anerkannt. Die Freireligiösen fordern soziale Verbesserungen, eine Stärkung des öffentlichen Schulwesens, Armenärzte, Armenkassen, aber auch Turn- und Badeanstalten. Das alles sorgt für Zulauf vor allem bei gläubigen Arbeitern und in der unteren Mittelschicht. Der Kirchenaustritt wird der Familie nicht leichtgemacht. Vater Ernst muss dem Pfarrer zwei Mark und dem Amtsgericht 8,75 Mark zahlen. Dazu kommen fast fünfzehn Stunden Lohnausfall für Behördengänge. Für den einfachen Schneider eine beträchtliche finanzielle Einbuße.

Mit sechs Jahren wird Walter 1899 in die Volksschule aufgenommen. Walter besucht die fünfte Bezirksschule in der Elsässer Straße. Er ist eifrig und hat reges Interesse, herausragend sind seine Noten allerdings nicht. Sobald er lesen kann, beginnt er, darin von seinen Eltern bestärkt, Bücher zu lesen.

Walter ist fast sieben, als die Familie 1900 umziehen muss. Der Anlass für den Wohnungswechsel ist die Geburt von Schwester Hildegard. Zwei Jahre später bringt Mutter Pauline in der neuen Wohnung in der Alexanderstraße 5 Bruder Erich zur Welt.

Vater Ernst liebt die Natur, kennt alle Bäume und Vögel. Sonntags wandert die Familie in das Leipziger Umland. Bei Pausen in Wirtshäusern trinken die Eltern Kaffee, die Kinder bekommen Limonade. Der letzte Umzug liegt erst eineinhalb Jahre zurück, als die Familie erneut umzieht; die neue Wohnung befindet sich in der Kolonnadenstraße 17. Die häufigen Wohnungswechsel sind eine Unstetigkeit, die anhalten und Walter prägen wird. Er ist knapp zehn Jahre alt und verbringt seine Zeit am liebsten mit »Räuber und Gendarm«- oder »Trapper und Indianer«-Spielen, wie er später berichten wird. Mit anderen Kindern aus der Nachbarschaft stromert er in der Gerberstraße umher, am Flussbett der Parthe, am Tröndlinring, an der Gewerbeausstellung, am Fleischerplatz, vom Ranstätter Steinweg bis zur Poniatowskibrücke, in der Parkanlage Rosental und im städtischen Schwimmbad im Naundörfchen. Im Winter laufen die Kinder Schlittschuh. Arm sind sie alle.

Walter ist ein zurückhaltendes und stilles Kind, versteht es aber, sich zu wehren. »Mein Name ist nicht Ullrich, sondern Ulbricht!«, brüllt er – wie er später einmal notierte – seinen Spielgenossen Carl an, einen dicken Jungen mit Brille und verkümmertem Arm, der ihn immer beim falschen Namen ruft. Man verträgt sich und man schlägt sich. Walter selbst räumt im Alter ein, er hätte lieber Fußball gespielt, als Schularbeiten zu machen. Aber besonders seine Mutter achtet darauf, dass er gut lernt, und lässt ihn erst gehen, wenn er seine Hausaufgaben erledigt hat. Im Hause herrscht Ordnung. Wenn Walter ohne seine Hausaufgaben zu machen zum Spielplatz will, wird die Tür einfach abgeschlossen. Bildung ist der Familie enorm wichtig. Schwester Hildegard sagt später: »Wir haben als Kinder enorm gearbeitet für die Schule.« Und sie bestätigt, was auch Walters Lesekarte aus der Stadtbibliothek beweist: »Bei uns zu Hause wurde nie Schund gelesen, niemals. Nur die Werke unserer Klassiker, nur das wahrhaft Gute und Edle haben wir gelesen.« Neben den Werken der klassischen Literatur sind es sozialistische Autoren, die bei den Ulbrichts gelesen werden. So gibt die Mutter ihrem Sohn Bebels »Die Frau und der Sozialismus« zur Lektüre.

Zwar arbeiten beide Eltern, aber sie finden auch Zeit, die Schulhefte durchzusehen, sie sprechen regelmäßig mit den Lehrern der Kinder und erkundigen sich nach deren Leistungen. Beide bemühen sich redlich, ihre Kinder zu fördern und musisch zu erziehen. Trotz des kargen Einkommens besuchen die Kinder Theater und Konzerte.

Als Gewerkschaftsvorstand bekommt Ernst Ulbricht zu Hause oft Besuch von Kollegen, mit denen er soziale Fragen und Probleme diskutiert. Walter ist ein aufmerksamer Zuhörer. Zwangsläufig, denn besonders die Mutter achtet auf gute Umgangsformen und duldet kein vorlautes Mitreden der Kinder. Oft geht

Das früheste Foto von Walter Ulbricht: er mit seiner Schwester Hildegard, 1900

es kontrovers zu, und Walter lernt, Meinungen abzuwägen und Schlüsse zu ziehen.

Von August 1903 bis Januar 1904 erschüttert der Crimmitschauer Textilarbeiterstreik das Kaiserreich. Der elfjährige Walter hört in seinem Elternhaus von den Ereignissen und verfolgt sie mit regem Interesse. Crimmitschau im Landkreis Zwickau ist ein Zentrum der Textilindustrie. Gemessen an der Einwohnerzahl leben hier die meisten Millionäre im Reich. Den Arbeitern hingegen geht es nicht so gut: Ihre Arbeitszeit ist mit elf Stunden länger als in anderen vergleichbaren Betrieben im Reich. Wenn der Absatz stockt, gibt es Entlassungen – eine Katastrophe für jede betroffene Familie. Schon mehrmals haben die Arbeiter erfolglos für bessere Arbeitsbedingungen gestreikt. Jetzt sind es vor allem die Arbeiterinnen, Frauen und Mütter, die sich für den Zehnstundentag einsetzen:»Eine Stunde für uns! Eine Stunde für unsere Familie! Eine Stunde fürs Leben!« ist ihre Parole. Das Angebot der Fabrikbesitzer, die Arbeitszeit um eine halbe Stunde zu kürzen, reicht den Streikenden nicht. Immer mehr schließen sich ihnen an, fast achttausend Arbeiter stehen schließlich im Ausstand. Die Fabrikanten versuchen, die Produktion mit Streikbrechern fortzusetzen, die sie in ganz Deutschland anwerben, aber die Streikenden blockieren den Zutritt in die Fabriken. Unterstützt von Spenden aus dem In- und Ausland, kämpfen sie für den Zehnstundentag. Auch Walter sammelt in Leipzig mit seinen Eltern Arbeitergroschen für die Ausgesperrten. Aus dem lokalen Ausstand wird ein nationales Symbol.

Die Regierung des Königreichs Sachsen hat den»Kleinen Belagerungszustand« verhängt und auswärtige Gendarmerie in Crimmitschau stationiert. Im Januar 1904, nach 21 Wochen, beenden die Gewerkschaftsführer abrupt den Ausstand und empfehlen, die Arbeit zu den alten Bedingungen wieder aufzunehmen, weil immer mehr Arbeitswillige, also Streikbrecher, nach Crimmitschau gekommen waren. Fast fünfhundert Streikende verlieren ihre Arbeit und werden ausgewiesen.

Die politischen Folgen: Die Fabrikanten bilden einen Arbeitgeberverband der Textilindustrie und fordern von der Regierung Maßnahmen, um »die Freiheit der Arbeit gegen den Terrorismus der sozialdemokratischen Gewerkschaften zu sichern«. In Berlin gründen Konservative und Liberale einen »Reichsverband gegen die Sozialdemokratie«. Die SPD spricht von einem »Reichslügenverband«.

Das sind die ersten Erfahrungen Walters vom Klassenkampf, der durchaus Spuren im kindlichen Gemüt hinterlässt.

In Leipzig gründen Sozialdemokraten im Sommer 1906 den Arbeiterjugend-Bildungsverein mit Sitz im Volkshaus. Dieses war mithilfe jahrelanger Spenden der Leipziger Arbeiterschaft und mit Mitgliedsbeiträgen der sozialdemokratischen Partei im südlichen Stadtzentrum, in der Zeitzer Straße, erbaut worden. Das Volkshaus dient als Gewerkschaftssitz, hat Veranstaltungs- und Aufenthaltsräume, einen Turnsaal, eine Bibliothek sowie Wannen- und Brausebäder. Durchreisenden Gewerkschaftsmitgliedern bietet es auch Übernachtungsmöglichkeiten. Nach der Aufhebung der Sozialistengesetze 1890 waren überall im deutschen Kaiserreich solche Häuser entstanden, wohl mehr als anderthalbhundert insgesamt.

Die Mitglieder des Jugendbildungsvereins verwalten sich selbst. Dem leitenden Jugendvorstand stehen erwachsene Jugendbeiräte wie Ernst Ulbricht zur Seite. Die meisten Mitglieder sind Lehrlinge, aber auch ungelernte Arbeiter kommen. Walter verbringt fortan den Großteil seiner freien Zeit dort, liest Goethe, Schiller und Marx.

Als freireligiöser Sozialist stellt Ernst Ulbricht seine Kinder vom Religionsunterricht frei. Stattdessen besuchen sie eine Klasse für Populärwissenschaft und Literatur. Das macht sie zu Außenseitern. »Ja der Ulbricht, mit dem hatten wir nichts zu tun. Mit dem durften wir uns nicht sehen lassen«, erinnert sich später ein Schulkamerad. Auch Walters Geschwister leiden in der Schule unter dem Gespött ihrer Mitschüler, sie werden als »Rote« gehänselt. Als Freireligiöser besucht Walter die Gemeindenachmittage. Dort ist er so still und zurückhaltend, dass andere Schüler ihn kaum beachten. Er »fiel überhaupt nicht auf. Da er nur sehr wenig sagte, meinten wir, er sei dumm«, zitierte eine westdeutsche Illustrierte Jahrzehnte später diesen namenlosen Leipziger Mitschüler noch einmal.

Walters Hauptlehrer unterscheidet sich von seinen antiquierten Paukerkollegen, denen Walter ausgeliefert ist. Er unternimmt zweimal im Jahr mit den Schülern Ausflüge. Das Fahrgeld bezahlt die Schule, Essen und Übernachtung der Lehrer. Der Lehrer weckt Walters Interesse für Naturwissenschaften und regt ihn an, Darwin, Bölsche und Haeckel zu lesen, und schlägt Walters Eltern vor, ihren Jungen auf eine Hochschule zu schicken. Walter habe dazu das Zeug, sagt der aufmerksame Pädagoge. Aber fürs Studium fehlt den Ulbrichts das Geld. Stattdessen probiert Walter in einer Handwerkerschule verschiedene Berufe. Er schaut sich um bei den Schlossern und Klempnern, bei Kunstschnitzern, Buchbindern und Tischlern. Die Berufswahl wir ernst genommen. Als die Eltern meinen, er solle Tischler werden, stimmt er ihrem Vorschlag zu.

Am Palmsonntag, dem 24. März 1907, nimmt Walter an der Jugendweihe teil, die den Übergang ins Erwachsenenalter markiert. Ihm wird ein Vers von Johann Gottfried Seume mit auf den Lebensweg gegeben: »Stets handle fest nach männlichen Geset-

Tischlerlehrling bei Hallitschke & Volker in der Dorotheenstraße zu Leipzig
von 1907 bis 1911: eine Lehre fürs Leben

zen, / Die du dir schreibst; und Eines zu verletzen / Sei Hochverrat an der Vernunft: / Trägst du Zufriedenheit in deiner Seele, / so
ist dein Glück für Menschen groß, so quäle / Dich nicht um Beifall
seiner Zunft.«

Zwei Monate später beginnt der vierzehnjährige Walter
Ulbricht am 23. Mai eine vierjährige Tischlerlehre in der Kunst-
tischlerei Hallitschke & Volkmer in der Leipziger Dorotheenstraße. Die Werkstatt, bei der auch vornehme Kunden arbeiten
lassen, ist eine respektable Adresse mit guten Handwerkern. Walter erinnert sich noch Jahre später achtungsvoll an seinen Meister Ernst Weber. Die Arbeit beginnt morgens um sechs und endet
abends um 19 Uhr. Der Lohn beträgt in den ersten drei Jahre

Jugendweihe am Palmsonntag 1907: Der vierzehnjährige Walter (letzte Reihe,
Mitte) wird in den Kreis der Erwachsenen aufgenommen

magere drei Mark, im Abschlussjahr vier Mark in der Woche.
Doch Walter übernimmt auch den Stolz und die Selbstachtung
seiner Kollegen. Als er eine Kommode an den griechischen Konsul
liefert, lehnt er das angebotene Trinkgeld ab.

Gegenüber den Kollegen, so wird berichtet, habe sich der Lehrling Ulbricht »gesellig, verträglich und lebhaft« verhalten. Ge-
selligkeit, also Gemeinschaftssinn, ist wohl auch einer der Gründe,
weshalb er in den Arbeiterturnverein Eiche eintritt. Obgleich doch
die Arbeitszeit lang und die Freizeit kurz ist. Aber das entspricht
dem Klima daheim: In jeder freien Minute engagiert man sich ge-
sellschaftlich, also politisch, und es wird viel in der Familie gelesen, um sich zu bilden. Walter ist ehrgeizig. Er lebt in einer poli-

30

tisch aufgeladenen Zeit. Die herrschende Klasse im Kaiserreich drängt auf einen Platz an der Sonne und auf die Neuaufteilung der Welt – die unterdrückte Klasse auf die Verbesserung ihrer Arbeits- und Lebensbedingungen. Lehrling Walter nimmt an seinem ersten Streik teil, der – wie er später in seinen Erinnerungen an die Leipziger Zeit berichtet – friedlich verlief. Streikposten sitzen auf Stühlen vor der Werkstatt und lassen niemanden hinein. Und jenen Streikbrechern, die es doch schaffen, rührt man Seife in den Holzleim, damit die von ihnen gefertigten Möbel später auseinanderfallen.

Wie man streikt, lernt er vom Vater. Ernst Ulbricht ist Gewerkschafter, Vorstandsmitglied der Schneidergewerkschaft und SPD-Vertrauensmann. Seit dessen Gründung 1906 ist er auch Beirat des Jugendbildungsvereins Alt-Leipzig, dem sein Sohn im Oktober 1908 beitritt. Mit Knebelbart und breitem Kalabreser, kräftig-fröhlicher Stimme ist Ulbricht senior bei den Jugendlichen beliebt, wie später ein anderer Leipziger Genosse überliefert. Es handelte sich um Bruno Apitz, der das KZ Buchenwald überlebte und mit seinem Buch »Nackt unter Wölfen« Weltruhm erlangte.

In den je vier Räumen im Parterre und im Obergeschoss des Volkshauses gehen auch die Geschwister Ulbricht einem regen Vereins- und Parteileben nach, besuchen Lese- und Vortragsabende, mittwochs und donnerstags singen und tanzen die Jungen und Mädchen zusammen. Walter baut mit anderen Lehrlingen in der Freizeit ein Rednerpult, hinter das auch er bei Diskussionsabenden gelegentlich tritt. Neben Arbeit und Politik interessiert er sich für Musik und Malerei, er besucht Konzerte in der Alberthalle und im Gewandhaus, an Sonntagen unternimmt er mit Freunden Ausflüge ins Leipziger Umland. Eine Zeitlang arbeitet er im Volkshaus auch als Hilfsbibliothekar, und Schwester Hildegard bringt anderen im Jugendheim Stenografie bei.

Der Jugendbildungsverein Leipzig 1908. Walter in der dritten Reihe (Mitte)

Walter absolviert ein bemerkenswertes Lesepensum: Goethe, Schiller, Heine, Herwegh, Ibsen und Gorki, in Kursen informiert er sich über Geschichte und Volkswirtschaft. Noch heute zeigen die aufbewahrten zerfledderten Reclam-Hefte und sein Leseausweis der Bücherhalle sein weit gestreutes Interesse. Mehr als dreißig Bücher über Luftschifffahrt, Wirtschafts-, Literatur- und Weltgeschichte, Balkan, Pädagogik, Renaissancemaler, antike Sagen, aber auch Ludwig Thomas Lausbubengeschichten hat er sich ausgeliehen. Die Familie liest die *Leipziger Volkszeitung* und diskutiert über Artikel. Als Parteifunktionär nimmt Vater Ernst seinen ältesten Sohn zu politischen Vorträgen der SPD mit. Illegal, also nicht erlaubt. Jugendlichen ist der Besuch von politischen Versammlungen im Kaiserreich nämlich verboten. Ältere Genossen

bringen ihre Mitgliedsbücher vor den Saal, um die Eingangs-
kontrolle der Polizei zu täuschen. Walter übernimmt Aufgaben für die Gewerkschaft, verteilt
etwa heimlich in der Nachbarschaft SPD-Flugblätter. Damit die
Polizei ihn nicht erwischt und verhaftet, beginnt er mit dem Verteilen in den oberen Stockwerken. Für seinen Einsatz wird er in
den inneren Funktionärskörper für den Stadtteil Mitte aufgenommen.

Als in Walters Tischlerwerkstatt wieder gestreikt wird, schlagen die jungen Schreiner Streikbrecher mit Tischbeinen in die
Flucht. Im November 1908 protestieren etwa vierzigtausend Menschen in Leipzig gegen das Dreiklassenwahlrecht in Sachsen und
Preußen. Es ist ein ungleiches Wahlrecht, zumal nur Männer ab
24 wählen dürfen. Das Gewicht der Stimme bemisst sich nach der
Steuerleistung, die in drei Abteilungen bzw. Klassen unterschieden
wird. Die erste Klasse stellt mit vier Prozent aller Wähler ebenso
viele Wahlmänner für den Reichstag wie die dritte Klasse mit
82 Prozent Wähleranteil. Trotz dieser Diskriminierung nimmt die
Zahl der SPD-Mandate zu. Bei den Reichstagswahlen 1912 stimmen 34,8 Prozent für die Sozialisten.

Im Protestzug, der von berittener Polizei begleitet wird, marschiert auch der Lehrling Walter Ulbricht.

Ein reichliches halbes Jahr später, im Juli 1909, zieht die Familie
wieder einmal um.

Anfang 1910 wird Walter Ulbricht Mitglied des Jugendausschusses der Arbeiterbildung und rückt in die Führung der
Arbeiterjugend auf. Er tritt dem Holzarbeiterverband bei. Im April
1911 bekommt er seine erste größere Mission: Das Sekretariat der
Arbeiterjugend schickt ihn mit zwei Genossen nach Zwenkau,
südwestlich von Leipzig, um dort die jungen Arbeiter für die Mitarbeit in der Gewerkschaft zu gewinnen.

Drei Wochen später beendet er seine Lehre, nachdem er das Tischlerhandwerk bei Meister Werner »gehörig erlernt« hat, wie ihm ein Prüfungsausschuss konzediert. Walter besteht die Gesellenprüfung mit dem Prädikat »Gut«. Sein Gesellenstück ist eine Küche. Der Tisch hat sich, wenngleich wacklig und gerichtet, in der Familie erhalten, der Küchenschrank kam 1970 in das Stadtgeschichtliche Museum Leipzig.

Walter ist dankbar gegenüber seinen Ausbildern: »Nicht nur der Meister, sondern auch die älteren Lehrlinge haben uns jüngeren Lehrlingen geholfen, etwas Tüchtiges zu werden.«

Nach Beendigung der vierjährigen Lehre geht Walter am 5. Mai 1911 zusammen mit seinen Freunden Otto Heyden und Alfred Arnhold nach altem Brauch auf Wanderschaft. Nachmittags sind Otto und Walter noch bei Alfred zu einer einfachen und kleinen Abschiedsfeier, wie es sich für Proletarier geziemt, schreibt Otto Heyden. »Dann Abendbrot gegessen, Rucksack gepackt, noch ein bisschen geschlafen und es geht hinaus in die fremde Ferne.« Walters Vater bringt die Jungen bis zum Dresdner Bahnhof. Über Riesa geht es in die Landeshauptstadt. »In Riesa imponiert die ›Pferdeelektrische‹ ganz gewaltig.« In Dresden ist eine Herberge schnell gefunden, das Gepäck abgegeben, und schon wird die Stadt besichtigt. Zunächst der Zwinger, ein »Bau im Rechteck mit Blöcken in Sandstein«. Dresden mit seinen Barockbauten, der Gemäldegalerie im Zwinger, dem Elbstrom und Wanzenballade im Gewerkschaftshaus bleiben unvergessen. »Ausgiebig«, so Tippelbruder Otto Heyden, »wurde das Elbsandsteingebirge durchwandert und von Herrnskreschen mit dem Schiff die Grenze nach Österreich *(d. h. der k. u. k. Monarchie Österreich-Ungarn, zu der auch Böhmen und Mähren gehören – F. H.)* ›überfahren‹. Dann ging es am Südrand des Erzgebirges entlang über Teplitz, Dux, Brüx nach Karlsbad. Karlsbad war kein angenehmer Ort für Hand-

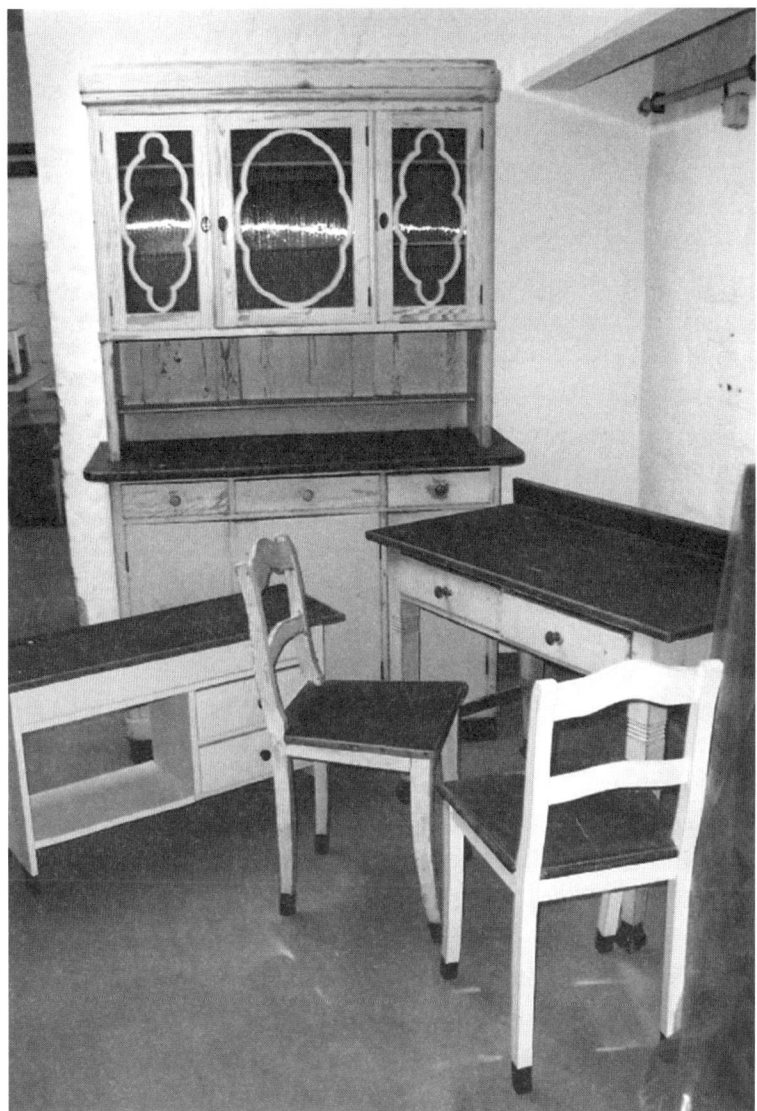

Das Gesellenstück nach vier Jahren Ausbildung: eine Küche.
Sie bleibt im Familienbesitz und kommt Jahrzehnte später ins Museum

Auf Wanderschaft mit seinen Freunden Otto Heyden (Mitte) und
Alfred Arnhold (links)

werksburschen. In Elnbogen, einem alten, malerischen Ort an der
Egerschleife, wartet noch heute der Herbergswirt auf 70 Heller.«
Und schließlich: »Über Eger ins Fichtelgebirge. Dann herunter
nach Marktredwitz, Nürnberg. Von unserem Leiter im Jugendbildungsverein Leipzig war uns eingeschärft worden, auf jeden Fall
das Germanische Museum zu besuchen. Doch zwei Mark Eintritt
war allerhand für unsere Kasse. Wir zum Direktor. Nach kurzem
Verhör bekamen wir eine Freikarte und konnten die Kontrolle pas-
sieren.

Dann über Ingolstadt nach München. Im Münchner Hofbräu-
haus tranken wir tapfer eine Maß und schwankten dann hinaus zur

Bavaria, um die südlich im Abendlicht grüßende Alpenkette zu bewundern.

Ich glaube, gesprochen haben wir nicht viel, sondern wir saßen staunend mit lahmen Waden auf den Stufen und freuten uns über die fernen Schneehäupter. Die nächste Station war Starnberg. In dem kleinen Ort Weilheim machten wir ausnahmsweise in einem Gasthaus Nachmittagsrast, weil es draußen recht heiß war. Als wir unsern Verzehr zahlen wollten, hatte ein älterer Herr im Voraus unsere Zeche beglichen. Hat er an seine jungen Jahre gedacht? Anderntags trennten wir uns. Walter fängt in Peißenberg als Bautischler an. Ganze zwölf Tage hält er es aus, dann kreuzt er in Garmisch auf.«

Gearbeitet wird, wo sich Stellen bieten. In Garmisch treten Walter und Otto gemeinsam eine Arbeit an und feiern Wiedersehen mit Alfred, der einen anderen Weg genommen hatte. Die Feier wird lang, die drei gehen am Samstag spät zu Bett. Im Glauben, es sei Montagmorgen, tritt die Gruppe am Sonntagnachmittag unter dem Gelächter der Spaziergänger den Weg zur Arbeit an – amüsierte sich später Walter in seinen Erinnerungen.

Nach einer Woche wandern die drei weiter: »Diese Zeit war schön. Jeden Sonn- und Feiertag auf die Berge! Unvergesslich, unvergesslich ist ein Aufstieg auf den Krottenkopf zum Sonnenaufgang unter Führung Garmischer Naturfreunde. Höllentalklamm, Wachenstein, Kramer und Loisachtal, Eibsee und all die anderen Perlen einer herrlichen Landschaft, gesehen mit jungen, schönheitsdurstigen Augen, ein Erleben, nicht durchreist, sondern erarbeitet, erwandert. Ein achtzehnjähriger Mensch kennt noch nicht die ganze Härte des Lebens. Ihm steht noch viel Sonne im Augenwinkel, und genügend Muskelspannung ist da, um heranzuholen, was nur irgend möglich ist. Große Pläne werden geschmiedet. In Turin ist die Weltausstellung. Wenn wir nicht

von Venedig aus nach Ägypten können, dann über die ober-
italienischen Seen nach Mailand und Turin.«

Über Mittenwald zieht die Dreiergruppe nach Innsbruck weiter. »In Scharnitz Passkontrolle, Handwerksburschen werden mit
besonderer Liebe beaugscheinigt. Doch unsere Papiere sind klar,
und der vorschriftsmäßige Reisegroschen ist auch da.«

Doch die drei müssen sich trennen, da Alfred als Ausgehobener
zum Militär keine Ausreiseerlaubnis hat. 1911 riecht es schon nach
Krieg, am Mittelmeer wird geschossen – Italien will die Kolo-
nien des Osmanischen Reichs in Nordafrika haben, und Deutschland schickt ein Schlachtschiff mit dem Namen »Panther« nach
Agadir in Marokko, um Gebietsansprüche in der Region anzu-
melden. Das kollidiert mit Frankreichs und Großbritanniens Interessen ... Otto und Walter jedoch tangiert das nicht: »Ziel ist
der Brenner. Dann wird der Jaufenpass überstiegen. Gestern noch
im Norden, heute im Lande des Weines und südlicher Flora. Ein
fast zu schroffer Übergang. Meran. Durchs breite, weinfröhliche
Etschtal nach Bozen, zum Denkmal Walthers von der Vogel-
weide, und nun durchs romantische Eggental auf den Karerpass
mit den beiderseitig bizarren Dolomitenbergen. Über Cavalese zurück ins Etschtal und nach Trient. In Trient wird Reisegeld vom
Österreichischen Metallarbeiterverband *(Otto Heyden ist Schlos-
ser – F.H.)* abgehoben und die Kasse ein wenig saniert. Dann über
Pergine ins Suganertal. Es gibt allerdings auch Spannungen und
Diskussionen. Otto will von Venedig aus nach Wien, »wenn sich
nicht bis dahin die Schlaferei und das Fressen ändert. So schön
auch die Walzerei hier sein mag, sobald die Walzbrüder nicht
richtig harmonieren, ist es besser, wenn jeder seiner Wege geht«.
An der italienischen Grenze werden wir herzhaft gefilzt und mit
einem Fußtritt ins Heilige Römische Reich eingelassen. Dann Bas-
sano und hinein in die Poebene per Eisenbahn.

Skizze aus dem Tagebuch Otto Heydens: »Trennung von A. A.« – Alfred
Arnhold darf als »Ausgehobener« nicht nach Italien und muss zum Militär

Der weite, unbegrenzte Blick über diesen gesegneten Land-
strich tut ordentlich wohl nach dem ewig begrenzten Sehen in
den Bergen. Bis Mestre war uns, als ob wir durch einen wohl-
bestellten Garten fahren würden. Vor uns, jenseits der Lagunen-
brücke, liegt Venedig. Ein Traum erfüllt sich. Als wir den Bahnhof
verlassen, müssen wir uns auf die Bahnhofstreppe setzen, so ein
verwirrendes Bild tut sich uns auf. Der Süden mit seinen glänzen-
den Farben, dem leichthin trällernden Leben, dem Stimmengewirr
sich anbietender Führer, Fruchtverkäufer, randalierender Bengel,
stöckelschuhbehackter tändelnder Damen und kein Wagen – wie
traumhaft wirkt das alles auf den Fremdling.

Otto Heyden, Freund
Walters und später
Vater eines Sohnes,
der einmal Walters
Tochter Dora heiraten
wird

Vor dem Bahnhof der Gondelverkehr. Statt fester Straßen, Wasser. Nicht im kühnsten Spintisieren als Junge habe ich geglaubt, eines Tages auf der Bahnhofstreppe in Venedig zu sitzen. Jetzt sitze ich da, fest und sicher. Aber alles Staunen weicht kühler Überlegung, und wir suchen mit Hilfe der Polizisten unter Gebrauch lebhaftester Gebärdensprache das Asyl für unbemittelte Reisende. Dort angekommen, wirft man uns«, so Walters Wanderbruder Otto Heyden weiter, »kurzerhand hinaus mit dem Bescheid, am Abend wiederzukommen. Zwei Tage Venedig. Wie eine unvergleichliche Kulturschatzkammer, wie ein Museum ist diese schwebende, schwimmende Stadt. Nach einem fröhlichen Nachmittag im Volksbad auf dem Lido geht die Reise weiter nach Padua. Dann per pedes apostolorum nach Vicenza, Verona.«

Aus Italien schickt Walter der Familie in Leipzig Berichte über die »herrlichen Kunstwerke«, die er mit Otto besichtigt hat. »Die schreckliche Hitze macht uns mürbe, und statt nach Mailand und Turin marschieren wir ins Etschtal, nach Torbole und Riva. Der Gardasee mit seinen zwischen den Uferfelsen zerspritzenden Wellen zaubert die schönsten Farbenspiele. In Riva sollen wir, wie in fast allen besuchten Orten des größten Reiseverkehrs, ein ziemlich teures Nachtquartier beziehen.

Nach mancherlei vergeblichem Suchen lassen wir uns nach einigem Hin und Her von der hochlöblichen Polizei auf dem Bürgermeisteramt in Schutzhaft nehmen. Doch wie elend wird uns, als man von außen die Zelle verriegelt und wir uns im Dustern auf der Holzpritsche, nur mit Hemd, Hose und Strümpfen bekleidet, zur Ruhe legen. Umso interessanter wird der Morgen. In ein wahrhaft internationales Gasthaus hat man uns gesteckt. Erfahrene Hände haben mit philosophischen Sprüchen das Leid und die Freuden der Landstraße in bester Kundensprache an die Wände gezaubert. Die Polente kommt dabei nicht zu kurz.

Es dauert lange genug, ehe geöffnet wird. Mit dem Segen, uns auf keinen Fall noch einmal hier sehen zu lassen, dürfen wir uns trollen. Selten hat die Sonne so schön geschienen wie an diesem Morgen.«

Die beiden Leipziger ziehen weiter, sehen zum ersten Mal einen »breitströmigen« Gletscher und machen neben den spektakulären Naturerlebnissen erneut unschöne Erfahrungen. »Das Engadin ist handwerksburschenfeindlich, und wir trachten, auf dem schnellsten Wege über den Albulapass ins Tal des Oberrheins zu kommen. Dann wieder auf den Gotthard hinauf nach Andermatt und über die vielgenannte Sankt-Gotthard-Straße mit der Teufelsbrücke hinunter zum Tell-Denkmal in Altdorf. An und auf dem Vierwaldstätter See erleben wir recht lebendig die Geschichte Tells, die Tellkapelle, den Schillerstein und den Rütli. Walter schimpft gar tüchtig auf die sakramentschen Berge. Über Stans nach Luzern. Hier wird fleißig Arbeit gesucht, jedoch nur Walter bekommt Beschäftigung in Sempach bei Luzern.«

Metallarbeiter sind ausreichend vorhanden, und Otto ist überflüssig. Die beiden schlafen, wie in Walters Wanderpass nachzulesen, im »Asyl de nuit«, bevor sie sich trennen. Otto zieht es nach Rom. Walter arbeitet ein halbes Jahr bei der Tischlerei Gebr. Helfenstein in Sempach und schließt sich dort der sozialistischen Jugendgruppe unter Willi Münzenberg und Jacob Herzog an. Kurz vor Weihnachten 1911 schreibt er aus Sempach nach Leipzig, er studiere über den Winter drei Bände der »Geologie der Schweiz«.

Im Frühjahr 1912 wandert Walter weiter. Im April arbeitet er bei der Schweizer Schreinerei Fuchs an der Werkbank. Nach sechs Wochen, am 25. Mai, nimmt Fuchs daran Anstoß, dass der Wanderarbeiter aus Sachsen, auf einem Kasten stehend, der Belegschaft einen politischen Artikel vorliest. Walter wird umgehend gefeuert und zieht nach Vorarlberg weiter. Vom Vierwaldstätter

Gruppenbild der Tippelbrüder: Alfred, Walter und Otto: »O Wanderzeit
o schöne Zeit«

Geldüberweisung an
Otto Heyden durch
Walter aus Sempach
am 20. August 1911
mit Begleittext:
»Lieber Otto! Habe
im Augenblick das
Geld erhalten und
schicke es sofort
weiter. Deine Karte
habe ich erhalten. (...)
In der Hoffnung, dass
du gesund bist grüßt
Walter«

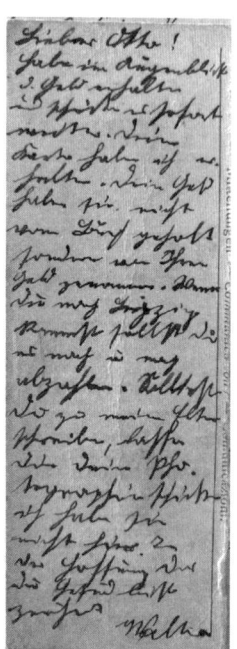

See wandert er Anfang Juni über Interlaken und Genf nach Zürich. Bei strömendem Regen trifft er in Zürich ein. Er schreibt, es sei ihm auf der Walz so gut wie hier noch nie gegangen.

Er plant, die Schweiz in Richtung Rhein zu verlassen, und bittet die Arbeiterjugend in Leipzig um die Adressen jener, die in Kontakt mit ihm bleiben wollen. Über Schaffhausen wandert er rheinaufwärts und findet einen Monat später in der Möbelfabrik Neckargemünd in der Mühlgasse Arbeit. Dort wohnt er für drei Mark pro Woche in der Dachkammer der Witwe Kohl in der Hauptstraße 41. Abends trifft er sich mit den Gesellen in der Wirtschaft »Zum Pflug« und der Stammkneipe »Ochsen«, diskutiert über Politik und erzählt von Leipzig und seiner Freundin Martha.

Nach vier Wochen wandert er in einem großen Bogen über Köln, Antwerpen, Amsterdam, Bremen, Hamburg und Hannover weiter, bevor er dann doch zurück nach Leipzig geht.

Auf allen Stationen besucht Walter Museen, etwa das Deutsche Museum in München und das Geologische Museum in Genf sowie Gemäldesammlungen in Brüssel und Amsterdam. Er saugt die Kultur auf wie ein Schwamm das Wasser, er ist neugierig und wissensdurstig. Aus Düsseldorf schreibt er am 18. August 1912, dass er bald daheim sein werde.

Auch sein Wandergeselle Otto Heyden kehrt wieder nach Leipzig zurück und zieht bei Familie Ulbricht ein. Walter nimmt ihn in der Folgezeit ins Volkshaus, zu politischen Veranstaltungen und auch zu Streiks mit.

Der Sozialdemokrat

1912 schließt sich Walter der SPD an und
arbeitet weiter als Tischler, bis er 1915 zum
Militär einberufen wird. Im Heer ist er als
Sozialist aktiv und wird darum überwacht.
Er desertiert, wird verhaftet und bleibt bis
zum Ende des Krieges in Haft

Zurück in Leipzig arbeitet der neunzehnjährige Schreiner Ulbricht
ab September 1912 bei Hallitschke & Volkmer, seinem Aus-
bildungsbetrieb. Er ist auch wieder in der Sozialistischen Arbeiterjugend aktiv. Bruno Apitz, wie Walter zur Gruppe »Alt-Leipzig«
gehörend, die ihre Heimstatt im Volkshaus in der Zeitzer Straße
hat, erinnert sich an »sein stetes Lächeln, Kennzeichen aller
Ulbrichts; er hatte langes blondes Haar, trug damals schon ein
Bärtchen und den unvermeidlichen Schillerkragen.« Walter versteht sich gut mit den Genossen und ist durchaus beliebt.

Und Apitz macht noch eine Beobachtung: Die jungen Leute,
die sich hier zusammenfinden, er eingeschlossen, schwärmen zwar
alle für »den Sozialismus«, allerdings sind es allenfalls recht vage
und diffuse Vorstellungen, was darunter zu verstehen ist. Das ist
bei Walter ein wenig anders. Er hat schon einiges gelesen, wertet,
analysiert, will hinter die Erscheinungen gucken. So drückt er dem
jüngeren Apitz »Lohnarbeit und Kapital« von Karl Marx in die

In Leipzig sind die Sozialisten, denen sich Walter anschließt, sehr aktiv.
Hier eine Postkarte zum 1. Mai 1912 – mit Schild und Schwert

Hand, der damit völlig überfordert ist. Apitz soll, wie er, zielstrebig die Welt und die Gesellschaft »erkennen«, sich bei klugen Köpfen belesen und kundig machen. Walter will die Welt verstehen, um sie zu verändern. Zumindest die Ungerechtigkeiten abschaffen, die er erlebt hat. Es beginnt sich bei ihm eine Weltanschauung zu formen.

Von der Jugendbewegung wechselt er, als er alt genug ist, in die Partei. Walter wird, keine zwanzig, Mitglied der SPD. Das ist eine bewusste Entscheidung gegen den Obrigkeitsstaat. Qua Mitgliedschaft ist er Opposition zum imperialistischen Kaiserreich. Ab Dezember 1912 besucht er mehrmals in der Woche nach der Arbeit und an Wochenenden die SPD-Parteischule. Der Kurs geht über ein Dreivierteljahr. Walter diskutiert über Wirtschaft und Marxismus, liest den ersten Band des »Kapitals«, Schriften von

Friedrich Engels, Karl Kautsky und die von diesem Theoretiker geführte *Neue Zeit*, die »Wochenschrift der deutschen Sozialdemokratie«. Sie gilt seinerzeit als das wichtigste theoretische Organ des Marxismus und des Wissenschaftlichen Sozialismus in Deutschland.

Walter lernt und versucht sich an schwerer geistiger Kost. Zieht Schlüsse. »Die Geschichte ist«, so schreibt er, »gewissermaßen die Lehrmeisterin des Politikers.« Damit nimmt er das Motiv auf, das sein Handeln bestimmen wird. »Wir können«, fügt er an, »aus der Geschichte lernen, wie sich der Entwicklungsprozess zu unseren heutigen gesellschaftlichen Verhältnissen vollzog.« Damit hat der junge Mann den Kern der materialistischen Anschauung der Geschichte erkannt.

In einem anderen Aufsatz schreibt er: »Die ökonomische Entwicklung zeigt die Tendenz einer rapiden Konzentration des Kapitals in wenigen Händen und der daraus resultierenden Zunahme der Klasse der Besitzlosen. Die unüberbrückbaren Gegensätze zwischen den beiden Klassen, deren Ursachen in den wirtschaftlichen Verhältnissen zu suchen sind, treten daher immer schärfer zutage. Das Werkzeug zur Wahrung der Gesamtinteressen der herrschenden Klasse ist der Staat. Dies hat zur Folge, dass der Kampf, den das Proletariat gegen die bestehende Gesellschaftsordnung führt, ein politischer sein muss.«

In jener Zeit, als er sich die Grundlagen seines marxistischen Denkens erwirbt, kündigt er bei Hallitschke und wechselt Ende April zur Hofmöbelfabrik Carl Müller & Co. in der Kochstraße 28. Dieser Wechsel wie auch die Kündigung bei Müller schon nach anderthalb Monaten sind unklar, es finden sich nirgendwo Gründe genannt. Bis November 1913 – dann findet er wieder Arbeit in der Tischlerei Bruno Börner im Norden Leipzigs – ist er ohne Anstellung und konzentriert sich ganz auf die Parteiarbeit.

Und in der Freizeit immer wieder unterwegs mit dem Jugendbildungsverein, der im Volkshaus der SPD seine Heimat hat. Walter in der Mitte

Sein Freund Otto Heyden wohnt noch immer bei Familie Ulbricht. Walter hat ihn im Jugendbildungsverein eingeführt und Kontakt zu den Naturfreunden vermittelt, gemeinsam besuchen sie im Juli 1913 das Deutsche Turnfest in Leipzig, das an die Völkerschlacht vor 100 Jahren und an das Turnfest in Leipzig vor 50 Jahren erinnert. Es ist eine besondere Massenveranstaltung, an der die Leipziger auch dadurch Anteil nehmen, dass sie Privat-

Kann es ein organisierter Arbeiter mit seiner Ehre vereinbaren, ein anderes Blatt als die Leipziger Volkszeitung zu abonnieren?

Die Leipziger Volkszeitung ist

ein mahnender Führer im Kampf des Arbeiters um seine Existenz,

ein sachverständiger Berater im Kampf des Arbeiters um die Anerkennung der Forderung auf ein menschenwürdiges Dasein,

ein zuverlässiger Helfer im Kampf um die Berücksichtigung der Interessen des Arbeiters im Staat, in der Gemeinde und der Gesellschaft;

das Sprachrohr der Armen und Unterdrückten, der wirtschaftlich Enterbten, der nach politischer und wirtschaftlicher Freiheit sich Sehnenden.

Deshalb abonniert jeder organisierte Arbeiter die

Kann es ein klassenbewußter Arbeiter vor sich verantworten, die bürgerliche Presse zu unterstützen?
Niemals!

Denn die bürgerliche Presse ist
die eifrigste Lobrednerin der Kapitalistenklasse,

die bürgerliche Presse ist
die wärmste Verteidigerin der sozialen und politischen Machtstellung der Kapitalistenklasse,

die bürgerliche Presse ist
ein wirksames Mittel in der Hand der herrschenden Gesellschaft, um die Arbeiter niederzuhalten;

die bürgerliche Presse ist
bestrebt, die Macht und den Reichtum der Feinde der Arbeiter zu steigern.

Der Einfluß der bürgerlichen Presse wird gebrochen durch das Abonnement auf die

Leipziger Volkszeitung

Leipziger Buchdruckerei A.-G.

Die Leipziger Volkszeitung (LVZ) erscheint seit 1894 und ist eine der bedeutendsten SPD-Zeitungen Deutschlands. Rosa Luxemburg arbeitete dort, Franz Mehring war Chefredakteur bis 1907. Und sie steht für originelle Werbung

und Massenquartiere in Schulen für die über sechzigtausend Teilnehmer zur Verfügung stellen. Das wird Tradition.

Otto gefällt es bei Ulbrichts, und er vergisst Nachricht zu geben. Seine vernachlässigte Mutter schreibt ihm »bei Herrn Ulbricht« stichelnd: »Wir möchten uns doch erlauben anzufragen, ob du noch lebst.«

Walter verfügt über ein großes Netzwerk von Freunden und Gleichgesinnten außerhalb seiner Arbeit, wie die Hochzeitsfeier des Genossen Alfred Arnhold, des dritten Tippelbruders, Ende November 1913 zeigt.

Im März 1914 verliert Walter seine Arbeit in der Tischlerei Börner. Die Arbeitslosigkeit währt keine vier Wochen, dann findet er eine neue Anstellung bei Max Kliem. Alles läuft wie gewohnt.

Doch am Horizont zucken bereits die Blitze eines nahenden Kriegsgewitters.

Die SPD ist in der 1889 gegründeten Zweiten Internationale nicht nur stärkste Partei, sie gilt auch als die »marxistischste« und ihr Ideologe Karl Kautsky als der Nachfolger von Marx und Engels. Er und die Partei hatten im November 1912 auf dem außerordentlichen Internationalen Sozialistenkongress in Basel ein Manifest gegen den Krieg durchgesetzt. Die internationale Friedensbewegung diskutierte seit 1907 die Gefahr eines Krieges und mögliche Gegenmaßnahmen. Der Kongress in Basel war von Friedensdemonstrationen überall in Europa begleitet worden, Hunderttausende gingen auf die Straße und forderten ein Ende des Wettrüstens.

Doch im Juli 1914 ergreift die Kriegspsychose nicht nur die Massen, sondern auch die Führer der sozialistischen Parteien. Der Nationalismus erweist sich stärker als der bis vor Kurzem betonte Internationalismus. Anfang August bricht der Krieg aus. Der größte Teil der SPD sieht sich plötzlich nicht mehr als Vertreter einer Klasse mit sozialistischen Interessen und Idealen. Aus den vaterlandslosen Gesellen werden über Nacht deutsche Patrioten. In dieser Hinsicht unterscheidet sich die SPD nicht von den anderen sozialistischen Parteien der Zweiten Internationale, die sich nicht minder opportunistisch und nationalistisch verhalten.

Noch im Juli, unmittelbar nach dem Attentat in Sarajevo, hatte der SPD-Parteivorstand einen Aufruf gegen den Krieg verabschiedet. »Das klassenbewusste Proletariat Deutschlands erhebt im Namen der Menschlichkeit und der Kultur flammenden Protest gegen dieses verbrecherische Treiben der Kriegshetzer. Es fordert gebieterisch von der deutschen Regierung, dass sie ihren Einfluss auf die österreichische Regierung zur Aufrechterhaltung des Friedens ausübe und, falls der schändliche Krieg nicht zu verhindern

Gebildet, kultiviert,
standesbewusst –
der Sozialdemokrat
Walter am Vorabend
des Ersten Weltkrieges

sein sollte, sich jeder kriegerischen Einmischung enthält«, hatte es
darin geheißen. »Parteigenossen, wir fordern euch auf, sofort in
Massenversammlungen den unerschütterlichen Friedenswillen des
klassenbewussten Proletariats zum Ausdruck zu bringen.« Und
eindringlich erging auf diesem Flugblatt des SPD-Parteivorstandes

vom 25. Juli 1914 der Appell an die Basis: »Gefahr ist im Verzuge! Der Weltkrieg droht! Die herrschenden Klassen, die euch im Frieden knebeln, verachten, ausnutzen, wollen euch als Kanonenfutter missbrauchen.«

Walter geht in den schwülwarmen Sommertagen mit etwa dreißigtausend Leipzigern auf die Straße. Am 29. Juli, einen Tag nach der Kriegserklärung Österreich-Ungarns an Serbien, demonstrieren noch einmal Zehntausende in der Messestadt. Die Sprechchöre gegen den Krieg hallen durch die Stadt, berichtet die *Leipziger Volkszeitung* anderntags. Von Versammlungsorten wie dem Volkshaus ziehen die Massen, die »Internationale« singend, durch die Innenstadt bis zum Augustusplatz.

Nach dieser gewaltigen Friedensdemonstration denkt jeder, dass die Reichsregierung es nicht wagen werde, sich an diesem Krieg auf dem Balkan zu beteiligen.

Sie tut es.

Deutschland erklärt Russland, der Schutzmacht Serbiens, am 1. August den Krieg, marschiert am 2. August in Luxemburg ein und fordert von Belgien Durchgangsrechte zur Intervention in Frankreich, das mit dem russischen Zarenreich verbündet ist. Die deutsche Kriegserklärung erschüttert Walter. Bestürzt liest er Plakate zur Mobilmachung und hört die Menschen begeistert brüllen.

Binnen Stunden verfliegt die antimilitaristische, internationalistische Haltung der SPD-Führung. Der Kaiser erklärt in seiner Thronrede am 4. August: »Ich kenne keine Parteien mehr, ich kenne nur noch Deutsche! Zum Zeichen dessen, dass Sie fest entschlossen sind, ohne Parteiunterschied, ohne Stammesunterschied, ohne Konfessionsunterschied durchzuhalten, mit mir durch dick und dünn, durch Not und Tod zu gehen, fordere ich die Vorstände der Parteien auf, vorzutreten und mir das in die Hand zu geloben.«

Die SPD-Reichstagsfraktion stimmt noch am gleichen Tage der Bewilligung der Kriegskredite und dem Kriegsermächtigungsgesetz zu. Dieser Kniefall war bereits am 31. Juli im *Vorwärts* angedeutet worden: »Wenn die verhängnisvolle Stunde schlägt, werden die vaterlandslosen Gesellen ihre Pflicht erfüllen und sich darin von den Patrioten in keiner Weise übertreffen lassen.« Es habe die »verhängnisvolle Stunde« geschlagen, weil sich Deutschland einer Aggression Russlands erwehren müsse, heißt es.

Diesen »Burgfrieden« wollen nicht alle Sozialdemokraten mittragen. Walter trifft sich mit Genossen, um zu besprechen, was zu tun sei. Die Jugendlichen verstehen die Welt nicht mehr. Die Gruppe besteht darauf, dass das Friedensmanifest des Internationalen Sozialistenkongresses 1912 in Basel nicht Schall und Rauch sein dürfe. Die zumeist jungen Leute diskutieren über ihre Mitgliedschaft in der SPD und die Frage, warum selbst Karl Liebknecht trotz seiner Antikriegs-Haltung mit der Fraktion für die Kriegskredite gestimmt habe.

Nach fünf Monaten bei Kliem wird Walter im September 1914 erneut arbeitslos. Er ist jedoch nicht untätig, im Gegenteil. Er verfasst und verbreitet mit anderen Jungfunktionären Flugblätter gegen den Krieg, die die Gruppe in kleiner Auflage per Abziehapparat herstellt. Er schreibt eifrig Manuskripte, aber muss sie oft wieder mitnehmen, weil die Flugblätter nicht gedruckt werden können. Nur gelegentlich gelingt es, Setzer und Drucker zu überreden, eine größere Auflage herauszubringen. Mitunter springen Freundinnen ein, die als Stenotypistinnen Flugblätter per Schreibmaschine herstellen.

Als am 2. Dezember 1914 zum zweiten Mal über Mittel für den Krieg in Gestalt eines Nachtragshaushalts im Parlament entschieden wird, bleibt Karl Liebknecht als einziger Abgeordneter sitzen. Alle anderen Mitglieder des Reichstages bekunden durch

Des Kaisers Soldat: Walter (rechts) wird am 23. Mai 1915 zum Militär einberufen. Er hat insofern Glück, als er als Handwerker hinter der Front eingesetzt wird

Erheben von den Plätzen ihre Zustimmung. Das wirkt wie ein Fanal. Walters Gruppe verbreitet im Volkshaus Liebknechts Rede zur Begründung seines Minderheitenvotums gegen die Kriegskredite. Sie hatten diese in der Buchdruckerei Müller in Schkeuditz drucken lassen.

Bei der folgenden Zusammenkunft beschließt die Gruppe, auf der nächsten Funktionärskonferenz in Leipzig das Wort zu ergreifen. Walter fordert dort, die SPD müsse geschlossen gegen alle weiteren Kriegskredite stimmen. Als er versucht, eine Resolution gegen die Politik des Parteivorstandes durchzubringen, greift ihn der Bezirksvorstand dafür scharf an und verhindert eine Abstimmung, indem Walters Antrag abgelehnt wird. Drohend fragt die Leitung rhetorisch, warum er noch nicht zum Militärdienst eingezogen worden sei.

Auf der nächsten Versammlung im Januar 1915 geht Walter weiter auf Konfrontation. Er hält eine leidenschaftliche Rede gegen die Kriegskredite und verlangt vom Vorstand, sie objektiv und nicht denunziatorisch über Liebknechts Haltung im Reichstag zu informieren. Zwar verhindert die Leitung erneut einen solchen Beschluss – aber Walter erhält den Beifall der Versammlung.

Die Admiralität erklärt am 4. Februar 1915 die Nordsee zum Kriegsgebiet. Der Landkrieg im Westen ist inzwischen zum Stellungskrieg geworden. Karl Liebknecht wird als Armierungssoldat eingezogen und an die Westfront kommandiert. Zur Teilnahme an Sitzungen im Reichstag und im Preußischen Landtag wird er vom Militärdienst beurlaubt. Ansonsten ist ihm jede politische Tätigkeit untersagt.

Die Leipziger Jungfunktionäre protestieren mit Flugblattaktionen unermüdlich gegen den Krieg. Im März reagieren die Jungrebellen, die sich jetzt »Gruppe Liebknecht« nennen, auf Liebknechts Aushebung. Sie verbreiten ein Flugblatt mit dessen Rede im Preußischen Landtag in größerer Auflage.

Die Partei sieht Walter als Unruhestifter. Um ihn auszuschalten, denunziert ihn die SPD-Bezirksleitung unter Richard Lipinski beim Militär. Schon wenig später erhält Walter seinen Einberufungsbefehl zum 23. Mai 1915.

Zum Abschied schenkt er seiner Freundin Martha Schmellinsky den Band »Lebensfreude, Sprüche und Gedichte«. Der 21-Jährige schreibt der zwei Jahre älteren Freundin hinein: »Vorwärts sehen, vorwärts streben, keinen Raum der Schwäche geben,

Schönem und Edlem allzeit hold! Wahlspruch – Meiner Freundin – Frühjahr 1915 – Walter.«

Nach einer kurzen Ausbildung in der Prinz-Johann-Georg-Kaserne in Leipzig-Gohlis und auf dem Übungsgelände in Lindenthal wird Walter als Handwerker beim Wagenbau in der Fuhrpark-Kolonne des Trainbataillon 19 eingesetzt. Er wird fast vier Jahre im Königlich-Sächsischen 8. Infanterie-Regiment Prinz Johann Georg dienen. Die Einheit wird an der Ostfront, in Galizien und in Polen, später auf dem Balkan in Serbien und Mazedonien eingesetzt. Aus seiner Ablehnung des Krieges macht er kein Hehl, er ist als »Roter« verschrien. Er empfindet den Dienst als »Strafbataillon«, seine Haltung stößt auf Unverständnis. Walter muss konstatieren: »Wegen der anfänglichen Erfolge der deutschen Truppen schien es zeitweilig beinahe unmöglich, mit den Kameraden ein auch nur einigermaßen vernünftiges Wort zu reden.«

Ostern 1916, in der letzten Aprilwoche, treffen sich Mitglieder sozialistischer Jugendgruppen im Vegetarischen Speisehaus »Academica« in der Zwätzengasse 16 in Jena. Allen Teilnehmern drohen wegen des Belagerungszustandes Schutzhaft und Gefängnis oder Einberufung zum Heer, deshalb kommen die 62 Genossen aus achtzehn Orten in Deutschland konspirativ zusammen. Die Veranstaltung ist als Treffen der Naturfreunde angemeldet. Unter den »Naturfreunden« sind auch die beiden Reichstagsabgeordneten Karl Liebknecht aus Berlin und Otto Rühle aus Dresden. Die Leipziger Delegierten berichten Walter in Briefen von der Konferenz an die Front.

So hatten die linkssozialistischen Jugendlichen in Jena beschlossen, eine eigene Zentrale zu bilden und eine Zeitung herauszugeben, um die Friedensagitation zu verstärken. Walter deutet in seiner Antwort an, dass er »draußen« weiter lerne. Auch bestehen seine Kontakte zu sozialistischen Jugendlichen in der Schweiz, die er auf seiner Wanderschaft kennengelernt hatte, unverändert weiter. Die Verbindung läuft über die Familie in Leipzig. Aus Basel bittet etwa Jacob Herzog um Neuigkeiten von Walter, da man von ihm keine Nachricht mehr habe und seine aktuelle Adresse unbekannt sei.

Die Schweiz wird, wie schon wiederholt in der Vergangenheit, zum Rückzugsraum für die friedensbewegten Sozialisten. In Zimmerwald trafen sich im September 1915 erstmals Kriegsgegner aus verschiedenen Ländern, die die Burgfriedenspolitik ihrer Parteien ablehnten. Im April 1916 kommen sie dort zu einer zweiten Konferenz zusammen. Sie fordern die Rückkehr zum Internationalismus und Frieden ohne Annexionen und Kriegsentschädigungen. Zeitgleich erscheint in der Schweiz die Broschüre »Die Krise der Sozialdemokratie« eines gewissen Junius. Hinter dem Pseudonym verbirgt sich Rosa Luxemburg.

Die Krise der Sozialdemokratie, schreibt »Junius«, ist der Widerspruch zwischen dem wachsenden Unmut der Massen über die Auswirkungen des Krieges, der doch, wie man im Sommer 1914 behauptet hatte, nur wenige Wochen dauern sollte.

Die Zahl der Kriegstoten und -versehrten wächst, die Ernährungslage verschlechtert sich stetig. Doch die Mehrheit der SPD-Führer hält an ihrer Zustimmung zum Kriegskurs fest. Zwar nimmt der Protest zu, wächst die Unruhe in der Arbeiterschaft. Am 1. Mai 1916 wird erstmals seit Kriegsbeginn in mehreren Großstädten öffentlich protestiert. Aber es ist eine Minderheit, die auf die Straße geht. Die Parteiführung macht gegen die eigenen Leute Front. SPD-Parteivorstand und Generalkommission der Gewerkschaften warnen ihre Mitglieder am 25. Juli 1916 vor Flugblättern, in denen zum Protest-, General- oder Massenstreik aufgerufen wird. »In anonymen Flugblättern, die im Laufe der letzten Monate in Partei- und Gewerkschaftskreisen verbreitet wurden, wird ver-

Gruppe der Leipziger Jungsozialisten, 1917. Walter in der zweiten Reihe,
Dritter von links

sucht, Hass und Misstrauen gegen die von den Arbeitern selbst
gewählten Vertrauensleute zu säen. Gegen Männer, die seit vielen Jahren an der Spitze der Organisation der deutschen Arbeiterklasse stehen, wird der Vorwurf erhoben, dass sie die sozialistischen Grundsätze preisgeben, die Beschlüsse deutscher Parteitage
und internationaler Kongresse missachten, Parteiverrat betreiben
und anderes mehr.«

Die Parteibürokratie versucht alles, um die innerparteiliche
Opposition mundtot zu machen. In einem geheimen Rundschreiben an die Leipziger Ortsvereine wird das Auftreten der
Jungfunktionäre verurteilt. Genossen wie Willi Langrock, Vorsitzender der Freien Sozialistischen Jugend in Leipzig und Teil-

nehmer an der illegalen Jenaer Konferenz, oder Alwin Herre, der Flugblätter im Wohngebiet verteilt hatte, werden zu Gefängnisstrafen verurteilt. Liebknecht war noch während der Kundgebung am 1. Mai auf dem Potsdamer Platz in Berlin verhaftet worden.

Die Uniform schützt Walter vor der Haft, sofern der Kriegsdienst von einem erklärten Kriegsgegner nicht als eine besondere Form der Inhaftierung begriffen wird.

Die stete Verschlechterung der Versorgungslage verschärft die kritische Lage im Reich. Es gärt an den Fronten, in den Betrieben und in der SPD. Im April 1917 konstituiert sich die Unabhängige Sozialdemokratische Partei (USPD), eine Abspaltung von der SPD, gehen Hunderttausende auf die Straße. Allein in Berlin dreihunderttausend. Auch in Leipzig wird gestreikt, als die Regierung erneut die Brotrationen kürzt. Die Forderungen werden politischer. Die Demonstranten verlangen Reformen und Friedensverhandlungen. Als Reaktion greift das Militär hart durch. Betriebe werden besetzt, Streikende zum Militär eingezogen und an die Front geschickt. Im Sommer gibt das Kriegsministerium den Befehl, Aktivisten wie die Familie Ulbricht mundtot zu machen, einzuziehen oder zu verhaften.

Dennoch gibt es ein Leben neben diesem Überlebenskampf. Der bedrohlichen Situation zum Trotz bewahrt sich Schwester Hildegard ihre Liebe zum Schöngeistigen und zur Natur. Ähnlich poetisch wie Rosa Luxemburg, die seit Juli 1916 in der Festung Wronke inhaftiert ist, schreibt Walters Schwester Hildegard an Fritz Barschdorff. Das ist ein Freund der Familie Ulbricht und Autor des 1915 erschienenen Buches »Sächsisch Volk: Ausgewählte Skizzen«. »Die großen Birnbäume im Garten sind von weißen Blüten schon überschüttet, der die Luft angenehm mit seinem Duft erfüllt. Die kleinen Spatzen können sich gar nicht von den schönen Blüten trennen, sie scheinen«, vermutet Hildegard, »sehr gut zu schmecken.« Und weiter: »Im Walde ist herrliches Vogelkonzert, das ein Kuckuck durch seinen unaufhörlichen Ruf noch lebendiger und reizvoller gestaltet. – So wandelten wir in Freude – und erwartungsedler Stimmung auf weichen Pfaden unter dem schattigen Laubzelt des Waldes nach Markkleeberg auf die Frühlingsfeier. Am Abend wanderten wir mit fröhlichem Sang durch den dunklen Wald. Über uns funkelten am klarblauen Himmel die kleinen freudigen Sternenkinder wie Diamanten. Und zur Linken floss träge das lehmbraune Wasser der Pleiße. In der Woche nach Pfingsten wird endlich mein Bruder hier sein. Meine Freude ist ganz unbeschreiblich.«

Walters Fronturlaub nach Pfingsten 1917 ist nur kurz, er studiert die eingegangene Post. Nach seiner Rückkehr an die Front bedankt sich Jacob Herzog für Walters Karte, »welche jedoch von der Zensur stark verstümmelt worden« ist. Verklausuliert lässt Herzog den Freund wissen, dass seine eigenen »Ferien« bald zu Ende gehen werden und er für das »Vaterland« wirken müsse.

Im Juli kommt in Halle eine Reichskonferenz der sozialistischen Jugendbewegung zusammen, da ist Walter schon wieder in Mazedonien. Die Genossen um Herzog und Willi Münzenberg in der Schweiz versorgen ihn mit Informationen. Allerdings stöbern Soldaten aus Walters Einheit in dessen Post und finden die Flugblätter. Doch für diese muss Walter nicht haften. Das Feldgericht kann ihn lediglich zum Strafexerzieren verdonnern, was es auch tut. Allerdings geht auch die Nachricht der Vorgesetzten von der Front nach Leipzig: Man solle dort ein Auge auf die Familie Ulbricht haben und vorsichtig ermitteln.

Die Militärzensur in Leipzig fängt am 8. August 1917 eine Karte aus Mazedonien ab:»Der Geist des preußischen Militarismus verdirbt systematisch den Charakter. Unter diesem System in seiner extremsten Form hause ich jetzt. Was hier an Menschen-

Hoch zu Ross: Der »Rote« in weißer Uniformjacke im Königlich-Sächsischen Infanterie-Regiment Nr. 8 (Dritter von links)

schinderei geleistet wird, ist unglaublich. Alle Romantik in der Welt des Kismets geht dabei zum Teufel. Habe jetzt zu Homers Werken Zuflucht genommen, die Brust voll Hoffnung auf bessere Zeiten«, schreibt Walter auf dieser Karte an die Eltern. Per

Schreibmaschine notiert der misstrauische Zensor die Erklärung für das gekrakelte Wort in Ulbrichts Akte: »Kismet – im Islam das dem Menschen vermeintlich zugeteilte unabwendbare Schicksal.« Als die Zensur weitere Briefe und Flugblätter abfängt, verhängt der Leipziger Polizeipräsident, informiert durch einen Brief des Generalstabs der Armee, Abteilung Abwehr, eine Postkontrolle über die Familie Ulbricht. Sie sei dringend verdächtig, aus der Schweiz »revolutionäre Flugschriften nach Deutschland zu schmuggeln. An die Ulbrichts in Leipzig sind bereits mit Kenntnis der hiesigen Dienststelle Flugschriften abgegangen mit dem Titel: ›Kameraden an der Front! Genossen in Uniform!‹, in denen zum Sturz des ›Berliner Zaren‹ nach Petersburger Beispiel aufgefordert wird. Neuerdings ist auch mit hiesigem Einverständnis ein Brief an Erich Ulbricht, in dem unsere innenpolitischen Umstände aufs Schärfste im revolutionären Sinne angegriffen werden, befördert worden.«

Im Oktober 1917 erkrankt Walter in Mazedonien an Malaria und kommt in Skopje ins Lazarett. Das befindet sich in der türkischen Kaserne unweit der Stadt. Er bekommt Chinin, bis das Fieber nachlässt. Zu Silvester ist er auf Heimaturlaub und feiert in Leipzig den Jahreswechsel. Er lernt die neue Wohnung der Familie kennen, die Eltern sind in das Naundörfchen 26 umgezogen. Hinter der Hauptfeuerwache am Fleischerplatz stehen, dicht aneinandergereiht, meist eingeschossige Häuser, viele mit Fachwerk. Es ist eine Arme-Leute-Gegend. Er trifft sich mit der Leipziger Liebknecht-Gruppe, die sich jetzt Spartakusgruppe nennt, und schließt sich der USPD an, in der sich die kritischen Sozialdemokraten sammeln. Allein die Mitgliedschaft in USPD und Spartakusgruppe gilt als Hochverrat. Der SPD-Parteivorstand weist seine Vorstände an, Verhafteten weder Schutz noch Hilfe zu bieten. Derart ausgegrenzt und markiert, muss Walter vorsichtig sein.

Generalfeldmarschall von Hindenburg, Chef des Generalstabes des Feldheeres.
und General der Infanterie Ludendorff, der erste Generalquartiermeister.

Verlag Gust. Liersch & Co., Berlin S.W.   A. Kühlewindt Hofphotograph Königsberg Pr.

Die beiden Durch-
haltekrieger des
Kaisers: Generalfeld-
marschall Paul von
Hindenburg (links)
und General Erich
Ludendorff. Der eine
wird in wenigen Jahren
Reichspräsident der
Weimarer Republik
werden, der andere
versucht am 9. Novem-
ber 1923 mit Hitler und
anderen Faschisten
den Staatsstreich

Als er im Oktober '17 auf dem Balkan im Lazarett lag, stürzte in
Petrograd die bürgerliche Regierung, die seit der Vertreibung des
Zaren im Februar amtierte. Die von Lenin geführten Bolschewiki,
eine Strömung der Sozialdemokratischen Arbeiterpartei Russlands, übernahm die Regierungsgewalt und folgte dem Wunsch
der Massen: Frieden und Brot! Das sind die beiden ersten De-
krete der neuen »Arbeiter- und Bauernregierung«. Sowjetrussland
vereinbart einen Waffenstillstand und nimmt in Brest-Litowsk
Friedensverhandlungen mit Deutschland auf.

Auch die anderen kriegsmüden Völker sehen im russischen »Brotfrieden« ein Beispiel, dem man folgen könnte. Einer der Verhandlungsführer auf russischer Seite ist der Arzt und Revolutionär Adolf A. Joffe, nach Unterzeichnung des Vertrages am 3. März 1918 übernimmt er die diplomatische Vertretung seines Landes in Berlin. Er ist ein genauer wie auch kritischer Beobachter der politischen Verhältnisse in Deutschland. In einem Brief an Lenin aus der deutschen Hauptstadt schreibt er: Die Deutschen seien »zur illegalen und in unserem Sinne revolutionären Arbeit« einfach unfähig, »denn größtenteils sind sie politische Spießbürger, die sich einrichten, um dem Militärdienst zu entgehen, sich an dieser Position festkrallen, der Revolution jedoch nur mit dem Mundwerk bei einem Krug Bier frönen. Als revolutionäre Partei sind die Unabhängigen *(gemeint ist die USPD – F. H.)* völlig hoffnungslos und untauglich«, so ein wenig hochmütig Lenins Abgesandter. »Die Spartakusleute fürchten Verhaftungen, sind hauptsächlich jung – wenn nicht unbedingt an Jahren, so doch an revolutionärer Erfahrung.«

Walter wird, nachdem Frieden im Osten herrscht, mit seiner Einheit von Mazedonien an die Westfront verlegt. Die Kaiserliche Heeresleitung hofft dort die drohende Niederlage abzuwenden, gruppiert die deutschen Einheiten um und startet eine Frühjahrsoffensive. Die Stimmung im Transportzug ist schlecht. Die Ersten desertieren in Ungarn. In Böhmen kommt es zur Meuterei. Bei einem Halt beschweren sich die Soldaten über das ungenießbare Essen und kippen die Suppe auf den Bahnsteig. Sie weigern sich einzusteigen, bevor nicht anständiges Essen ausgegeben wird. Nachdem sie Wurst bekommen, setzt der Militärzug die Fahrt fort. Kurz vor Leipzig springt Walter aus dem fahrenden Zug und desertiert. In Leipzig trifft er sich mit Freunden aus der Spartakusgruppe und dem Landtagsabgeordneten Friedrich Seger, der in der

Leipziger USPD eine wichtige Rolle spielt und zudem bei der *Leipziger Volkszeitung* arbeitet. Die Genossen sehen Walters Fahnenflucht kritisch, sie könnte ihn den Kopf kosten. Deshalb raten sie ihm, dass er sich als »von der Truppe abgekommen« melden solle. Ein Militärgericht verurteilt ihn daraufhin zu drei Monaten Haft.

Doch die deutsche Offensive im Westen bringt nicht die von der Heeresleitung erwartete Wende. Weil Soldaten knapp sind, wird Walter bereits nach vier Wochen hinter Gittern entlassen und nach Belgien eskortiert. Auf verschiedenen Übungsplätzen wird er fronttauglich gemacht und schließlich an die Front geschickt. Und wieder geht er stiften. Militärpolizei greift ihn auf, findet in seinem Gepäck Flugblätter und sperrt ihn im wallonischen Charleroi ein. Allerdings hat er Glück. Ehe es zu einer Anklage wegen unerlaubter Entfernung von der Truppe kommt, kann er aus der provisorischen Haftanstalt fliehen.

Die Offensive ist im fünften Anlauf im Juli 1918 zusammengebrochen, etwa eine halbe Million deutsche Soldaten sind verwundet, vermisst oder gefallen. Es folgen schwere Abwehrkämpfe, die militärische Niederlage des Kaiserreiches ist im September 1918 besiegelt, die Oberste Heeresleitung fordert einen Waffenstillstand.

Als die Nachricht vom Kieler Matrosenaufstand eintrifft, erhält seine Einheit den Befehl, einen mit Offizieren besetzten Soldatenrat zu wählen und mit der Heeresleitung zusammenzuarbeiten. Der Rat existiert nur wenige Tage, bevor sich die Einheit mehr oder weniger von alleine auflöst. Mit einem Transportzug fährt Walter durch die Ardennen bis nach Frankfurt und von dort auf dem Tender einer Lokomotive weiter nach Leipzig. Für ihn ist der Krieg endgültig vorbei.

Der Revolutionär

Der Kaiser hat abgedankt und die Republik
ist ausgerufen, doch für viele ändert sich
wenig. Armut und Misere bleiben. Lebensmittel, Rohstoffe und Heizmaterial sind
knapp, das Land ist ruiniert. Der Krieg hat
Millionen Verwundete und Tote gefordert.
Jetzt heißt es wählen: bürgerliche Republik
oder Sowjetdeutschland. Walter hat sich
entschieden

Am 3. November 1918 bildet sich in Leipzig ein Arbeiterrat. Drei
Tage darauf marschieren etwa fünfhundert Soldaten mit einer
roten Fahne, einem Tischtuch, zum Volkshaus und hissen diese
dort. Sie bilden einen Soldatenrat. Der Bürgermeister fürchtet, die
Revolutionäre stürmten das neue Rathaus, und bittet die Militär-
kommandantur um Hilfe. Erfolglos. Mitglieder des Spartakusbundes besetzen die Propaganda- und Pressestelle des General-
kommandos ... Die Revolution, die mit Protesten und Aufständen in
Kiel begonnen hat, erreicht Sachsen. Als Walter in Leipzig eintrifft,
ist die Stadt bereits komplett in der Hand der Revolutionäre. Obers-
tes Machtorgan ist der Große Rat der Arbeiter- und Soldatenräte.

Am 9. November ruft in Berlin Scheidemann von der SPD die
»Deutsche Republik« aus, nachdem der Kaiser demissionierte.

Der Spartakist Liebknecht proklamiert vom Balkon des Hohenzollernschlosses die »Freie sozialistische Republik Deutschland«. Zwei Tage später unterzeichnen Vertreter Deutschlands, Frankreichs und Großbritanniens in einem französischen Eisenbahnwaggon ein Waffenstillstandsabkommen. Der Krieg ist aus. Er kostete mehr als dreizehn Millionen Menschen das Leben.

Nach und nach kehren auch die Leipziger Soldaten zurück. Zu ihrer Begrüßung wird geflaggt. Höhepunkt ist ein Empfang der Reste des Infanterie-Regiments 106 auf dem Marktplatz. Beim Einzug »überwiegen die sogenannten nationalen Farben, immerhin sind die roten Fahnen nicht selten«, berichtet ein Zeitzeuge. Die noch immer existente Oberste Heeresleitung will den Bazillus der Revolution von den heimkehrenden Truppen fernhalten. Bei aller Kriegsmüdigkeit und trotz Zusammenbruchs der kaiserlichen Ordnung herrscht das alte Denken vor.

Auch Walter trägt weiter seine Uniform, obgleich er im Denken und Handeln schon lange demobilisiert ist. Zur Existenzsicherung arbeitet er wieder als Tischler in der Werkstatt von Heinrich Gündel. Nach der Tagesarbeit sitzt er mit anderen Jungrevolutionären zusammen und bespricht, was zu tun ist. Im Auftrag der USPD zieht er durch die Lazarette und agitiert, er spricht in Zeitz, Borna und anderen Orten in Leipzigs Umgebung.

Er will eine revolutionäre Umgestaltung der maroden Gesellschaft und die Überwindung des deutschen Militärstaates. Vorbild für ihn ist Sowjetrussland. Zumindest, was er darüber weiß. Viel ist das nicht. Deshalb sucht er auch Kriegsgefangenenlager auf, in denen russische Soldaten interniert sind. Er will von ihnen etwas erfahren und sie zugleich für die Bolschewiki gewinnen. Das schmeckt nun dem Führungspersonal der USPD in Leipzig gar nicht. Deshalb schicken sie Walter immer seltener als Referenten nach draußen. Was Wunder: Die USPD ist inzwischen gemeinsam mit der SPD in Berlin Regierungspartei. Sie will die Situation beruhigen, um die Revolution zu konsolidieren. In Berlin spitzen sich daher die politischen Auseinandersetzungen innerhalb der revolutionären Bewegung zu. Die Kräfte um Liebknecht drängen auf radikale Veränderung. Scheidemann dazu in seinen Erinnerungen: »Ich kannte Liebknechts Forderung: ›Alle Macht den Arbeiter- und Soldatenräten!‹ Deutschland also eine russische Provinz, eine Sowjet-Filiale? Nein! Tausendmal nein!« Entsprechend radikal ist denn auch die Abwehr der Mehrheitssozialisten. Die Furcht vor der »roten Gefahr aus dem Osten« ist groß. Dem ideologischen folgt darum auch der organisatorische Bruch: Der Spartakusbund, bislang unter dem Dach der USPD, konstituiert sich zum Jahresende 1918 als Kommunistische Partei Deutschlands.

In jener Zeit studiert Walter Lenins Schrift »Staat und Revolution«, die erst vor kurzem in Sowjetrussland erschienen ist und in einer mehr oder minder illegal gedruckten deutschen Fassung vorliegt. Genossen haben ihm diese »Lehre des Marxismus vom Staat und die Aufgaben des Proletariats in der Revolution« zugesteckt. Es ist die praktische Handlungsanweisung, wie der bürgerliche Staat und seine Institutionen zerschlagen und durch Arbeiter- und Bauernräte ersetzt werden soll, und zugleich die theoretische Begründung, warum dies auch notwendig sei. Das Buch überzeugt Walter. Als sich am 4. Januar 1919 auch in Leipzig die KPD konstituiert, schließt er sich mit seiner Freundin Martha Schmellinsky, die er seit Jahren kennt, der Partei an und wird sogleich in die Leitung gewählt.

Martha, die Näherin, kommt aus einer roten Familie. Ihre Schwester Anna (Jahrgang 1893), die Brüder Walter (Jahrgang 1896) und Paul (Jahrgang 1905) treten ebenfalls der KPD bei. Nur die beiden Schwestern Marie (Jahrgang 1890) und Klara (Jahrgang 1899) sowie Bruder Fritz (Jahrgang 1895) bleiben lieber parteilos.

Arbeiter, Bürger!

Das Vaterland ist dem Untergang nahe.

Rettet es!

Es wird nicht bedroht von außen, sondern von innen:

Von der Spartakusgruppe.

Schlagt ihre Führer tot!

Tötet Liebknecht!

Dann werdet ihr Frieden, Arbeit und Brot haben!

Die Frontsoldaten

Mordhetze auf den Straßen. Der Hass richtet sich gegen jene, die angeblich den »Vaterlandsverteidigern« in den Rücken gefallen sind. Diese »Dolchstoßlegende« wird bald keiner skrupelloser verbreiten als die deutschen Faschisten

Vater Schmellinsky war bereits 1902 verstorben, weshalb Martha beizeiten – wie auch ihre zahlreichen Geschwister – zum Lebensunterhalt der Familie beitragen muss.

Der 25-jährige Walter agitiert, diskutiert, redigiert Texte, er arbeitet bis zur Erschöpfung. Und das unter den Bedingungen feindseliger Angriffe in der Öffentlichkeit. Nicht nur in Berlin kursieren Flugblätter wie diese: »Arbeiter, Bürger! Das Vaterland ist dem Untergang nahe. Rettet es! Es wird nicht bedroht von außen, sondern von innen: Von der Spartakusgruppe. Schlagt ihre Führer tot! Tötet Liebknecht! Dann werdet ihr Frieden, Arbeit und Brot haben! Die Frontsoldaten.«

Die Mordaufrufe zeitigen Wirkung. Bei bewaffneten Auseinandersetzungen im Januar 1919 in Berlin zwischen den Kräften, die rasch zu »geordneten Verhältnissen« zurückkehren wollen, und jenen, die eine Diktatur des Proletariats anstreben, sterben Dutzende Menschen. Am 15. Januar ermorden Freikorpsleute Liebknecht und Luxemburg. Zehn Tage später werden 32 Tote in Berlin bestattet, Luxemburgs Leiche findet man erst Wochen später im Landwehrkanal, sie wird im Juni an gleicher Stelle beigesetzt.

Walter reist im Januar für die Leipziger KPD zum Begräbnis nach Berlin.

In jener Zeit kümmert er sich um praktische Belange in Leipzig. Ein preiswerter Raum am Johannisplatz wird angemietet und mit spärlicher Ausstattung als Büro eingerichtet. Allmählich fasst die neue Partei Tritt, vor allem in den Arbeiterbezirken Leipzigs. Die Partei hat kein Geld für Flugblätter. Als Walter sieht, wie Demonstranten die Druckerei der *Leipziger Neuesten Nachrichten* besetzen, überzeugt er Drucker und Setzer. Nach einer Stunde schon verteilt die Gruppe das Flugblatt. Matrosen, die die Gruppe eigentlich verhaften sollen, lassen sie unbehelligt. Allerdings reicht es nicht für ein Mandat in der Leipziger Stadtverordnetenversammlung, die am 25. Januar gewählt wird. Erstmals dürfen Frauen wählen und kandidieren. Zehn nehmen die Hürde. Walter steht auf der KPD-Liste auf Platz zwölf. Er ist erkennbar nicht die Nummer 1 in der Leipziger Partei.

Eine Woche zuvor, am 19. Januar 1919, war reichsweit die Nationalversammlung gewählt worden. Ohne die KPD. In der Partei streiten zwei Auffassungen miteinander – die eine Strömung lehnt die Beteiligung an bürgerlichen Wahlen prinzipiell ab. Die

Realisten hingegen wissen, dass man sich auf den Parlamentarismus einlassen muss, wenn die Revolution vorüber und Evolution
angesagt ist.

Am 2. Februar 1919 wird die sächsische Nationalversammlung,
die »Sächsische Volkskammer«, gewählt. Ebenfalls ohne Teilnahme der KPD. Von den 96 Sitzen gewinnen die SPD 42 und die
USPD 15.

Am 22. Februar fährt Walter erneut als Delegierter nach Berlin. Dort hält die im Herbst 1918 gegründete Freie Sozialistische
Jugend ihre 2. Reichskonferenz ab. Die Delegierten bekennen
sich zur sozialistischen Republik, die sie als Ziel ihres politischen Kampfes bezeichnen, und zur Kommunistischen Partei. Sie
sind »gegen die bürgerliche Demokratie« und »für die Diktatur
des Proletariats«, lehnen jedoch einen organisatorischen Einfluss
der Kommunistischen Partei und ihrer Organe auf die Jugendbewegung ab. Zum Abschluss hat die Berliner Delegation eine
Feier für die Revolutionsopfer in der Singakademie vorbereitet.
Nach einer »spartakistischen« Rede kommt es zum Eklat, als die
Pianisten sich weigern zu spielen. Anstelle von Tschaikowskis
Klaviertrio gibt es aus dem Stegreif revolutionäre Gedichte und
die »Internationale«. Im September 1920 wird sich die FSJ in Kommunistischen Jugendverband Deutschlands (KJVD) umbenennen.

Das Land kommt nicht zur Ruhe. Historiker wie Sebastian
Haffner werden später diese Periode von Januar bis Mai 1919 als
Bürgerkrieg bezeichnen. Der gesellschaftliche Konflikt ist sowohl
politischer als auch sozialer Natur, die Probleme sind miteinander
verwoben. Obgleich auf der nationalen Ebene die Würfel gefallen
und das Grundsätzliche entschieden ist, kämpfen noch immer
linke Kräfte für ein revolutionäres Rätesystems und um die Sozialisierung (Verstaatlichung) der Schlüsselindustrien. Die Auseinandersetzungen erfolgen vornehmlich regional und lokal sowie

Reichspräsident Ebert und Regierungschef Scheidemann, beide SPD, verhängen im April 1919 den Belagerungszustand über den Freistaat Sachsen. Die Reichswehr rückt am 11. Mai in Leipzig ein – und gegen Walter wird erstmals Haftbefehl erlassen

militärisch oder mit Arbeitskämpfen. Als Walter aus Berlin nach Leipzig zurückkehrt, ist dort bereits die Entscheidung für den Generalstreik gefallen. An die vierzigtausend Leipziger haben für die Arbeitsniederlegung gestimmt, auch die Eisenbahner und die Angestellten in den Gas- und Elektrizitätswerken sind dafür. In der *Roten Fahne*, dem Organ der KPD, heißt es am 28. Februar 1919, eine Abordnung der Arbeiter- und Soldatenräte sei »bei der Regierung in Dresden vorstellig geworden und hat sie zum Rücktritt aufgefordert«. Das sei der Weg zur Macht – Putschismus, also bewaffnete Gewalt, lehne man ab.

75

Nicht jeder KPD-Genosse teilt diese Auffassung.

Als die Leipziger Bürgerschaft zum Gegenstreik übergeht und Einwohnerwehren bildet, besetzen Arbeiter die Bahnhöfe der Stadt. Revolutionäre verhaften den Amtshauptmann und stellen den Direktor der Reichsbankfiliale unter Hausarrest, um an Geld zu kommen, um Löhne und Krankengelder auszahlen zu können. Die Arbeitgeber hatten die Lohnzahlung eingestellt, Streikende entlassen und sie bei der Ortskrankenkasse abgemeldet. »Die bürgerlichen Zeitungen dürfen in Leipzig nicht erscheinen, nur die *Leipziger Volkszeitung* kommt heraus«, notiert das Polizeipräsidium.

Walter, inzwischen aus der Armee entlassen und ohne Sold und Krankenversicherung, arbeitet in einer kleinen Tischlerwerkstatt in der Dresdner Straße. Doch dass er nebenbei unter jüngeren Kollegen und Lehrlingen agitiert und auch sonst politisch aktiv ist, bleibt dem Meister nicht verborgen. Er fürchtet für sich Konsequenzen und wirft ihn raus. Walter folgt dem Beispiel der Mutter und stellt sich in die Jacobsgasse. In seinem Ausweis steht unter Beruf jetzt »Tischler und Markthelfer«.

Allenthalben herrscht Rechtsunsicherheit. Monarchistische und deutschnationale Gegner der Republik formieren sich, ehemalige Soldaten schließen sich in Freikorps zusammen. Um die marodierenden, beschäftigungslosen Truppen einzubinden, erlässt die seit Mitte Februar 1919 amtierende Reichsregierung unter Scheidemann − der SPD-Vorsitzende Friedrich Ebert hatte sich zuvor von der Nationalversammlung zum Reichspräsidenten wählen lassen − ein Gesetz zur Bildung einer Reichswehr, das am 6. März in Kraft tritt.

Im »Freistaat Sachsen«, so nennt sich die Republik Sachsen in ihrem am 25. Februar eingeführten Grundgesetz, lähmt der Generalstreik im Leipziger Raum und im Zwickauer Stein-

kohlerevier das öffentliche Leben. Und als der sächsische Kriegs-
minister Gustav Neuring nach einer Hetzrede am 12. April von
aufgebrachten Kriegsversehrten in der Elbe ertränkt wird, schrei-
tet die Reichsregierung ein. Am 23. April verfügen der Reichspräsident Ebert und sein Regierungschef Scheidemann: »Zur Aufrechterhaltung der öffentlichen Sicherheit wird hiermit über das
Gebiet des Freistaats Sachsen der Belagerungszustand verhängt.
Mit der Durchführung der sich hieraus ergebenden Maßnahmen
wird die Sächsische Regierung beauftragt.« Die Versammlungs-
und Pressefreiheit wird außer Kraft gesetzt und die *Rote Fahne*
verboten. Zu jeder Zeit können Hausdurchsuchungen und Verhaftungen vorgenommen werden.

Die Reichswehr rückt am 11. Mai in Leipzig ein. Der Streik
wird abgewürgt. Angesichts der Übermacht lassen sich die meisten Arbeiter widerstandslos entwaffnen, der Arbeiterrat wird aufgelöst. Es folgt eine Verhaftungswelle. Die linken politischen Organisationen gehen in die Illegalität.

Auch gegen Walter wird Haftbefehl erlassen.

Die Leipziger Genossen treffen sich in einem Pferdestall auf
einem Hinterhof. Im Vorderhaus ist eine Sattlerei, der Besitzer
sympathisiert mit den Linken und lässt sie durch sein Geschäft
ein- und ausgehen. Weil Walter Informantinnen bei den Prosti-
tuierten hat, die sich bei den Reichswehrsoldaten umtun, ist er
stets auf dem Laufenden. Er weiß, was dort geplant und was kommen wird. Die Sittenpolizei verdächtigt ihn wegen dieser Kontakte, ein Zuhälter zu sein. Seine Überwacher schreiben, dass
Ulbricht »in letzter Zeit auffallend viel mit der Telefonistin Käte
Reif im Café Astoria« verkehre. »Höchstwahrscheinlich, weil er
von dieser abgehörte Militärgespräche erfährt«, heißt es in den
überlieferten Akten. Walter trägt Zivil, bis zum Einrücken der
Regierungstruppen trug er Uniform mit roter Binde. Weisung der

Vater Ernst Ulbricht.
Im Mai 1919 rückt die
Reichswehr in Leipzig
ein. Als Haftbefehl
erlassen wird, flieht
Walter für drei Monate
nach Flensburg.
Ersatzweise wird sein
Vater festgenommen

Militärbesatzung: »Bewachen der genannten Personen, auch durch
Kriminalbeamte, ist erforderlich. Bei besonderen Feststellungen
sofort Meldung an Jägerstab.«

Die Reichswehr unternimmt alles, um seiner habhaft zu werden. Vor der Wohnung der Familie Ulbricht fährt eine Reichswehrabteilung mit Maschinengewehr auf, um Walter zu verhaften. Weil Leipzig zu gefährlich wird, reist er schließlich im Auftrag der Partei nach Flensburg, wo man überdies ein Organisationstalent, wie er eines ist, dringend braucht.

Am 13. Juni 1919, da ist Walter bereits an der Ostsee, erlässt das Leipziger Standgericht I einen weiteren Haftbefehl gegen ihn.

Ersatzweise wird Walters Vater Ernst Ulbricht verhaftet und verhört. Nach drei Monaten kehrt Walter aus Flensburg zurück und nimmt wieder bei den Eltern Quartier.

Zwischenzeitlich, am 28. Juni, ist in Versailles von der deutschen Delegation ein Friedensvertrag unterzeichnet und damit der Krieg offiziell beendet worden.

Die Wiedersehensfreude bei Walters Rückkehr aus Flensburg hat Folgen: Martha wird schwanger. Wie es in einem ordentlichen Haushalt in jener Zeit Brauch ist, muss nun geheiratet werden. Am 7. Februar 1920 treten beide vor den Standesbeamten. Walters »Mitgift« ist die Küche, die er als Gesellenstück angefertigt hat.

Walter bestreitet seinen und den Lebensunterhalt der Familie mit Gelegenheitsarbeiten als Tischler und Markthelfer, die intensive Parteiarbeit erfolgt ehrenamtlich. Er gehört inzwischen der Bezirksleitung Westsachsen an, vertreibt Parteiliteratur, schreibt für die Zeitung *Der Klassenkampf* und leitet überdies eine kleine illegale Parteischule in Schkeuditz. Obgleich er selbst noch den »Marxismus« studiert, unterrichtet er jüngere Genossen im dialektischen und historischen Materialismus und bringt ihnen Staat und Revolution nahe, wie Lenin sie sieht. Für Walter ist die Revolution noch lange nicht vorbei. Als ein USPD-Referent der Sozialistischen Jugend im Jugendheim in der Töpfergasse erklärt, der Höhepunkt der Revolution sei überschritten, widerspricht er heftig. Deutschland mache jetzt wie Russland zwei Jahre zuvor eine »Kerenski-Periode« durch, sagt er, auch hier werde das Proletariat noch die Macht erobern. Nach dem Sturz des Zaren im Februar 1917 hatte der bürgerliche Politiker Kerenski die Regierungsgeschäfte übernommen, in der Oktoberrevolution beendeten die Bolschewiki die Doppelherrschaft und verjagten ihn.

Im Oktober 1920 findet Walter wieder eine Festanstellung als Tischler in der Werkstatt von Paul Bielitz in Leipzig-Volkmarsdorf.

Kaum einen Monat später verhaftet ihn die Polizei daheim. Ein Denunziant will ihn beim Verteilen von Flugblättern beobachtet haben. Walter gelingt es, die Polizei von seiner Unschuld zu überzeugen und kommt nach einigen Tagen wieder frei. Die Arbeit verliert er nach der Haftentlassung dennoch.

Im März 1919 war auf Initiative Lenins die Dritte, die Kommunistische Internationale (Komintern) gebildet worden. Die KPD-Führung in Berlin hatte Hugo Eberlein zum Gründungskongress nach Moskau geschickt. Sie hielt diesen Schritt für verfrüht. Zumal sich vier Wochen zuvor in Bern Abgesandte sozialistischer und sozialdemokratischer Parteien getroffen hatten, um an die – laut Lenin im Weltkrieg untergegangene – Zweite Internationale anzuknüpfen. Die KPD war ihrer klügsten Köpfe – Liebknecht, Luxemburg, Jogiches – beraubt worden und ist unentschlossen über ihren weiteren Kurs.

Diese Zerrissenheit war schon auf dem II. Parteitag im Oktober 1919 sichtbar geworden. Der geht zwar als Heidelberger Parteitag in die Geschichte ein, musste tatsächlich aber an vier verschiedenen Orten in der Region abgehalten werden. Wegen des andauernden Belagerungszustandes tagte die Konferenz illegal und entzieht sich wiederholt dem Zugriff der Polizei. Um die Strategie wird heftig gestritten – die einen plädieren dafür, sich auf die in den letzten Monaten entstandenen politischen Verhältnisse einzulassen, also an Parlamentswahlen teilzunehmen und sich in den Gewerkschaften zu engagieren. Die anderen fordern entschieden, sich nicht an Wahlen zu beteiligen, sondern sie zu boykottieren – wie die bestehenden Gewerkschaften und stattdessen eigene zu gründen. Die Partei befindet sich auf der Suche nach der politischen Ausrichtung, nach Platz und Funktion in dieser kapitalistischen Gesellschaft. Alles ist Neuland.

Auch für Walter, der am 18. Mai 1921, drei Monate nach seiner Hochzeit, Vater geworden ist. Walter zeigt sich, wenn er im Hause ist, als fürsorglicher und als ein dem Kind zugewandter Vater. Dora ist ein zartes, kränkelndes Mädchen, das nachts viel schreit. Gleichzeitig flüchtiger Funktionär und geforderter Vater zu sein erschöpft Walter und belastet auf Dauer auch die Ehe. Trotzdem hält ihre Liebe, in Marthas Worten: bis zum Tod. Ihr freundschaftliches Verhältnis bleibt auch nach der Scheidung bestehen. Auf Marthas Schreibtisch steht zeitlebens Walters Bild.

Die Leipziger Polizei war durch Spitzel hinreichend über Walters Rolle bei der Verbreitung »aufrührerischer Flugblätter« informiert worden. Der Untersuchungsrichter hatte keine drei Wochen nach der Hochzeit erneut Haftbefehl erlassen, den das Gericht erst im Herbst aufheben wird. Walter ist wieder vogelfrei.

Mit seiner Ratifikation im Januar 1920 tritt der Versailler Vertrag in Kraft, 27 Staaten haben ihn unterzeichnet – lediglich China, das sich seit 1917 im Krieg mit Deutschland befand, verweigert seine Zustimmung. Berlin muss Heer und Marine auf 115 000 Mann reduzieren – 400 000 Soldaten, die meisten davon inzwischen in 120 Freikorps organisiert, stehen vor der Entlassung. Der Unmut in der Truppe wächst, im März 1920 putschen der abgesetzte General Walther von Lüttwitz und meuternde Reichswehr-Offiziere gegen die Republik. Generallandschaftsdirektor Wolfgang Kapp marschiert an der Spitze der »Brigade Ehrhardt«, einem aufgelösten Freikorps, und Einheiten der Reichswehr nach Berlin, besetzt wichtige Einrichtungen des Staates – die Regierung flieht. Kapp lässt sich zum Reichskanzler ausrufen. Die Reichswehr weigert sich, gegen die Putschisten vrzugehen.

Nach hundert Stunden endet der Staatsstreich mit einem Generalstreik, den SPD, USPD und KPD gemeinsam auslösen. Er rettet nicht nur die Republik, sondern geht auch als größter Streik in die deutsche Geschichte ein. Kein Rad dreht sich im Land, in Berlin, Leipzig und in anderen Städten fließen weder Wasser noch Gas, der Strom ist abgeschaltet. Über zwölf Millionen Menschen legen die Arbeit nieder und zeigen damit, dass sie nicht wieder in die alten Verhältnisse zurückkehren wollen: kein Kaiserreich, kein feudaler Ständestaat, keine Militärdiktatur.

Lüttwitz verlässt die Reichskanzlei, Kapp flieht nach Schweden. In Leipzig wird in jenen fünf Tagen, als die reaktionären Militärs in Berlin scheinbar die Macht übernommen haben, gekämpft. Arbeiterwehren errichteten Straßensperren und Barrikaden, um die bewaffneten Truppen zu stoppen. Die KPD hatte eine Kampfleitung gebildet, einer dieser fünf Köpfe ist Walter. Er mobilisiert mit Beiträgen im *Klassenkampf*, dem Parteiorgan, und mit Flugblättern zum Widerstand. Als sich ein Protestzug dem Augustusplatz nähert, eröffnen Reichswehr und Reaktionäre das Feuer. Vierzig Demonstranten sterben im Kugelhagel, über hundert werden verletzt. Die Putschisten haben sich in Leipzigs Innenstadt verschanzt, sind eingekesselt und müssen sich schließlich zu einem Waffenstillstand entschließen. Der aber ist brüchig. Während die Toten auf dem Südfriedhof bestattet werden, stürmen Freikorpsleute das Volkshaus, das für sie das Hauptquartier der verhassten »Spartakisten« ist, und schießen es in Brand.

Nachdem der Staatsstreich abgewehrt worden ist, kehrt die SPD zur Geschäftsordnung zurück: Am 2. August 1920 werden alle Putschisten amnestiert, die KPD hingegen nicht. Sie glaubt an die Fortsetzung der Novemberrevolution. Zwar hatte der Kaiser das Weite gesucht, aber seine Generale sind noch da.

Im Ruhrgebiet rufen SPD, USPD und KPD zum gemeinsamen Kampf zur »Erringung der politischen Macht durch die Diktatur des Proletariats« auf. Es formiert sich eine Rote Ruhrarmee mit fast fünfzigtausend Mann, die mit Waffen gegen die Freikorps anrennen. Erfolgreich. Berlin fordert ultimativ, die Waffen zu strecken. Die Antwort ist ein Generalstreik in der Region, an dem sich unter anderem dreihunderttausend Bergarbeiter beteiligen, das sind drei Viertel aller Bergleute im Ruhrgebiet. Die Reichsregierung lässt die Erhebung militärisch niederschlagen. Zu den Einheiten, die ins Ruhrgebiet einrücken, gehören auch Freikorps, die Tage zuvor in Berlin geputscht hatten. Es geschieht, was Marx bereits 1848 in der *Neuen Rheinischen Zeitung* schrieb, dass nämlich »auf die halbe Revolution mit einer ganzen Konterrevolution« reagiert werde. Die Soldateska wütet barbarisch, Hunderte werden standrechtlich oder auf der Flucht erschossen, es gibt Massenverhaftungen und Wohnungsdurchsuchungen.

Am 3. April verbietet Reichspräsident Ebert endlich die Standgerichte, doch erst anderthalb Wochen danach untersagt der kommandierende General seinen Leuten »gesetzwidriges Verhalten«.

In Leipzig kämpfen Kommunisten allein weiter, nach dem Rädelsführer Walter U. wird gefahndet. Als er nach Feierabend in das von der Polizei besetzte illegale KPD-Bezirksbüro kommt, wird er festgenommen. Offenkundig hat er die Gefahr unterschätzt, sonst wäre er dem Treffpunkt ferngeblieben. Nach zwei Wochen im Gefängnis muss man ihn mangels Beweisen entlassen. Es fand sich kein Denunziant, der ihn belastete. Anderntags jedoch soll er erneut inhaftiert werden. Doch Walter ist inzwischen untergetaucht.

Er hat in der Werkstatt gekündigt, um den Meister nicht zu belasten, und sich ein illegales Quartier gesucht.

Am 6. Juni 1920 wird erstmals ein Reichstag in der Republik gewählt. Ursprünglich sollte das Volk erst im Herbst an die Urnen gerufen werden, doch wegen des gescheiterten Staatsstreichs im März, dem Ruhraufstand und Versailles fordern insbesondere die Rechten, die Abstimmung vorzuziehen, weil sie sich bei früheren

Bei der ersten Reichstagswahl in der Weimarer Republik am 6. Juni 1920
kandidiert Walter für die KPD – ohne Aussicht auf ein Mandat

Wahlen größere Chancen ausrechnen. Es ist nach der Wahl der
Weimarer Nationalversammlung die zweite Volksabstimmung seit
dem Ende des Krieges.

Walter kandidiert für die KPD im Bezirk Mitteldeutschland –
ohne Aussicht auf ein Mandat. Die KPD gewinnt jedoch vier Sitze.
Fast sechshunderttausend Menschen haben für sie gestimmt. Hingegen verliert die bisherige Regierungspartei SPD sechzehn Prozent und sechzig Mandate. Sie erreicht noch nicht einmal 22 Prozent. Aber die USPD wird zweitstärkste Kraft mit einem Plus von
61 Sitzen: Sie hat damit nun 83. Am Ende bilden die konservativen,
bürgerlichen Parteien ein Minderheitenkabinett. Die erste Rede
eines kommunistischen Abgeordneten in einem deutschen Parla-

ment hält bezeichnenderweise eine Frau. Clara Zetkin tritt – drei Tage vor ihrem 63. Geburtstag – am 2. Juli 1920 mit ihrer Jungfernrede auf. »Das erste Wort der Kommunisten hier ist über dieses Haus, ist über Deutschlands Grenzen hinaus gerichtet. Es ist das Bekenntnis zur internationalen Solidarität der Proletarier aller Länder.« Und sie fordert eine Änderung der deutschen Außenpolitik, die bis dahin »im Zeichen der Demut und des Duckens vor dem Ententeimperialismus *(womit Frankreich, Großbritannien und die assoziierten USA gemeint sind – F. H.)* und der gepanzerten Faust gegen Räterussland« gestanden habe.

Der Ausgang der Wahlen verstärkt die internen politischen Auseinandersetzungen über den Kurs der USPD. In der Partei, 1917 gegründet und de facto eine Abspaltung der SPD (wie eben auch die KPD aus dieser hervorgegangen ist), ringen zwei Strömungen miteinander. Der linke sozialistische Flügel will die Revolution fortsetzen, der sozialdemokratische Flügel will die Errungenschaften konsolidieren. Vergleichbare Diskussionen finden auch in der KPD zwischen radikalen und moderaten Kräften statt. Nachdem der USPD-Vorsitzende Hugo Haase im Oktober 1919 auf dem Weg zum Reichstag Opfer eines Attentats geworden war, hatte im November im Leipziger Volkshaus ein Reichsparteitag stattgefunden, auf dem die Positionen aufeinanderprallten. Die einen wollten zur Zweiten Internationale zurück, die anderen sich der Dritten, der Kommunistischen Internationale anschließen.

Es zeichnet sich eine organisatorische Spaltung ab. Diese erfolgt im Oktober 1920 auf einem Parteitag in Halle. Etwa vierhunderttausend USPD-Mitglieder wechseln zur KPD und bilden mit deren 78 000 Mitgliedern die Vereinigte Kommunistische Partei Deutschlands (VKPD).

Die Vereinigung erfolgt in der ersten Dezemberwoche auf einem Parteitag in Berlin. Walter gehört zur KPD-Delegation, die die Vorgespräche führt, und wird später in die Bezirksleitung Mitteldeutschland der VKPD gewählt. Sein Gehalt verdient er als Redakteur beim *Roten Kurier für Westsachsen.*

Er bewirbt sich bei den sächsischen Landtagswahlen 1920 um ein Mandat. Von den 15 Kandidaten der VKPD schaffen sechs den Sprung ins Parlament des Freistaates. Walter ist nicht darunter.

Trotz allem jedoch geht das Jahr erfreulich für ihn zuende. Im Dezember unterzeichnet er gemeinsam mit Martha den Mietvertrag für ihre erste eigene, bescheidene Wohnung. Die dreiköpfige Familie bezieht in der Geißlerstraße 2 in Leipzig-Sellerhausen zwei Zimmer, für die eine Jahresmiete von 825 Reichsmark zu zahlen ist. Zur Wohnung gehören eine Besenkammer und ein Kellerabteil sowie – es ist Winter – ein sogenannter Berliner Kachelofen.

Anfang des Jahres 1921 präsentieren die Sieger die in Versailles aufgemachte Rechnung: Deutschland soll 226 Milliarden Goldmark zahlen – in 42 Raten. (Die letzte Zahlung wird die Bundesrepublik Deutschland übrigens am 3. Oktober 2010 leisten.) Es wird in der Folgezeit immer mehr Papiergeld gedruckt. 1920 sind 68 Milliarden Mark im Umlauf – 1913 waren es noch sechs. Und während auf der einen Seite der Konzentrationsprozess in der deutschen Wirtschaft zunimmt, verschlechtert sich auf der anderen Seite die Lebenslage der meisten Menschen in Deutschland durch die Inflation.

Allerdings wollen sich nicht alle Proletarier mit Appellen zufrieden geben. Sie greifen im mitteldeutschen Industrierevier, wo sich Chemie- und Bergbaubetriebe konzentrieren, erneut zu den Waffen. Es motiviert sie nicht nur ihre schlechte soziale Lage. Die Tatsache, dass bei den Wahlen zum Preußischen Landtag am 21. Februar 1921 fast jede dritte Stimme im Wahlkreis Halle-Merseburg an die VKPD geht, führt auch zu einer Überschätzung der eigenen Kraft. Es wächst die Illusion – wie schon im Vorjahr im

Ruhrgebiet –, dass mit einem einzigen gewaltsamen Kraftakt die Revolution zu einem siegreichen Ende geführt werden könne.

Vor dieser gefährlichen Selbstüberschätzung hat zwar Lenin mit einer soeben erschienenen Schrift (»Der ›Radikalismus‹, die Kinderkrankheit des Kommunismus«) gewarnt, aber offenbar tauben Ohren gepredigt. Der Komintern-Gesandte Karl Radek meint, Russland könne »durch Bewegungen im Westen« entlastet werden, weshalb die deutsche Partei »sofort in Aktion treten« und die Regierung stürzen solle.

Den unmittelbaren Vorwand für den Einmarsch starker militärischer Verbände in Industrieorte wie Halle, Merseburg Wittenberg, Delitzsch und Bitterfeld liefern ein fehlgeschlagener, möglicherweise inszenierter Anschlag auf die Berliner Siegessäule Mitte März sowie Attacken auf Justizgebäude in Leipzig, Dresden und Freiberg. Aus dem Generalstreik als Antwort wird bald ein bewaffneter Aufstand. Auch in Hamburg kommt es zu blutigen Zusammenstößen. Dem Generalstreik im mitteldeutschen Industrierevier schließen sich Arbeiter in der Lausitz, im Ruhrgebiet und in Thüringen an.

In Leipzig organisiert Walter den Abwehrkampf, von einer Barrikade leitet er die Operation.

Die Regierungstruppen gewinnen die Oberhand und schlagen die Erhebungen, die sich eben nicht zum Flächenbrand entwickeln, bis Ende März 1921 blutig nieder. Etwa 145 Arbeiter zahlen mit ihrem Leben, mehrere tausend werden inhaftiert. Die Justiz verhängt Zuchthaus- und Gefängnisstrafen. Die von der Führung der VKPD vertretene »Offensivtheorie« hat einen erheblichen Dämpfer erfahren. Der Parteivorsitzende Paul Levi sieht »die Frucht eines zweijährigen Kampfes und einer zweijährigen Arbeit zerstört« und tritt zurück. Wenig später wird er aus der Partei ausgeschlossen.

Der im Sommer 1921 in Jena tagende VII. Parteitag beschließt nicht nur die Streichung des Attributs »Vereinigte« aus dem Parteinamen und die Erledigung der Offensivtheorie, sondern wählt auch eine neue Führung.

Am letzten Tag des Parteikonvents ermorden Mitglieder der Organisation Consul – eine Terrorgruppe von Nationalisten, Militaristen und Antisemiten – Finanzminister Matthias Erzberger bei einem Spaziergang in Bad Griesbach im Schwarzwald. Der Zentrumspolitiker hatte im November '18 den Waffenstillstand unterzeichnet und wurde darum als »Erfüllungsgehilfe« der Feinde Deutschlands geschmäht und verfolgt. Bereits im Januar 1920 war auf ihn in Berlin geschossen worden; der Attentäter hatte dafür achtzehn Monate bekommen.

Auch die KPD verurteilt diesen politischen Mord als Anschlag auf die Demokratie und mobilisiert Protestkundgebungen gegen konterrevolutionäre Umtriebe.

Da ist Walter bereits in Thüringen unterwegs. Unmittelbar nach der Niederschlagung der Aufständischen im Frühjahr 1921 war er dorthin entsandt worden, weil die Partei auch in Thüringen am Boden liegt. Bis zur Zentrale in Berlin hatten sich inzwischen Walters Qualitäten als umsichtiger Organisator und flexibler Funktionär herumgesprochen. Zum ersten Mal erhält er nicht nur einen Parteiauftrag, sondern auch eine bezahlte Parteistelle. Formal wird er bei einer Leipziger Produktionsgenossenschaft angestellt, tätig ist er allerdings in Thüringen. Sein Auftrag: Reorganisation der Partei. Die Genossen in Erfurt nehmen ihn skeptisch auf. Walter ist engagiert wie immer, er kümmert sich um alles und jeden. Die Genossen anerkennen bald seinen Fleiß und die politischen Fähigkeiten, allerdings monieren sie eine gewisse Kühle, die Apitz an anderer Stelle als »Lächeln der Ulbrichts« bezeichnet hatte. Emotionen lässt sich Walter selten entlocken, obgleich er Ausdauer im Zuhören offenbart. In entscheidenden Momenten zeigt er sich dadurch am Besten informiert: Er hatte schließlich aufmerksam zugehört und sich das Wesentliche gemerkt.

Anfang April 1921 – er ist inzwischen Politischer Leiter der KPD Großthüringen – kommt in Jena die Kommunistische Jugendinternationale (KJI) zu ihrem II. Kongress zusammen. Die KJI hatte sich unmittelbar nach der Gründung der Kommunistischen Internationale in Berlin konstituiert, die Zentrale sitzt noch immer in Berlin und zählt inzwischen 49 Sektionen, also Ländervertretungen, mit insgesamt etwa achthunderttausend Mitgliedern. Eines der aktuellen Probleme ist das Verhältnis der KJI zur Komintern. Die betrachtet die KJI als Teil der Kommunistischen Internationale, während sich diese als selbstständig und organisatorisch unabhängige Jugendbewegung versteht. Autonomie versus Zentralismus also. Das führt zwangsläufig zu einem Konflikt zwischen Berlin und Moskau und erklärt auch, warum in Jena unter den fast hundert Delegierten kein Vertreter des sowjetischen Komsomol ist, der doch die größte Abteilung der KJI darstellt.

Unter den Delegierten ist auch die französische Jungkommunistin Rosa Michel, die eigentlich eine Polin ist und Maria Wacziarg heißt. Sie wird in Walters späterem Leben noch eine Rolle spielen.

Der polizeiliche Druck auf die Tagung ist zu stark, weshalb sich die Leitung entschließt, die Beratungen zu beenden und sie am 11. April in Berlin fortzusetzen. Dort jedoch geht aus Moskau ein Telegramm mit der Aufforderung ein, den KJI-Kongress zu verschieben und erst nach dem III. Komintern-Kongress in Moskau zusammenzukommen. Die Treffen in Jena und Berlin betrachte man als »private Treffen«.

Die Mehrheit der Delegierten protestiert – und akzeptiert.

In einer »Jenaer Erklärung« wird der Zentralismus der Komintern nicht infrage gestellt. Am 9. Juli 1921 findet schließlich der II. KJI-Kongress in Moskau statt, dort nimmt die Zentrale nun auch ihren Sitz. Bis 1943, als Stalin die Kommunistische Internationale auflöst und damit auch die KJI ...

Walter ist in die Vorgänge weder in Jena noch danach in Berlin involviert. Erstens ist er – inzwischen auf die Dreißig zugehend – der Jugendbewegung entwachsen, zweitens hat er Vordringlicheres zu erledigen: sich eine Wohnung zu besorgen. Er schreibt nach einem Abendspaziergang an Martha, dass er ganz gut hause, privat aber sei es doch besser.

Seine neue Tätigkeit in Thüringen erweist sich als nervenaufreibend. Nachdem er langsam Kontrolle gewinnt, bereitet er den überfälligen Landesparteitag vor. Walter ist viel unterwegs, meldet sich aber regelmäßig bei der Familie. Er schickt Briefe und Karten an Frau und Tochter, die natürlich viel zu klein ist, um das zu verstehen. Aber da Walter in seinen Nachrichten meist auch Dorle bedenkt, offenbart er auch seine väterliche Zuneigung. Und stets hofft er auf ein baldiges Wiedersehen. Im September und im November 1921 kann er jedenfalls Frau und Tochter wieder in die Arme schließen.

Für Martha als Frau eines polizeibekannten KPD-Funktionärs ist das Leben mit kleinem Kind nicht nur schwer, sondern gefährlich. Leipzig ist angesichts der unruhigen politischen Situation im Lande ein heißes Pflaster. So nimmt sie zeitweise Quartier in Hilmsdorf zwischen Leipzig und Chemnitz, auch einmal in Sorbitzmühle in Thüringen. Die Polizei soll sie nicht finden.

Ende August 1921 tritt in Jena der VII. Parteitag der KPD zusammen. Unmittelbar nach dem III. Kongress der Komintern in Moskau. Die deutsche Partei ist die erste, die nach dieser Richtungsentscheidung in Moskau Stellung bezieht. Die Mehrheit folgt der in Moskau ausgegebenen Linie, wozu auch Lenins »Brief an die deutschen Kommunisten« beiträgt, den der russische Revolutionsführer an die KPD richtet. Sein Appell lautet: »kühlen Kopf und Standhaftigkeit bewahren; systematisch die Fehler der Vergangenheit korrigieren; unaufhörlich darauf bedacht sein, die Mehrheit der Arbeitermassen in den Gewerkschaften zu erobern; geduldig eine starke und kluge kommunistische Partei aufbauen, die fähig ist, bei allen und jeglichen Wendungen der Ereignisse die Massen wirklich zu führen ...«

Der Parteitag erteilt der im März 1921 erkennbar gescheiterten Offensivstrategie eine deutliche Absage und sucht nun den Schulterschluss mit anderen linken Bewegungen. Einheitsfront lautet die Losung. Auch wenn sich die Partei erkennbar dieser Strategie und der Führung der Komintern unterordnet, bleibt die Bündnisfrage für sie vorerst nachrangig. Es herrscht unverändert ein gewisser linker Hochmut vor, was mit dem Selbstverständnis der Partei als der »Avantgarde des Fortschritts« zusammenhängt.

Das Verhältnis zur SPD beispielsweise bleibt ambivalent. Die Parteispitze signalisiert die Bereitschaft, SPD-geführte Regierungen zu unterstützen, wenn diese den Forderungen der Massen nachgeben. In einem Rundschreiben im Dezember 1921 geht die Zentrale noch weiter: Die KPD erklärt ihre grundsätzliche Bereitschaft, unter bestimmten Bedingungen in eine »Arbeiterregierung« einzutreten.

Das wird im Herbst 1923 geschehen. In Sachsen geht am 10. Oktober die KPD in die Regierung Zeigner, am 16. Oktober erfolgt dieser Schritt auch in Thüringen. Da toleriert bereits seit einem Jahr die KPD-Fraktion im Thüringer Landtag die Minderheitsregierung von SPD und USPD.

In den zwei Jahren dazwischen trägt sich jedoch Erhebliches auf der nationalen und internationalen Bühne zu.

Auf dem Parteitag in Jena im August 1921 gibt es eine erste Begegnung Walters mit einem ehemaligen Hamburger Hafenarbeiter, der wie er aus der SPD kam und als Vorsitzender der USPD in Hamburg dafür sorgte, dass nahezu alle Mitglieder dort sich der KPD anschlossen. Er hatte am III. Weltkongress der Komintern teilgenommen und war in Moskau mit Lenin zusammengetroffen. Sein Name: Ernst Thälmann.

Auch ihn hat die präfaschistische Terrororganisation Consul auf dem Zettel. Im August 1922 wirft ein Kommando eine Handgranate in seine Parterrewohnung in der Hamburger Siemssenstraße. Thälmann ist nicht im Hause, Frau und Tochter bleiben unverletzt.

Walter teilt das Schicksal aller engagierten Parteifunktionäre. Er reist umher, spricht mit Gleichgesinnten, redet auf Versammlungen, agitiert, sorgt dafür, dass die »Linie« der Führung an der Basis bekannt und durchgesetzt wird, kommentiert in der 1919 von der USPD Thüringens gegründeten *Neuen Zeitung* die Landespolitik.

Seiner Frau lässt er, wenn er nicht zum Schreiben kommt, über Boten Grüße und die Ankündigung eines Briefes ausrichten. Martha wird seine Abwesenheit geschmerzt, sie wird sie aber nicht kritisiert haben: Sie gehört der Partei an und kennt deren Lage.

Im September 1921 kündigt Walter mit einer Karte mal wieder sein Kommen an. Er würde mit dem 5-Uhr-Zug in Leipzig eintreffen und bis Samstag bleiben können. Am Freitag werde eine Genossin bei ihnen vorbeischauen, mit der er über eine Anstellung sprechen wolle. Keine Frage, Privat- und Parteileben gehen ineinander über, beides lässt sich kaum mehr trennen. Da kann man natürlich kritisieren, dass »die Partei« den totalen Anspruch auf die gesamte Person erhebt (tut sie das wirklich – oder ist es nicht doch die freiwillige Hingabe der Person an »die Sache«?). Geht nicht das Individuum in seiner selbstgewählten Aufgabe auf, um dabei Privates aufzugeben? Ist das bei einem heutigen Homo politicus so grundsätzlich anders?

Im November 1921 zieht die Landeszentrale der Partei von Erfurt nach Jena. Am dortigen Lutherplatz nimmt sie Quartier. Formal ist Walter Redakteur der *Neuen Zeitung*, des Parteiorgans, tatsächlich ist er der Polleiter der Landespartei, also der Politische Leiter der Bezirksleitung Großthüringen.

In dieser Funktion ist er faktisch der Kopf der dortigen Parteiorganisation, die sich in einer Tradition sieht. 1869 war in Eisenach die Sozialdemokratische Arbeiterpartei gegründet worden, die sich sechs Jahre später in Gotha mit dem Allgemeinen Deutschen Arbeiterverein zur Sozialistischen Arbeiterpartei Deutschlands zusammenschloss. Dieses SAPD nannte sich seit 1890, nach Aufhebung der Sozialistengesetze, SPD. Auf ihrem Erfurter Parteitag 1891 hatte sie sich ein marxistisches Programm gegeben, das zu großen Teilen auf einer bis dahin nahezu unbekannten Schrift fußte: der zwanzigseitigen Kritik von Karl Marx am Gothaer Programm. Diese Polemik gilt bis heute nicht nur als eine der besten Arbeiten von Marx, sondern als wesentlicher theoretischer Beitrag für die Entwicklung einer konsequent linken Partei. Thüringen ist darum für Walter, der ein feines Gespür für Geschichte besitzt, die Wiege der revolutionären Arbeiterbewegung.

Er will seine Partei massentauglicher machen, sie aus der Isolation bringen, ohne ihren politischen Kern aufzugeben. Das zeigt sich auch in seinem Führungsstil. Walter bereitet sich intensiv auf jede Zusammenkunft vor. Er moderiert nicht, sondern leitet die Sitzung. Straff, zielorientiert. Es wird geredet, aber nicht zerredet. Er hört zu, lässt ausreden, nimmt Widerspruch zur Kenntnis, korrigiert sich, wenn nötig, hat aber eine klare Meinung. Immer kämpft er mit offenem Visier. Einige behaupten, er sei verschlagen und wenig berechenbar gewesen. Das deutet eher auf späte Rache oder auf persönliche Verletzung, die mancher ihm nachtrug, weil Walter sich in Auseinandersetzungen ihm überlegen zeigte.

Das Leben des Thüringer Polleiters ist einfach und bescheiden, der einzige »Luxus«, den er sich gönnt: wandern und sportliche Betätigung zum Ausgleich. Walter trinkt nicht, er raucht nicht. Er lebt asketisch. In der deutschen Arbeiterbewegung kämpfte seit Jahrhundertbeginn ein Abstinenten-Bund (DAAB) gegen exzessiven Alkohol- und Tabakkonsum und für eine gesunde Lebensweise, das Gewohnheitstrinken nach Feierabend führe auch zu einer »Verspießerung des Proletariats«, begründet man die Absage. Bereits vor dem Krieg hatte die Freie Gewerkschaft plakatiert: »Arbeiter, meidet den Schnaps! Mit jedem Gläschen, das ihr trinkt, verleiht ihr dem Staat und der herrschenden Gesellschaft Mittel zu eurer Knechtung und, was noch schlimmer ist, ihr betrügt euch selbst. Jeder Alkoholgenuss ist eine Steuerzahlung.«

Walter, der den Spagat zwischen Familie und Partei versucht, muss inzwischen auch immer öfter nach Berlin, wo die Führung der Partei arbeitet. Er empfängt dort Instruktionen, diskutiert auf Beratungen, tauscht sich aus. Er gewinnt Profil. Wenn es sich einrichten lässt, macht er Station in Leipzig. An den Wochenenden kehrt er, wann immer es geht, zu Frau und Kind zurück. Es gibt ein Schreiben an Martha von Januar 1922, in welchem er seine Rückkehr in Weimar mitteilt – ein Samstagmorgen: vielleicht kommt er gerade aus Leipzig und hat nun etwas in der Goethestadt zu erledigen? –, mittags müsse er weiter nach Jena, um am Sonntag wieder zum Zentralausschuss nach Berlin zu fahren.

Die Thüringer Polizei observiert ihn, natürlich. Nach den Morden an dem bayerischen USPD-Landtagsabgeordneten Karl Gareis im Juni und Reichsfinanzminister Matthias Erzberger im August 1921 hatte die Reichsregierung Verordnungen zum Schutze der

Republik erlassen. Sie richteten sich gegen antirepublikanische Vereinigungen, Versammlungen und Druckerzeugnisse. So wurde beispielsweise am 15. Juli 1922 in Thüringen die NSDAP verboten, nachdem im Monat zuvor Rechtsextremisten und Antisemiten Reichsaußenminister Walter Rathenau ermordet hatten. Rathenau wurde von diesen Terroristen geächtet, weil er im April im italienischen Rapallo mit Sowjetrussland die Aufnahme diplomatischer und wirtschaftlicher Beziehungen vereinbart hatte. Beide Staaten waren, aus unterschiedlichen Gründen, vom Rest der Welt ausgegrenzt worden und beendeten damit, zumindest bilateral, ihre Blockade, was sich beiderseits als nützlich erwies.

Den Vertrag begrüßten Mitglieder und Sympathisanten der USPD und der KPD ausdrücklich, im Berliner Lustgarten kamen am 20. April 1922 etwa hunderttausend Menschen zusammen, in Düsseldorf vierzig-, in Halle zwanzigtausend. »Auch Rathenau, der Walther / Erreicht kein hohes Alter. / Knallt ab den Walther Rathenau, / Die gottverdammte Judensau«, singen die Freikorps. Dieses antisemitische Hetzlied ist in den Nazikreisen sehr beliebt, weshalb man später den liberalen Reichsaußenminister, Industriellen und Schriftsteller, der keine 55 Jahre alt wurde, nicht zu unrecht als »erstes Opfer des Dritten Reiches« bezeichnen wird.

Die Auslegung der Verordnungen zum Schutze der Republik ist allerdings dehnbar. Sie richtet sich gegen Faschisten wie auch gegen Kommunisten, denen man eine prinzipielle Feindschaft gegenüber der bürgerlichen Weimarer Republik unterstellt. Das Thüringer Innenministerium überwacht Walter und führt eine Akte über ihn. Es werden »persönlich Beauftragte« abgestellt, die Thüringens Polleiter observieren.

Das, was sie zu Papier bringen, zeigt nur Walters Umtriebigkeit, beweist allerdings nicht, dass er die bestehenden gesellschaftlichen Strukturen gewaltsam beseitigen und die Weimarer Republik stürzen will. Ja, er kritisiert sie, will sie verändern und anders gestalten, die Republik soll entsprechend seiner Überzeugung sozialistisch und keineswegs wieder zu einer Militärdiktatur werden, wie sie in Deutschland bis vor wenigen Jahren geherrscht hat. Die Verfassung von Weimar lässt eine solche oppositionelle Haltung zu. Sie erlaubt, dass Walter U. in Thüringen erfolgreich agitiert und organisiert. Im Sommer 1922 zählt die KPD in Thüringen etwa dreißigtausend Mitglieder, die in 110 Ortsgruppen wirken. Großen Wert legt er auf die Verbindung zur Produktion. Genossen in den Betrieben sollen sich auch dort zusammenfinden und Betriebszellen bilden. Das trägt ihm den Spitznamen »Genosse Zelle« ein.

Walter geht in seiner Arbeit auf, aber beliebt macht ihn das nicht bei allen. Auf der Rückfahrt von einer Konferenz in Gera nach Jena sitzt er mit anderen Delegierten in einem offenen Wagen der vierten Klasse. Die meisten kommen aus der Jugendbewegung und sind froh, der Konferenz entkommen zu sein. Walter ermüdet seine Mitreisenden mit politischen Fragen, die sie »zum Überdruss« bereits besprochen haben. »Das ist aber ein Knochen!«, meinen die Jugendlichen. Doch seine Ausdauer zeigt Resultate.

Der Landesparteitag delegiert Walter zum IV. Weltkongress der Komintern, der Ende des Jahres in Petrograd und in Moskau zusammentreten soll.

Sowjetrussland ist gezeichnet von Interventions- und Bürgerkrieg, die Not ist überall gegenwärtig. Deutsche Genossen, die bei der Komintern arbeiten, lassen die Zentrale in Berlin wissen: »Sagt jedem Delegierten, der hierherkommt, er soll sich ein Paar Gummischuhe mitbringen. Hier kann er sich keine kaufen, und er ersäuft sonst im Straßendreck. Auch müssen die Genossen unbedingt genügend warme Kleidung mitbringen. Es sollen unbedingt warme Reisedecken mitgenommen werden, die auch als Bettdecke dienen können. Desgleichen kleines Geschirr (Kaffeekanne aus festem Material – nicht Porzellan), Teelöffel, Teesieb, feste Tassen, Besteck, etc.«

Mit Blick auf Entstehung und Entwicklung faschistischer Bewegungen in verschiedenen europäischen Staaten – im Oktober erst haben in Italien die Schwarzhemden die Macht übernommen – bekräftigt der Kongress die Einheitsfrontpolitik zur Abwehr nationalistischer Tendenzen. Faschismus sei ein Instrument der reaktionären Bourgeoisie zur Festigung ihrer Macht und zur brutalen Niederwerfung der Arbeiterklasse.

Allerdings ist man auch der Überzeugung – und das erweist sich als Fehleinschätzung –, dass die Lage in der Welt weiterhin revolutionär sei. Es könnten viele Anlässe in der krisengeschüttelten kapitalistischen Welt für revolutionäre Kämpfe entstehen.

Lenins Auftritt wird der letzte bei der Komintern sein, er referiert über »Fünf Jahre russische Revolution und die Perspektiven der Weltrevolution«. Diese Tatsache wird Walter auf dem XXIV. Parteitag der KPdSU im Frühjahr 1971 zu der Bemerkung veranlassen, er sei im Saal vermutlich der Einzige, der Lenin noch zu Lebzeiten getroffen habe. Das wird ihm an diesem Ort als Anmaßung und Arroganz ausgelegt, obgleich es ein belegtes Faktum ist. Und mancher nimmt es auch als Anspielung darauf, dass Stalin dafür gesorgt hatte, dass alle Mitstreiter Lenins beseitigt worden waren. Ein halbes Jahrhundert später sind nur nachfolgende Generationen unter den Parteitagsdelegierten vertreten. Bis auf den deutschen Genossen Walter Ulbricht!

In Petrograd besucht er 1922 das Putilow-Traktorenwerk, einen der Ausgangspunkte der Februarrevolution 1917. Gemeinsam mit dem Vorsitzenden der Internationalen Roten Hilfe (IRH, in Sowjetrussland MOPR) spricht er zu den Arbeitern. Julian Marchlewski gründete mit Rosa Luxemburg und Leo Jogiches die Sozialdemokratie im Königreich Polen und lebt seit geraumer Zeit in Deutschland. Er gehörte zu den Mitbegründer des Spartakusbundes und ist nun in der Zentrale der KPD.

Die beiden reisen weiter nach Moskau, wo sie auf dem Bahnsteig des Nikolajewski-Bahnhofs empfangen werden. Es ist Moskaus ältester Bahnhof, der deshalb so heißt, weil ihn Zar Nikolai I. errichten ließ. (Seit 1937 heißt er »Leningrader Bahnhof«.) Ein Mitarbeiter der Komintern reckt ein Schild, damit er als Empfangskomitee wahrgenommen wird. Ein Bus bringt sie ins Hotel Lux an der Twerskaja, das als Gästehaus für die Komintern-Delegierten genutzt wird. Es ist ein dreistöckiges, neoklassizistisches Gebäude, in welchem Jahre später – das aber kann niemand 1922 wissen – Walter und andere deutsche Emigranten Asyl finden werden.

In einem Glaskasten am Treppenabsatz vor dem Fahrstuhl überprüft ein Genosse die Passierscheine und weist Zimmer und Lebensmittelkarten zu. Für einfache Delegierte waren Lounges zu Gruppenzimmern umfunktioniert worden. Die hier Untergebrachten gliedern sich in drei Kategorien: in technisches Personal sowie in mittlere Kader, Redakteure und Assistenten. Parteiführer und hochrangige Vertreter ausländischer Parteien erhalten größere und hellere Räume sowie bessere Rationen zugewiesen. Walter gehört noch nicht zu dieser dritten Kategorie.

Die Büros der Komintern sind nur einen kurzen Fußmarsch vom Lux entfernt und liegen nahe dem Alexandergarten des Kreml. Je nach Größe der Partei verfügt jede – hier Sektion geheißen – über ein oder zwei Zimmer. Am Eingang kontrolliert die Miliz, und an der Rezeption telefoniert man mit dem Büro, damit jemand den Besucher abholt.

Nicht ohne Stolz schickt Walter »herzliche Grüße aus dem

Das Hotel Lux in der Twerskaja 36 in Moskau, erbaut 1911 als »Hotel
Franzija«, seit 1921 Gästehaus der Kommunistischen Internationale mit
dreihundert Zimmern. Walter steigt erstmals im November 1922 dort ab

Lande der proletarischen Herrschaft« an Martha. Er befinde sich
im Herzen Moskaus, alle wichtigen Institutionen lägen in Sichtweite: der Kreml, der Rote Platz, die Staatsbibliothek und das Marx-
Engels-Institut. Gegenüber sei das Haus der Gewerkschaften.

Walter ist sichtlich beeindruckt, was nicht ursächlich ideo-
logischer Natur ist. Es ist – sieht man von seinen kriegsbedingten
»Ausflügen« und seiner Wanderjahre ab – seine erste richtige Aus-
landsreise. Doch er schlendert nicht als Tourist durch die Stadt,
sondern nimmt auch das Elend wahr, das ihm in Gestalt von Bett-
lern, Obdachlosen und Straßenkindern, den Besprisorni, ent-

gegentritt. Das macht ihn betroffen. Er kauft einen ganzen Stapel
Postkarten der Internationalen Arbeiterhilfe, denn: »Der Rein-
ertrag fließt den Hungernden zu.«

Seine Beobachtungen fließen in einen Text ein, den er für die
Neue Zeitung daheim schreibt. Er analysiert, betrachtet Wesen
und Erscheinung, er ist keineswegs emotionslos, aber er lässt sich
nicht von Gefühlen hinreißen. In dieser Periode – damit meint er
die Phase nach Krieg und Revolution – sei die politische Arbeit
besonders schwierig, die kommunistischen Parteien hätten »die
proletarischen Massen unter Anknüpfung an ihre täglichen Nöte
zu aktivieren«. Damit ist gesagt: Es geht nicht um sozialistische
Luftschlösser und Phrasen, sondern um die Befriedigung ak-
tueller Bedürfnisse. Eben in jenem Sinne, wie es Engels 1883 am
Grabe von Marx formuliert hatte: »Wie Darwin das Gesetz der
Entwicklung der organischen Natur, so entdeckte Marx das Ent-
wicklungsgesetz der menschlichen Geschichte: die bisher unter
ideologischen Überwucherungen verdeckte einfache Tatsache,
dass die Menschen vor allen Dingen zuerst essen, trinken, wohnen
und sich kleiden müssen, ehe sie Politik, Wissenschaft, Kunst, Re-
ligion usw. treiben können.«

Zur allgemeinen Überraschung besucht Lenin die deutsche Delegation. Er ist überarbeitet, sein Gesicht blass und eingefallen,
von Krankheit gezeichnet. Er hat Mühe sich zu artikulieren. Lenin
ist Anfang Fünfzig. Erst im Frühjahr war ihm eine Kugel aus dem
Hals entfernt worden, die sich dort seit dem Attentat im Sommer
1918 befand. Vier Wochen nach der OP hatte er einen schweren
Schlaganfall erlitten, der ihn rechtsseitig lähmte. Nach dem kurzen
Gespräch, das ihn sichtlich anstrengt, schüttelt er Walter und den
anderen deutschen Genossen die Hand und wünscht alles Gute.
Die Meinungsverschiedenheiten in der Partei sollten zurückgestellt und mutig der Kampf um eine Arbeiterregierung geführt

Im Februar 1923
wird Walter auf dem
Parteitag in Leipzig
erstmals ins Zentral-
komitee der KPD
gewählt – mit wenig
mehr als 51 Prozent

werden, sagt er, nachdem er sich zuvor über die Auseinandersetzungen hatte informieren lassen.

Es heißt, in jener Zeit – also November und Dezember 1922 –
soll Lenin sieben Schlaganfälle erlitten haben. Nach einem weiteren Schlaganfall im März 1923 verschlechtert sich sein ohnehin angegriffener Gesundheitszustand erheblich, er kann sich
kaum mehr verständlich machen. Im Januar 1924 verstirbt der Be-
gründer der Sowjetunion.

Ende Dezember 1922 kehrt Walter nach Jena zurück, wo die Polizei unverändert nach ihm fahndet. Auf einem Parteitag in Erfurt
wertet er den IV. Weltkongress aus und wird als Delegierter zum

VIII. Parteitag der KPD entsandt. Der Konvent findet im Februar 1923 in seiner Geburts- und Heimatstadt Leipzig statt. Die Vorbereitung wird von einer schweren innen- wie außenpolitischen Krise überschattet. Französische und belgische Truppen rücken ins Ruhrgebiet ein, weil Deutschland bei der Zahlung der Reparationen säumig ist. Das wiederum monieren Großbritannien und die USA, die ebenfalls Anspruch auf Reparationen haben und sich übervorteilt sehen, wenn Frankreich und Belgien Kohle und Stahl aus dem Ruhrgebiet direkt für sich vereinnahmen. Der seit November 1922 amtierende Reichskanzler Wilhelm Cuno, ein parteiloser konservativer Geschäftsmann mit Kontakten in die USA, gibt sich empört. Er ruft zum »passiven Widerstand« auf, niemand soll mit den Besatzern zusammenarbeiten. Der Generalstreik soll Frankreich daran hindern, sich aus den Zechen und Stahlwerken der Ruhr zu bedienen. Das gelingt nur teilweise. Deutschland wirft die Notenpressen an, um das aufgrund der Reparationen immer größer werdende Defizit im Staatshaushalt zu kompensieren und um die Löhne von zwei Millionen Bergarbeitern zu bezahlen. Das ist der Beginn einer Hyperinflation, wie sie weder zuvor noch danach in Deutschland oder anderswo jemals stattgefunden hat.

Inflation heißt jedoch immer auch Sozialabbau und Verschlechterung der allgemeinen Lebenslage.

Am 22. Januar 1923 ruft die KPD-Zentrale auf: »Schlagt Poincaré an der Ruhr und Cuno an der Spree!« Der Appell fordert dazu auf, gemeinsam sowohl gegen den französischen Imperialismus als auch gegen die nationale chauvinistische Bourgeoisie zu kämpfen. Im August, nach vielen erfolgreichen Streiks – so etwa in der Reichsdruckerei, wodurch das Papiergeld knapp wurde –, muss Kanzler Cuno demissionieren. Im Ruhrgebiet selbst kommt es auch zu bewaffneten Auseinandersetzungen, bei denen 137 Menschen sterben. Besonders faschistische, nationalistische Kräfte sind aktiv.

Die hitzigen Debatten und Abstimmungen auf dem Parteitag in Leipzig werden bestimmt von heftigen Auseinandersetzungen zwischen einer ultralinken Strömung um Ruth Fischer und Arkadi Maslow, die jede Zusammenarbeit mit der SPD ablehnt, und jenen Kräften, die die Einheitsfront und notfalls in den Ländern auch mitregieren wollen. »Die Arbeiterregierung wird von uns gefordert, um die proletarischen Massen zu aktivieren, sie in den Kampf zu führen, dessen Ziel die Ergreifung der Macht durch das Proletariat ist«, sagt Walter auf dem Parteitag. Das strategische Ziel ist klar – aber die Taktik auch: Es geht um die Gewinnung demokratischer Mehrheiten durch die Aktivierung der proletarischer Massen. Nicht um deren Überrumpelung in Gestalt einer deutschen Revolution.

In seinem kurzen Diskussionsbeitrag stellt sich Walter als »Brandlerianer« vor und kritisiert die Parteilinken um Ruth Fischer. Heinrich Brandler bildet seit 1921 mit August Thalheimer die Doppelspitze der Partei. Er kommt aus dem Spartakusbund, ist ein gleichermaßen besonnener und beliebter Politiker mit Augenmaß und Realitätssinn. (Als er Monate später einen bewaffneten Aufstand in Hamburg absagt, lobt ihn Clara Zetkin für seinen Mut und sein Verantwortungsbewusstsein.)

Nur wenige der 219 Parteitagsdelegierten kennen den Genossen Walter aus Thüringen, er erhält lediglich 112 Stimmen bei der Wahl der neuen Führung. Brandler hingegen wird mit 166 Stimmen in seiner Funktion bestätigt. Mit Walters Wahl ist jedoch auch das Ende seiner Tätigkeit in Thüringen besiegelt. Zwei Tage nach dem Parteitag, am 3. Februar 1923, packt er in Jena seine Koffer und zieht wieder daheim bei Frau und Kind ein.

Von nun an pendelt er zwischen Leipzig und Berlin.

Der »Deutsche Oktober«

In Deutschland, so scheint es, hat sich die Republik von Weimar politisch etabliert, und die Verhältnisse sind relativ stabil. In der Partei glauben einige jedoch noch immer an den Erfolg eines revolutionären Umsturzes. Nicht so der Realpolitiker Walter Ulbricht

»Genosse Zelle« liegt auf Linie. Die Parole der Partei »Heran an die Massen!« hat er verinnerlicht. Man muss die Menschen für politische Überzeugungen gewinnen, und das gelingt nur, wenn die Partei sich von einem gewissen elitären Denken löst. Avantgarde ja, gesellschaftliche Prozesse und Bewegungen laufen nicht von allein, sie müssen organisiert und gesteuert, also geführt werden. Nichts geschieht im Selbstlauf. Aber das funktioniert nicht, indem eine Gruppe vorwegstürmt und darauf hofft, dass ihr die Menschen folgen. Es bedarf dazu der intensiven Kommunikation zwischen »Führung« und »Massen«.

Deshalb will Walter die Partei in den Betrieben verankern. Dort sind »die Massen« zu erreichen, nicht in den Mietskasernen, wo sich hinter jeder Proletarierfamilie eine Wohnungstür schließt. Man kann in den Arbeitspausen miteinander reden, Flugblätter und Zeitungen an Werkstoren verteilen. Walter schreibt dazu in der *Roten Fahne* einen Artikel nach dem nächsten: »Verwurzelt die Partei in den Betrieben!« und »Jede Fabrik soll unsere Burg sein«. Und er greift die im Volk herrschende Stimmung auf. Die Bevölkerung lehnt den Versailler Vertrag in Gänze ab, weil es die an Deutschland gerichteten Forderungen als überzogen und ungerecht empfindet. Vor allem bekommt jeder die Folgen unmittelbar zu spüren. Die irrationale Inflation und die damit verbundene dramatische Verschlechterung der Lebensumstände treiben die Menschen auf die Straße. Wo er kann, spricht Walter auf Betriebsversammlungen, um den Arbeitern auch den neuen Parteiaufbau zu vermitteln. Die Gewerkschaften sind strikt gegen die Organisation von Betriebszellen und geben die Anweisung, ihn nicht auftreten zu lassen und, wenn nötig, körperlich von Versammlungen zu entfernen.

Walter reist mit der Familie an die Ostsee, die jahrelangen Anstrengungen haben ihn physisch und psychisch ausgezehrt, er braucht Erholung. Am 20. Juli 1923 nehmen die drei sowie Otto Heyden mit dessen Frau und Kind Quartier an der Lübecker Bucht. Doch für Walter ist er schon nach 24 Stunden beendet. Er selbst hat ja immer wieder in der Zeitung und von Rednerpulten aus gefordert, dass sich die Partei von einer Propagandapartei zu einer Aktionspartei wandeln müsse. Und er sieht akuten Handlungsbedarf, er kann nicht ruhig im Strandkorb sitzen, wenn das Land zu brennen scheint. Deshalb reist er nach Berlin und lässt Frau und Tochter zurück. Martha und Dorle bleiben noch eine Woche, dann brechen auch sie ihre Zelte ab. Der Oberreichsanwalt erhebt abermals Anklage, der neue Haftbefehl wird bis 1928 in Kraft bleiben.

Es rumort im Lande seit Monaten. Wütende Proteste, Demonstrationen, Kundgebungen, Arbeitsniederlegungen, regionale Generalstreiks führen nicht nur zum Rücktritt der Reichsregierung unter Wilhelm Cuno im Sommer, sondern lassen auch einen »heißen Herbst« erwarten.

Sie nähren allerdings auch die Illusion sowohl in Moskau bei der Komintern als auch in Berlin in der KPD-Zentrale, dass der kapitalistische Staat wanke und zum Einsturz gebracht werden könnte, wenn man ein wenig nachhilft. Es geht das Wort von der zweiten, wirklich proletarischen Revolution.

Diese erscheint tatsächlich als eine zwingende politische Option, als in Bayern im September Ex-Ministerpräsident Gustav von Kahr als Generalkommissar mit diktatorischen Vollmachten bestellt wird. Er verhängt den Ausnahmezustand über Bayern. Das Land ist die Hochburg rechtsnationalistischer, faschistischer und konservativer Kräfte, hinter denen bewaffnete Organisationen stehen. Sie eint das Ziel, die verhasste Republik zu stürzen und das Reich von Bayern aus zu retten. Es gibt Pläne – ähnlich wie in Italien – mit einem Marsch auf Berlin die Macht zu übernehmen, um eine »nationale Diktatur« auszurufen. Und bei der »Rettung des Vaterlands« könnte man auch noch in Thüringen und Sachsen einmarschieren: Dort haben sich Sozialdemokraten und Kommunisten inzwischen soweit angenähert, dass gemeinsame Regierungen drohen.

Auch im Rheinland und im Ruhrgebiet gibt es separatistische Bewegungen, die von der französischen Besatzungsmacht unterstützt werden. Gegen die »Rheinische Republik« von Nationalisten, Militaristen und Faschisten setzen sich Kommunisten, Sozialdemokraten und parteilose Arbeiter mitunter auch mit Waffen zur Wehr.

Am 26. September 1923 verhängt Reichspräsident Ebert in Absprache mit dem neuen Reichskanzler Stresemann über ganz Deutschland den Ausnahmezustand.

Befeuert von Signalen aus Moskau, das den angesehenen polnisch-deutschen Bolschewiken Karl Radek nach Berlin entsendet, glaubt die Parteiführung, dass eine revolutionäre Situation herangereift sei. Radek schreibt doppeldeutig in der *Roten Fahne*: »Die deutsche Bourgeoisie ist so organisiert wie keine der Welt. Die Kommunistische Partei Deutschlands muss so organisiert sein, wie keine kommunistische Partei der Welt.« Und er erinnert an die Prognose des Komintern-Vorsitzenden Grigori Sinowjew, die jener auf dem III. Weltkongress zwei Jahre zuvor getroffen hatte: »Die Revolution ist nicht abgeschlossen; die Zeit ist nicht fern, wo neue Kämpfe entbrennen werden, die Europa und die ganze Welt viel schwerer erschüttern werden, als es alle früheren Kämpfe zusammengenommen getan haben.« Und Stalin, der Generalsekretär der sowjetrussischen KP, schreibt am 10. Oktober 1923 in einem Offenen Brief an August Thalheimer in Berlin: »Die bevorstehende Revolution in Deutschland ist das wichtigste Weltereignis unserer Tage. Die siegreiche deutsche Revolution wird für das Proletariat in Europa und Amerika sogar noch bedeutender sein als die russische Revolution vor sechs Jahren. Mit dem Erfolg der deutschen Revolution wird sich das Zentrum der Weltrevolution von Moskau nach Berlin verschieben.«

In einigen Regionen bilden Kommunisten und Sozialdemokraten bereits »Arbeiterräte« und parteiübergreifende Milizen, die losschlagen sollen, sobald der Befehl dazu kommt. In der Berliner Zentrale ist ein Militärischer Rat unter Walter Stoecker gebildet worden, der proletarische Hundertschaften formiert.

Walter erinnert sich vierzig Jahre später: »Aus Suhl, Pirna, Chemnitz und Potsdam wurden Waffen beschafft. Die Arbeiter aus Suhl leiteten einige Waffenlieferungen, die für die reaktionären Mordbanden gedacht waren, zu den Verteilerstellen der KPD. Ein Teil der Waffen wurde gekauft. Einige Soldaten der Potsdamer Regimenter unterstützten die Bewaffnung der Arbeiter. In Chemnitz konnte durch die Wachsamkeit der Eisenbahner auf dem Güterbahnhof ein großer Schuppen voller Kisten mit Gewehren und

Munition, die für die Separatisten bereitgestellt waren, entdeckt und die Waffen abtransportiert werden. In Koffern transportierten die Genossen Sprengstoffe aus einem Lager in Berlin-Charlottenburg zu wichtigen Verkehrsknotenpunkten in Mitteldeutschland.« Um den befürchteten Einmarsch der bayerischen Putschisten in Thüringen und Sachsen abzuwehren, konzentriert sich die Planung des Militärischen Rates auf die Verteidigung dieser Länder. Durch die erfolgreiche Abwehr der konterrevolutionären Verbände werde der Funke auch auf andere Landesteile überspringen und zu einem Flächenbrand werden. Eben der Revolution.

Diese spekulative Überlegung wird jedoch von den vernünftigen Kräften über Bord geworfen. In Chemnitz kommen am 21. Oktober Vertreter der Einheitsfront aus den Parteien des linken Lagers zusammen. Heinrich Brandler, Ko-Vorsitzender der KP, schlägt der Konferenz vor, den Generalstreik und den Kampf um die Arbeiter-und-Bauern-Regierung in Deutschland auszurufen. So steht es in einem »Entwurf eines Kampfprogramms für die Chemnitzer Konferenz proletarischer Organisationen« der KPD-Führung in Berlin. Ganz vorn steht dort: »1. Aufhebung des Belagerungszustandes. Nieder mit der Militärdiktatur! 2. Entwaffnung aller faschistischen und reaktionären Kampfverbände, der bayerischen Monarchisten, Separatisten und Faschisten, ebenso im ganzen Reich. Sofortige und umfassende Bewaffnung der Arbeiterschaft. [...] 5. Arbeiter- und Bauernregierungen, gestützt auf proletarische Klassenorgane, in allen Ländern und im Reich.«

Georg Graupe, sozialdemokratischer Arbeitsminister im Freistaat Sachsen, widerspricht. Das sei nicht Thema der Zusammenkunft, er droht – als Einlader – mit dem Rückzug der Sozialdemokraten von der Konferenz.

Die Mehrheit teilt diese verständliche Auffassung und verweist die Erörterung solcher Fragen in eine paritätische Kommission.

Die Realisten in der Berliner Parteiführung interpretieren diese Entscheidung richtig – und kippen den bereits gefassten Beschluss über Generalstreik und bewaffneten Aufstand. Allerdings erreicht die Order zum Rückzug nicht alle Regionen und jede zum Handeln entschlossene Hundertschaft. In Hamburg stürmen, wie geplant, Arbeiterwehren Polizeistation und bewaffnen sich, wichtige Einrichtungen werden besetzt. Allerdings bricht der Aufstand schon nach wenigen Stunden im Kugelhagel von Polizei und Reichswehr zusammen. Mindestens hundert Menschen sterben, über dreihundert werden verletzt. Etwa anderthalbtausend Personen werden festgenommen und viele verurteilt.

Die Folgen sind verheerend.

Dabei ist der Tadel aus Moskau, die KPD-Führung habe den entscheidenden Zug nicht gemacht und die Chance für eine Revolution vertan, noch das geringere Übel.

Schmerzhaft auch, dass die Reichswehr in Sachsen und Thüringen einmarschiert und brutal wütet. Mit Verweis auf Artikel 48 der Weimarer Verfassung zwingt Reichspräsident Ebert die Regierung Zeigner in Dresden zur Aufgabe und ersetzt sie durch einen »Reichskommissar«. Die Regierung von August Fröhlich in Weimar löst sich selbst auf.

Die von beiden Landesregierungen begonnene resolute Reformpolitik – Demokratisierung des Staates, der Wirtschaft und der Gesellschaft, die Sozialdemokraten und Kommunisten in der Überzeugung betrieben, die steckengebliebene Revolution von 1918 unter den Bedingungen der parlamentarischen Demokratie auf Landesebene fortzuführen – wird brutal erledigt. Die Minister werden vom Militär aus ihren Büros vertrieben.

Am Schlimmsten jedoch ist der Bruch der Einheitsfront. Die Sozialdemokraten fühlen sich nicht zuletzt wegen Hamburg betrogen und hintergangen.

Das entstandene Misstrauen führt zu einer nachhaltigen Schwächung bei der Abwehr der faschistischen Kräfte und zu einem Zerfall der deutschen Arbeiterbewegung, der bis zum Bruderkrieg führt. Und zu der bis heute bestehenden Vorhaltung des bürgerlichen Lagers, dass Kommunisten keine seriösen politischen Partner sind. Das Gespenst des Kommunismus, von Marx und Engels im Manifest von 1848 als Metapher gebraucht, existiere tatsächlich und gehöre verbannt, hieß es. Die Linken sind die Inkarnation des Bösen, der Antichrist, der Feind der Demokratie. Die latent vorhandene Abwehr, seit Beginn der sozialistischen Bewegung in der Mitte des 19. Jahrhunderts existierend, erhielt ein überzeugendes Argument.

Die Faschisten wittern Morgenluft und putschen in München. Auf Flugblättern erklären sie:»Proklamation an das deutsche Volk! Die Regierung der Novemberverbrecher in Berlin ist heute für abgesetzt erklärt worden. Eine provisorische deutsche Nationalregierung ist gebildet worden, diese besteht aus General Ludendorff, Adolf Hitler, General von Lossow, Oberst von Seißer.« Der Marsch zur Feldherrnhalle am 9. November 1923 wird jedoch militärisch gestoppt, der Versuch des faschistischen Staatsstreichs scheitert. Fortan wird es heißen, dass die Republik von ihren Rändern, von den Linken wie den Rechten, bedroht wird.

Die Verfolgungswut der bürgerlichen Republik richtet sich hauptsächlich jedoch gegen die Linken, was zur Vertiefung der Spaltung in der Gesellschaft führt. (Bis zum 30. April 1924 werden 981 Prozesse gegen rund siebentausend Kommunisten geführt, 5768 werden verurteilt.) Die Partei und ihre Gliederungen werden verboten, ihre Zeitungen dürfen nicht mehr erscheinen und die Namen der Kader finden sich auf Fahndungslisten, sofern man sie nicht schon festgesetzt hat. Auch Walters Name steht auf der Schwarzen Liste: Wegen Vorbereitung zum Hochverrat hat

In München putschen am 9. November 1923 Hitler und Ludendorff, Haken-
kreuzler verhaften Stadträte und lassen sich dabei fotografieren

der Staatsgerichtshof Haftbefehl erlassen. Wieder einmal muss
er untertauchen. Martha wird von der Polizei vorgeladen. Man
braucht ein Foto für den Steckbrief. Das besitze sie nicht, erklärt
sie. Die Nachbarn werden auch befragt. Sie beschreiben Walter
vage, die Polizei teilt die Angaben an den Untersuchungsrichter
des Reichsgerichtshofs mit: Walter U. sei etwa 1,65 Zentimeter
groß, schlank, bartlos mit gesunder Gesichtsfarbe und mit blon-
dem, welligem Haar ...

Martha wird auch befragt, wo ihr Mann sich aufhalte. Sie wisse
es nicht, sagt sie, vielleicht sei er im Ruhrgebiet.

Das ist er auch. Aber das Ruhrgebiet ist groß. Fast so groß wie
der Scherbenhaufen, den der »Deutsche Oktober« hinterlassen
hat. In Anlehnung an die russische Oktoberrevolution 1917 hatte

die Führung der Kommunistischen Internationale die Planungen für den Aufstand in Deutschland so bezeichnet. Die Überlegungen zu einer »Vollendung« der unvollendeten Novemberrevolution entsprangen keineswegs nur einem Wunschdenken. Viele Indikatoren offenbarten, wie brüchig das Fundament des Nachfolgestaates des deutschen Kaiserreichs ist. Doch es existierte in der deutschen Gesellschaft keine Mehrheit für eine revolutionäre, also gewaltsame Veränderung der bestehenden Verhältnisse und die Errichtung eines »Sowjetdeutschland«. Auch wenn bei den Reichstagswahlen am 4. Mai 1924 – die Partei ist seit Ende Februar wieder zugelassen – 12,6 Prozent der Wähler für die KPD stimmen.

Das ist beachtlich, aber eben nicht die Mehrheit.

Wie immer nach politischen Niederlagen wird natürlich die Schuldfrage gestellt. Für Moskau – das meint die Führungen der KPR (B) und der Kommunistischen Internationale – sind ihr Beauftragter Karl Radek (offenkundig weil er sich nicht hatte durchsetzen können) und die Zentrale der KPD, insbesondere deren beide Vorsitzenden Brandler und Thalheimer, eindeutig verantwortlich für das Desaster.

Sie sind nicht nur in den Augen Moskaus schuldig, sondern auch nach Überzeugung der beiden Linksaußen Ruth Fischer und Arkadi Maslow. Sie können sich mit ihrer Auffassung durchsetzen. Anfang 1924 verliert Heinrich Brandler seine Funktion und muss nach Moskau, später schließt man ihn aus der Partei aus, worauf er mit August Thalheimer die KPD-Opposition (KPD-O) gründet. Thalheimer wird wie Brandler abgelöst, ebenfalls nach Moskau geschickt und später aus der KPD ausgeschlossen.

Walter indes reist unerkannt durchs Reich, trifft auch die Französin Rosa Michel, die für die Komintern in gleicher Mission unterwegs ist. Laut einer anonymen Anzeige soll er auch in Warschau gesehen worden sein, was jedoch eher unwahrscheinlich ist. Die Reisen durchs Land sind sowohl Flucht als auch politische Mission. Es gilt, die verunsicherte und enttäuschte Basis zu motivieren, die Genossen zu informieren und mit ihnen die Frage zu erörtern: wie weiter? Die Wankenden müssen gestützt und aufgerichtet, die Zweifelnden ermutigt werden. Die Ungewissheit lähmt.

Am 28. Februar 1924 wird das KPD-Verbot aufgehoben, die Partei kann legal zehn Tage später in Frankfurt am Main ihren IX. Parteitag abhalten. Dort setzen sich die Ultralinken mit ihrer Argumentation durch, welche von der Führung der Komintern im Januar ausgegeben worden war: keine Zusammenarbeit mehr mit den Führungen der Sozialdemokratie und der Gewerkschaften, sondern nur noch »Einheitsfront« von unten.

Jene, die diesen Richtungswechsel als falsch kritisieren und die Aktionseinheit aller Organisationen der Arbeiterklasse gegen Imperialismus und Faschismus fordern, werden nicht wieder in die Zentrale gewählt.

Auch Walter gehört zu den Abgewählten.

Die Intervention der Komintern-Delegation hilft nichts. Die Tagungsleitung erteilt Walter für zehn Minuten das Wort, seine Rede wird von Zwischenrufen und abfälligen Bemerkungen begleitet. Sein ursprünglich geplantes Referat war ersatzlos von der Tagesordnung gestrichen worden.

Das Polbüro, die innere politische Führung der Zentrale, wird zunächst von Arkadi Maslow und ab Juni von seiner Lebensgefährtin Ruth Fischer geführt.

Walter trifft der Richtungswechsel auch existentiell. Er war unmittelbar nach der Legalisierung der Partei nach Leipzig zur Familie zurückgekehrt. Allerdings mahlen die Mühlen der Klassenjustiz weiter. Die Aufhebung des Parteiverbots ist nicht gleichbedeutend mit der Aufhebung seines Haftbefehls. Mit dem politischen Mandat in der Zentrale hat er überdies sein Einkommen verloren, die von ihm geführte Org.-Abteilung wird aufgelöst. Die Partei setzt ihn auch nicht auf die Kandidatenliste für die Reichstagswahlen am 4. Mai. Und der neue Landtag in Sachsen wird erst in zwei Jahren gewählt ...

Das private Desaster ist mindestens so gewaltig wie das politische. Die Mitgliederzahl der Partei hat sich mehr als halbiert: Von den 267 000 Genossen sind nur noch 121 394 dabei. Das liegt an dem Verbot, das immer zu einer Einschüchterung der Mitgliedschaft führt. Nicht jeder steht Illegalität und gesellschaftliche Ächtung durch. Doch es liegt auch an der Politik, die die Parteispitze betreibt: Ultralinker Krawall und Konfrontation mit Klassengenossen kommt bei vielen Genossen nicht gut an. Und nicht nur bei diesen. Der linke Publizist Carl von Ossietzky, Chefredakteur der *Weltbühne* und nachmaliger Friedensnobelpreisträger, wirft der KPD-Führung vor, »Revolutionsromantik« zu nähren – womit er die Illusion einer Wiederbelebung des Geistes der Novemberrevolution meint. Und er kritisiert ferner, dass sie in ihrer »Geistesenge« in der Sowjetunion das »Musterbild eines Staates« sehe, statt den Anforderungen gerecht zu werden, die sich ihr in Deutschland stellen.

Damit benennt er ein Problem, das bis zum Untergang der Sowjetunion in der kommunistischen Bewegung nicht nur in Deutschland virulent sein wird.

In Berlin teilt sich Walter mit Franz Dahlem ein konspiratives Quartier im Büro eines mit der Partei sympathisierenden Architekten. Dahlem ist in seinem Alter und kam wie er aus der SPD, seit Anbeginn ist er in und für die Zentrale tätig, seit 1921 gehört er dem Preußischen Landtag an.

In Berlin ist seit Februar auch ein Dmitri S. Manuilski unterwegs. Natürlich unter einem fremden Namen. (Jahre später wird er in den Akten des faschistischen Reichssicherheitshauptamtes unter den Decknamen »Peter« und Giovanni Lazzaro geführt werden – mit seinem Schnauzbart und den schwarzen Haaren sieht er wirklich wie ein Italiener aus.) Manuilski führt die KP in der Ukraine und vertritt diese auch in der Komintern. Und diese wiederum hat ihn zur Bestandsaufnahme nach Deutschland geschickt. Er soll sich ein Bild von der KPD machen, wie diese nach dem Scheitern des »Deutschen Oktober« verfasst ist. So stößt er zwangsläufig auf Walter, der ihm von verschiedener Seite als glänzender Organisator, als zielstrebiger und fleißiger Parteiarbeiter geschildert wurde.

Manuilski gewinnt ihn, da er Walters missliche wirtschaftliche Lage kennt, als Mitarbeiter der Komintern. Das heißt offiziell »Instrukteur« und wird bezahlt. Im Juni 1924 reist Walter mit falschen Papieren – er wird ja noch immer gesucht – per Bahn nach Moskau. Wenn man so will: zum Einstellungsgespräch. Pass und Ticket hat er von Manuilski erhalten. Tatsächlich soll Walter am V. Weltkongress der Komintern teilnehmen, der in der zweiten Juni-Hälfte dort tagt.

Das ist auch die Erklärung, als er in Dünaburg, hinter der deutsch-litauischen Grenze, auf August Thalheimer und Albert Schreiner trifft. Sie haben das gleiche Ziel: Moskau. Schreiner arbeitet im Militärapparat der Partei und war als Leiter des M-Apparats des Bezirkes Wasserkante maßgeblich am Hamburger Aufstand beteiligt. Er soll in Moskau eine Militärfachschule besuchen. Das erzählt er natürlich nicht, obgleich die Bahnfahrt ziemlich lange dauert. Walter hingegen ist in seinem Eifer ungebremst, die beiden Genossen davon zu überzeugen, dass es künftig in der Parteiarbeit auch um Steuer- und Kommunalpolitik gehen müsse, um tagespolitische und soziale Probleme, wenn man Menschen für die Partei gewinnen wolle. Trotz seiner Niederlage

Die Hyperinflation fünf Jahre nach dem Krieg ist dessen Spätfolge. Die Ausgaben des Kaiserreichs für Waffen, Munition, Soldaten und Transport hatten enorme Ressourcen verschlungen, also vernichtet. Um dennoch die laufenden Verbindlichkeiten zu bedienen, warf der Staat die Notenpressen an. Das Papiergeld aber hatte keinen materiellen Gegenwert. So setzte sich eine Spirale in Gang, die erst im Oktober 1924 mit der Einführung einer neuen Währung beendet wird. Am 2. Dezember 1923 kostete ein Ei 320 Milliarden, ein Liter Milch 360 Milliarden und eine Straßenbahnfahrt 50 Milliarden Mark

im April erscheint er den beiden als eifriger und hochmotivierter Funktionär.

In Moskau werden sie wieder ins Hotel Lux gebracht. Es hat sich seit seinem ersten Besuch vor zwei Jahren auffällig verändert. Es gibt jetzt große Essräume, Gemeinschaftstoiletten und Bäder, eine Wäscherei und eine Bäckerei. Auch eine Arztpraxis wurde eingerichtet. Die Zimmer hingegen sind selten größer als zwanzig Quadratmeter, und aus den Wasserhähnen fließt nicht an jedem Tag warmes Wasser. Das Haus ist aber erkennbar dafür ausgestattet, dass regelmäßig Delegationen hier absteigen und betreut werden.

Die Beratungen des Komintern-Kongresses stehen ganz im Zeichen der Auseinandersetzungen um die Nachfolge des im Januar verstorbenen Lenin. Sinowjew – Vorsitzender des Exekutivkomitees der Komintern und damit dessen Chef –, Kamenew und Stalin führen eine öffentliche Kampagne gegen Trotzki, um ihn als angeblichen Gegner Lenins zu diskreditieren. Stalin hatte in seinen Vorlesungen über die »Grundlagen des Leninismus«, die er im April und Mai 1924 an der Swerdlow-Universität gehalten hat, postuliert, dass der Leninismus nun der Marxismus der Epoche des Imperialismus und der proletarischen Revolution sei. Und als Gegensatz konstruiert er eine Theorie des Trotzkismus, die mit dem Leninismus und dem Marxismus nicht vereinbar sei. Zum Kern des sogenannten Trotzkismus erklären Sinowjew, Kamenew und Stalin die von Trotzki vor der Revolution von 1905 entwickelte Auffassung von der permanenten Revolution. Sie wird von ihnen mit relativ gleichlautenden Argumenten als »antileninistisch« gebrandmarkt, weil sie angeblich direkt vom Zarismus in die Diktatur des Proletariats springe und die Rolle der Bauernschaft als Bündnispartner völlig ignoriere.

In der Komintern vertreten sie eine »Bolschewisierung der kommunistischen Parteien«. Diese sollen sich – da sie ausnahmslos aus sozialdemokratischen Parteien kommen – von ihrer »sozialdemokratischen Vergangenheit« lösen und die Ideologie des Marxismus-Leninismus zu ihrer bestimmenden machen. »Die Überreste der Sozialdemokratie sind in unserem eigenen Lager größer, als wir sie uns jemals vorgestellt haben«, raunt Sinowjew.

Das ist eine klare Absage an die Einheitsfront.

Walter kehrte im Juli nach Deutschland zurück. Wie er diese Kurskorrektur wertet, die eigentlich seinem bisherigen Verständnis der Arbeiterbewegung und dem Platz der KPD darin widerspricht, ist nicht dokumentiert.

Martha ist mit der inzwischen fast vier Jahre alten Dora in den Alpen. Naturfreunde im Berchtesgadener Land haben sie eingeladen. Gemeinsam wandern sie durch die Berge, wie Martha berichtet: Wimbachklamm, Münchener Haus, Watzmann, St. Bartholomä, Königssee und Almbachklamm ...

Unterdessen referiert Walter auf einer Betriebszellenkonferenz in Jena. Wenig später wertet er als »Lothar« vor dem Reichsausschuss des Kommunistischen Jugendverbandes Beschlüsse und Diskussionen des IV. Weltkongresses der Kommunistischen Jugendinternationale aus. Der fand zeitgleich in Moskau statt – Walter hatte daran ebenfalls teilgenommen.

Danach wird ihm nahegelegt, sich nicht länger im Reich aufzuhalten, weil er noch immer wegen Hochverrats gesucht werde. Im Auftrag der Komintern reist er nach Wien.

Politische und private Zäsuren

Martha und Dora folgen 1924 Walter unter
falschem Namen nach Wien und nach Prag,
wo er illegal arbeitet. Dann leben sie für ein
halbes Jahr gemeinsam in Moskau. Doch
Martha ist für dieses Leben nicht geschaffen

An der Donau trifft Walter mit seiner Frau und seiner inzwischen
vierjährigen Tochter Dora zusammen. Sie mieten sich ein kleines
Zimmer in der Wiener Kirchengasse 38, das temporäre Quartier
befindet sich im siebten Stock. Zusammen mit Georgi Dimitroff,
der in Wien die »Balkan-Arbeit« der Komintern leitet, soll Walter
die österreichische Partei unterstützen. Sie war Anfang November 1918 von einem halben Hundert linker Sozialdemokraten gegründet worden, dann stießen noch diverse Gruppen und Grüpp-
chen mit verschiedenen ideologischen Ausrichtungen hinzu, was
etliche Auseinandersetzungen mit sich brachte, ohne dass sich
eine klare, erkennbare Linie durchgesetzt hätte. Fraktionskämpfe
paralysierten die Arbeit, die Häuptlinge zerrieben sich in Graben-
kämpfen, ganze Ortsverbände wurden ausgeschlossen. So blieb die
KPÖ ohne Einfluss und Mandat und sank auf das Niveau einer
politischen Sekte. Es droht das Aus.

Walter, das Organisationstalent, reist als Stefan Subkowiak. Der Pass mit diesem Namen wurde angeblich in Brandenburg in Preußen ausgestellt und ist natürlich eine Fälschung. Obgleich es doch tatsächlich in Brandenburg an der Havel einen Tischler dieses Namens gibt, der obendrein auch der KPD angehört. Das verstößt allerdings gegen die Regeln der Konspiration und gehört darum wohl auch zu den Anfangsfehlern der illegalen Parteiarbeit. Zwar hätte in Brandenburg die Behörde auf Nachfrage bestätigen können, dass ein Mann mit diesem Namen existiere, aber bei intensiver Nachforschung wäre festgestellt worden, dass der Passbesitzer nicht identisch ist mit jenem Doppelgänger, womit die Fälschung entdeckt worden wäre.

Walter alias Stefan Subkowiak gibt vor, ein Zeichner aus Potsdam und für eine Leipziger Arbeiterzeitung tätig zu sein. Das gibt er bei der Einreise in Österreich an. Wie er auch erklärt, dass er sich als politischer Flüchtling verstehe und sich über die politischen Verhältnisse in Österreich informieren wolle, um zu prüfen, ob er sich hier niederlassen oder weiterziehen werde. So lautet die Legende, die er bei Bedarf und Notwendigkeit repetiert. Dass er Interesse für die politischen Verhältnisse in der Alpenrepublik habe, stimmt natürlich. Darum nimmt er zum Beispiel an Sitzungen von Führungsgremien der KPÖ teil und trifft sich mit österreichischen Genossen von der Basis in der Steinerstraße 15. Doch seine Tarnung ist längst verschlissen, der Wiener Polizeipräsident über Walters Ankunft und dessen Mission informiert. Drei Wochen lang wird der rote Piefke observiert, schließlich verhaftet und dem Richter vorgeführt.

Walter kennt die parteiinternen Instruktionen »Wie man sich beim Verhör verhalten soll«. Er bestreitet vehement, politisch tätig gewesen zu sein. Allerdings: Die Papiere, die bei der Hausdurchsuchung in der Kirchengasse 38 gefunden werden, beweisen

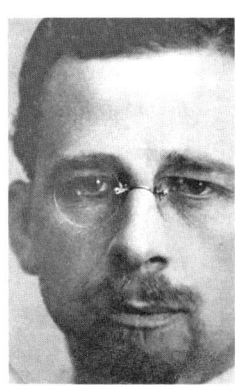

Als »Stefan Subkowiak«, Zeichner aus Potsdam, reist Walter im Herbst 1924 nach Wien und lebt dort für kurze Zeit mit Familie. Und sitzt dort, bevor er abgeschoben wird, zwei Monate in Haft. In Prag trifft er seine Frau Martha und Tochter wieder, die aus Österreich geflohen waren

unmissverständlich, dass Walter bei der Neuordnung der zerrütteten KPÖ und beim aktuellen Metallarbeiterstreik mehr als nur zufälliger Beobachter ist. Auch die vierhundert Dollar, die er bei sich führt, wie auch ein Beleg über dreißig Dollar für »Handzettel zum Metallarbeiterstreik. 18. September 1924« zeigen, dass »Stefan Subkowiak« nicht unbedingt ein Urlauber und Tourist aus Deutschland ist. Walter gesteht zwar, den Beleg erhalten zu haben, will sich aber an die genauen Umstände nicht mehr erinnern.

Ende September 1924 wird er verurteilt. Trotz der schwerwiegenden Beweise fällt die Strafe vergleichsweise mild aus – sechs Wochen Haft und Abschiebung wegen Urkundenfälschung und Benutzung eines gefälschten Reisepasses.

Nach Walters Einspruch verschärft das Gericht die Strafe zu zwei Monaten Kerker.

Der Metallarbeiter-Streik endet übrigens mit der Heraufsetzung der Mindestlöhne um zwanzig Prozent und einer zehnprozentigen Lohnerhöhung für alle.

Nach der Haft wird Walter nach Prag abgeschoben. Dort trifft er Martha und Dora wieder, die sich der Festnahme durch die

Wiener Polizei durch Flucht entzogen hatten und von Genossen über die Grenze geschleust worden waren..

In Unkenntnis all dieser Vorgänge und des Aufenthalts der Familie schreibt Jacob Herzog aus Zürich nach Leipzig und wünscht »Viel Glück im Neuen Jahr«. Sein Wunsch wird nicht in Erfüllung gehen. Nach der Abschiebung aus Österreich arbeitet Walter ab Januar 1925 für zwei Monate in Prag als Organisationsinstrukteur des Exekutivkomitees der Kommunistischen Internationale. Auch hier ist seine Hauptaufgabe der Aufbau von Betriebszellen. Danach reist die Familie weiter nach Moskau. Dort soll Walter in der Org-Abteilung der Komintern arbeiten.

Das Hotel Lux ist inzwischen bis unter das Dach belegt, die Räumlichkeiten reichen nicht aus. Mehrere Gäste müssen sich ein Zimmer teilen oder sie schlafen auf Stühlen. Die hygienischen Bedingungen sind entsprechend miserabel. Prophylaktisch stellen die Bewohner die Füße ihrer Betten in wassergefüllte Behälter, damit die Kakerlaken nicht die Betten erobern. Hinzu kommt die Rattenplage. Die Solidarität ist beachtlich, der Zusammenhalt groß. Die Bewohner kochen in Gemeinschaftsküchen, die Kinder spielen in den Fluren und besuchen eine Schule, die für die Internationalisten aus der halben Welt eingerichtet wurde. Familie Ulbricht reiht sich in die Schlange vor den Duschräumen ein, wenn einmal Warmwasser läuft. Martha spricht mit ihren Nachbarn ab, wer wann die Gasherde in den Etagenküchen benutzen kann. Auch das muss koordiniert werden. Das Leben ist beschwerlich, Mangel und Not herrschen auch in Deutschland. Allerdings gibt es einen gravierenden Unterschied: Wenn es an der Tür klopft, ist es bestimmt nicht der Gerichtsvollzieher oder die Polizei. Mitte der zwanziger Jahre ist das Lux noch ein Ort der Sicherheit und der Geborgenheit. Das ist in schweren Zeiten ein Luxus, den auch Martha zu schätzen weiß. Aber glücklich ist sie trotzdem nicht. Sie spricht die Landessprache nicht, der Kontakt beschränkt sich auf Landsleute. Sie empfindet sich als Anhängsel ihres Mannes, der nichts anderes kennt als seine Arbeit. Sie versteht das, muss es verstehen, denn sie gehört der gleichen Partei an und akzeptiert deren fordernde Regeln.

Im Auftrag des Exekutivkomitees der Komintern arbeitet Walter weiter an der Um- und Durchsetzung seiner Idee von den Betriebszellen. Er trifft sich dazu mit Vertretern der österreichischen, der Schweizer, der britischen, der tschechischen und der niederländischen Partei. Die »Zellenfrage« bleibt ein zentrales Thema der Parteiarbeit, davon versucht er sie zu überzeugen. In den Betrieben lassen sich nicht nur Mitglieder rekrutieren, sondern auch Massen mobilisieren: für Arbeitskämpfe und für politische Auseinandersetzungen. Die Wirtschaft ist das Rückgrat jeder Gesellschaft. Sein Einsatz für diese Idee trägt Walter auch in der Komintern den Spitznamen »Genosse Zelle« ein. Die Leitung der Organisationsabteilung beruft ihn zum vorläufigen stellvertretenden Leiter, er beantragt die Aufnahme in die KPR (B), was kein ungewöhnlicher Schritt ist. Viele Bewohner im Lux besitzen eine doppelte Mitgliedschaft. Es ist nicht nur Ausdruck der Solidarität mit Sowjetrussland, sondern eine Ehre, der Partei Lenins anzugehören. Walter nimmt am lokalen Parteileben in einer Moskauer Betriebsparteiorganisation und an Leitungssitzungen teil. Vor Ort studiert er aufmerksam die praktische Arbeit einer Parteizelle unter nichtkapitalistischen Verhältnissen. Er notiert, was man ihm übersetzt, analysiert und zieht Schlüsse.

Im Sommer 1925 reist Walter illegal nach Berlin. Dort findet Mitte Juli der X. Parteitag der KPD statt. Inzwischen hat sich durch die Einführung der sogenannten Rentenmark im Vorjahr die wirtschaftliche Lage insoweit beruhigt, als die Hyperinflation beendet wurde. In Berlin verkehrt eine elektrische S-Bahn und fand erstmals Ende 1924 eine Funkausstellung statt. Nationalisten und Faschisten, das zeigten auch die beiden Reichstagswahlen im Mai und im Dezember 1924, gewinnen an Einfluss. Zur Abwehr der Umtriebe der Rechtsextremisten gründeten vornehmlich Sozialdemokraten in Magdeburg das Reichsbanner Schwarz-Rot-Gold, die Kommunisten den Roten Frontkämpferbund (RFB). Im April 1925 ist – nach dem Ableben Friedrich Eberts – Paul von Hindenburg zum Reichspräsidenten gewählt worden, und der aus der Haft entlassene Adolf Hitler schuf sich seine Leibwache, eine Sturmstaffel, kurz SS.

Die KPD ist nicht nur auf der Straße und in Betrieben sehr aktiv, wie Walter bei seiner Rückkehr erfreut feststellt, sondern auch intern. Und das wiederum ist weniger erfreulich. Zwar haben sich die Genossen inzwischen auf die politischen Verhältnisse eingelassen, der gewaltsame Sturz der bürgerlich-parlamentarischen Republik ist als politische Tagesaufgabe gestrichen. Doch heftiger Streit innerhalb der Parteiführung um Strategie und Taktik, vornehmlich an Personen festgemacht, blockiert erkennbar die Entwicklung. Das sieht man auch in Moskau kritisch, weshalb sie »Instrukteure« wie Walter entsenden. Das Exekutivkomitee der Komintern will mit ihrer Hilfe die »leninistischen Kräfte« stärken und die »sektiererischen Ultralinken« und »Trotzkisten« in der deutschen Führung zurückdrängen.

Diese Perspektive des EKKI folgt damit zunehmend den Auffassungen Stalins und seiner Vorstellung, die Komintern in ein Instrument der sowjetischen Partei zu verwandeln. Die Parteien sollen weniger ihren nationalen Bedingungen, sondern den Weisungen folgen, die aus Moskau kommen. Die Sowjetunion hat sich aus den Fesseln des Kapitalismus befreit, baut den Sozialismus auf und reklamiert daher für sich, Pionier des Fortschritts zu sein. Daher sei es logisch, Solidarität und Unterstützung von allen

Gleichgesinnten in der Welt einzufordern. Das ist vernünftig, wirft aber die Frage auf, ob immer und in jedem einzelnen Punkt die Interessen übereinstimmen. Im Grundsätzlichen gewiss: Es geht um eine bessere, gerechtere Welt, frei von Ausbeutung und imperialistischen Kriegen. Und es geht um den Zusammenhalt und das Zusammenwirken der kommunistischen Weltbewegung. Aber muss man darum alles billigen und gutheißen, was die sowjetischen Genossen aus nationalem Interesse entscheiden? Die KPR (B) ist faktisch der Staat. Und jeder Staat verfolgt eigene nationale Interessen. Haben die einzelnen nationalen Parteien nicht ebenfalls nationale Interessen, die sie in ihrer Politik durchsetzen wollen?

Im Preußischen Landtag in Berlin kommen 170 Delegierten zum X. Parteitag der KPD zusammen, sie vertreten rund 114 000 zahlende Parteimitglieder. Nicht nur Walter ist aus Moskau gekommen, sondern auch Dmitri S. Manuilski, Sekretär der Kominternführung. Allerdings läuft nicht alles nach Plan. Zwar wird im neuen Statut die Betriebszelle als Fundament der Parteiorganisation festgelegt, doch in den Referaten und Diskussionsbeiträgen prallen kontroverse Positionen unüberhörbar aufeinander. Die einen geißeln Deutschland als »Industriekolonie der Westmächte« (Ruth Fischer), fordern »den rücksichtslosen Kampf gegen die Versklavung des deutschen Volkes durch den Entente-Imperialismus«. Andere wiederum, und das liegt auf der Linie der Komintern, fordern »das Bündnis mit dem Arbeiter-und-Bauern-Staat Sowjetrussland«.

Manuilski, der im Hintergrund für die Wahl Walters und Georg Schumanns ins Zentralkomitee wirbt, meldet sich zu Wort. Der Tagungsleiter weist den Gast aus Moskau grob zurück. Er solle warten, bis er an der Reihe sei. Und als Manuilski sprechen darf, bekommt er zu hören: »Hau ab! Geh nach Moskau!«

Ein Jugendvertreter, der sich ebenfalls für Walter ausspricht, wird niedergebrüllt. Er solle sich erst die Nase wischen lernen, ehe er alten Genossen was erzähle, kommt es aus dem Auditorium. Walter wird nicht ins Zentralkomitee gewählt, das laut neuem Statut künftig das höchste Organ der Partei zwischen den Parteitagen sein wird. Aus dem ZK wird ein politisches Büro (Polbüro oder Politbüro) für die Leitung der politischen Arbeit gewählt. Ein Organisationsbüro (Orgbüro) soll die organisatorische Tätigkeit führen, und ein Sekretariat erledigt die tägliche Arbeit. Diese Struktur folgt dem russischen Muster.

Dennoch ist Moskau mit dem Verlauf des Parteitages in Berlin unzufrieden. Die KPD-Führung wird in die sowjetische Hauptstadt zitiert, es gibt intensive Gespräche in der Komintern. Am 1. September 1925 veröffentlicht die *Rote Fahne* einen Offenen Brief an alle Organisationen und Mitglieder der KPD. Absender ist das Exekutivkomitee der Komintern, und unterzeichnet haben ihn internationale Funktionäre, aber auch die Mitglieder der nach Moskau zitierten Berliner Führung. In dem Brandbrief werden die Ablehnung der Einheitsfrontpolitik und die Vernachlässigung der Gewerkschaftspolitik durch Teile der Parteiführung kritisiert, was in der Vergangenheit zum Rückgang des Einflusses der Partei in der Gesellschaft geführt habe. Die KPD müsse »wirklich eine Partei der Arbeiter« sein und die Arbeiterklasse »nicht nur als Agitationsobjekt« betrachten.

Damit wird eine Diskussion ausgelöst, die zu einem Klärungsprozesse innerhalb der Partei führen soll. Um ihn zu beschleunigen, wird ein Mitglied des Exekutivkomitees der Komintern als Parteivorsitzender berufen. Es ist der Reichstagsabgeordnete Ernst Thälmann, Vorsitzender des Roten Frontkämpferbundes (RFB).

Der mit seiner Person verbundene Kurswechsel kann im Nachgang positiv interpretiert werden: Die KPD wird nun aus einer linksradikalen Sekte zu einer Massenpartei. Kritisch zu sehen ist jedoch: Die KPD, die größte und wichtigste Sektion der Komintern außerhalb der Sowjetunion, wird fest ans EKKI gebunden. Die Führung der Komintern aber steht inzwischen unter dem starken Einfluss von Stalin. Mit dem Wissen von heute erweist sich diese Abhängigkeit für die nationale wie auch für die internationale Politik in der Folgezeit als verhängnisvoll.

Dies damals nicht erkannt zu haben kann den Beteiligten – einschließlich Walter – nicht zum Vorwurf gemacht werden. Jeder Schritt war einer ins Neuland. Hinterher ist man immer klüger.

An den einwöchigen Beratungen in Moskau, die zur Neuausrichtung der Politik und auch zu personellen Korrekturen im Zentralkomitee der KPD führen, ist Walter nicht beteiligt. Er wird nur »beratend hinzugezogen« und gibt im Namen der Org.-Abteilung schriftliche Hinweise. So macht er »Bemerkungen zu den Organisationsfragen in der KPD« und zum Thema »Reorganisation und demokratischer Zentralismus«.

In der Folge wird er zum Sekretär der Abteilung berufen und nimmt fortan am »Kleinen Kollegium« der Organisationsabteilung des EKKI teil.

Unter Genossen gilt Walter als »Mann ohne Leidenschaften«, ein Mensch, der nicht raucht, trinkt oder andere Laster hat, der sich voll und ganz seiner Arbeit widmet, seine seltene Freizeit mit der Familie verbringt oder Sport treibt. Für viele ist er darum ein Langweiler. Im Sommer 1925, nach dem Berliner Parteitag Mitte Juli, war er mit Martha und Tochter Dora für mehrere Wochen zur Kur nach Sotschi am Schwarzen Meer gefahren. Danach reisen seine Frau und die Tochter nach Deutschland zurück. Martha ist es leid, Walters Anhängsel zu sein, der als Funktionär unablässig umherreist. In dieser Hinsicht ist er überhaupt kein Langweiler. Den hätte sie gern daheim, wie es in den meisten Familien der Fall

Im Sommer 1925 macht die Familie gemeinsam Urlaub in Sotschi am
Schwarzen Meer. Es soll der letzte gemeinsame Urlaub werden

ist. So aber ... Für ein solches Leben eignet sich Martha nicht. Ihre
Entscheidung besiegelt die Trennung, bedeutet jedoch nicht das
Ende ihrer Liebe.

Die Wochen am Schwarzen Meer bleiben Dora lange in Erinnerung, auch weil es ihre letzte gemeinsame Reise mit dem Vater
war. Und dass sich ihre Mutter beklagt habe, weil sie als kleine,
zarte Frau die Koffer der Familie habe selber tragen müssen. In
einem Anwortbrief aus dem Jahr 1926 an seine Tochter nimmt
Walter darauf Bezug. »Mein lieber Wildfang! So einen schönen
Brief wie von dir, mit bunten Bildern, habe ich überhaupt noch

Gruppenbild mit anderen Urlaubern und Kurgästen auf der Treppe vorm Heim. Walter in der letzten Reihe, Dritter von links

nicht bekommen. Wer ist denn das kleine Mädchen, das das Kücklein im Arm trägt? Ist das mein kleiner Stromer? Wenn Du so fein malst, da muss ich Dir bald wieder ein Buch schicken.

Weißt Du, ich habe ein feines buntes Buch bekommen, das heißt: ›Wie die Tasse entsteht.‹ Du hast doch auch eine schöne bunte Tasse, aus der Du Kaffee trinkst. So eine Tasse erzählt, wo sie hergekommen ist. Das ist fein. Du hast mir aber nichts erzählt von der Muschel. Die ist tief aus dem Meer geholt worden. Aus so einem großen Meer, wie Du es voriges Jahr in Russland gesehen hast. Wenn Du die Muschel an das Ohr hältst, so rauscht es.

Ausflug in den Park des Sanatoriums in Sotschi. Walter mit freiem Ober-
körper und Schnauzer in der letzten Reihe

Das Bild mit dem großen Haus und dem Kind mit dem ernsten Gesicht habe ich von dir bekommen. Machst Du in der Schule
auch so ein ernstes Gesicht? Oder geht es dort lustig zu? Habt ihr
schöne Wanderungen gemacht? Hat euch der Lehrer schöne Bilder gezeigt? Habt ihr schöne niedliche Sachen angefertigt, oder
habt ihr Stäbchen gelegt? Das möchte ich gerne wissen. Wenn
Du mir das alles erzählst, dann schreibe mir, ob Deine Kleidungs-
stücke noch alle in Ordnung sind und was Du Dir vor allem
wünschst. Vor einiger Zeit hast Du mir eine schöne Zeichnung
geschickt mit einem großen Haus, Hausfrau, Sonne und Bäumen.

Genauso fleißig wie Du zeichnen auch die kleinen russischen Pioniere. Das siehst Du aus den beiden Bildern. Der Film ›Potemkin‹ mit dem großen Schiff wird vielleicht auch in Leipziger Kinos gespielt. Dann schickst Du mir doch auch ein Bild? Bleib gesund und froh! Schicke mir bitte bald wieder einige schöne Bilder. Herzliche Grüße, Dein Papa.«

Solche Zeilen belegen Empathie und Nähe. Walter hält erkennbar an seiner Familie fest. Und das ist durchaus fürsorglich und ernst gemeint, wenn er Martha wissen lässt: »Ich nehm' die Dorle.« Es gibt keinen Bruch, man trennt sich einvernehmlich. Die Wohnung in der Geißlerstraße in Leipzig steht leer, auch deshalb muss Martha nach Deutschland zurück, sonst geht diese verloren. Bei der Wahl zwischen Heim und Ehemann entscheidet sie pragmatisch. Walter stimmt zu. Die formale Scheidung erfolgt erst Ende der vierziger Jahre in der DDR, ein Gericht in Leipzig vollzieht den juristischen Akt. Martha nennt dies die »schwerste Entscheidung« ihres Lebens. Sie wird nie wieder heiraten oder mit einem Mann zusammenleben.

Einmal in der Woche kommt Rosa Michel in die Orgabteilung in Moskau, um die Zeitung *L'Humanité* abzuholen. Die französische Journalistin ist sieben Jahre jünger als Walter und kein Kind von Traurigkeit. Despektierlich berichtet sie über den wöchentlichen Besuch beim EKKI: »Es sitzen da sehr ernste, ältere Genossen. Des vieilles barbes.« Alte Bärte. Dabei ist Walter gerade erst Anfang Dreißig, aber auch er hat einen Bart. Von ihm bekommt Rosa auch den Stapel Zeitungen ausgehändigt. Sie wechseln nie ein Wort. Dabei drängt es sie, ihn anzusprechen. »Er hat blondes Haar, ein Spitzbärtchen, dunkelblond, etwas rötlich«, schwärmt sie. Schließlich nimmt Rosa sich ein Herz und spricht ihn beim Frühstück am Sitz der Komintern in der Moskauer Manege an.

Martha Ulbricht schreibt 1951 diesen Lebenslauf, in welchem sie präzise ihr Verhältnis zu Walter charakterisiert

»Das Frühstückszimmer war im Keller. Ich hatte mich an meinen üblichen Platz neben der Tür gesetzt. Plötzlich kommt Walter an mir vorbei. Ich denke: jetzt oder nie. Ich stehe auf, ihm gegenüber. – Genosse Ulbricht, ich möchte dich fragen ... Hättest du ein paar Minuten Zeit für mich? ... Ich richte mich ganz nach dir ...

Er macht große Augen. Und in schroffem Ton ausgesprochen, höre ich erschrocken die Worte: ›Nein, ich habe keine Zeit!‹ Und er geht.

Ich bin fassungslos. Ich setze mich wieder hin. Ich trinke mechanisch mein Joghurt, knabbere an meiner Stulle ... Auf einmal kommt in mir die Wut hoch. So ein Grobian. Der kann lange warten, bis ich ihn von neuem anspreche! ...

Ich merke gar nicht, dass er wieder vor mir steht. Und mit einer ganz anderen Stimme, fast schüchtern, erklärt er auf einmal: Ich habe es mir überlegt, Mittwoch hätte ich frei.

Natürlich reicht eine Besprechung nicht ... Wir gewöhnen uns an, miteinander zu diskutieren.« Walter braucht eine Frau in seinem Leben, ist aber nicht sehr gut darin, Beziehungen zu pflegen und aufrechtzuerhalten.

Im Oktober 1925 beantragt Walter bei der Komintern eine Trennungszulage. Eine Woche später klopft er im Lux an Rosas Tür, um sie zur Feier der Oktoberrevolution einzuladen. Es hat schon lange zwischen ihnen gefunkt. Sie besuchen gemeinsam Filmveranstaltungen, gehen spazieren, halten Händchen ... Der Leitung des Lux bleibt das nicht verborgen. Man legt Rosa nahe, ins Zimmer von Walter zu ziehen, damit ihr Zimmer neu vergeben werden kann. »Von diesem Zeitpunkt an wurde ich ganz offiziell, mit der Gnade der Lux-Verwaltung, Einwohnerin von Walters Zimmer und Benutzerin seines Betts. Das war nicht übel. Gar nicht übel.«

Fortan reist Walter meist in Begleitung von Rosa Michel, sie gelten als Mann und Frau. Rosa macht sich nützlich und dechiffriert in Walters Abwesenheit für die Komintern seine fürchterliche Handschrift. Mit der Zeit wird sie zur anerkannten Meisterin in diesem Fach. Er schreibt mit schwerer Hand und mit Zimmermannsstift, die Schrift läuft breit und kann nur mit Mühe entziffert werden.

Im Februar 1926 nimmt er an der II. EKKI-Organisationskonferenz in Moskau teil, danach, direkt im Anschluss, an der erweiterten Tagung des Exekutivkomitees. Der aus Deutschland angereiste KPD-Vorsitzende Ernst Thälmann wird zu einem von drei stellvertretenden Vorsitzenden des Exekutivkomitees der Komintern gewählt. Er gibt sich in Moskau zuversichtlich: »Gerade jetzt haben wir in Deutschland eine durchaus günstige Situation. Wenn wir heute auch nicht – wie 1923 – von einer akut revolutionären Situation sprechen können, so haben wir doch eine Situation, die es uns ermöglicht, breite Massen zu gewinnen und auf dem Wege der Organisation der Revolution Stützpunkte zu schaffen.« Der Kapitalismus in Deutschland erlebt eine Konjunktur, die wirtschaftlichen und damit auch die politischen Verhältnisse stabilisieren sich erkennbar. Später wird man von den »Goldenen Zwanzigern« reden, obgleich sie goldig allenfalls für die Oberschicht sind. Doch nach Krieg und Nachkriegskrisen, nach bürgerkriegsähnlichen Unruhen und Inflation ist nunmehr eine oberflächliche Ruhe eingezogen, die meisten Deutschen atmen auf.

Walter schreibt nach der Tagung über »Die Aufgaben der Straßenzelle« und besucht ab Mai 1926 einen Lehrgang der soeben gegründeten Internationalen Lenin-Schule in Moskau, an der Kader der Komintern ausgebildet werden. (Von den rund dreieinhalbtausend Kommunisten aus etwa sechzig Ländern, die dort bis 1938 eine theoretische Ausbildung erfahren, kommen die meisten aus Deutschland: etwa vierhundert.)

Wie alle Kursanten trägt auch Walter dort einen Decknamen zu seiner Sicherheit. Für die auswärtigen Genossen heißt er »Quartz«. Er hat zuvor, wie alle anderen auch, ein strenges Prüfverfahren durchlaufen müssen. Bewertet werden sowohl die bisherigen politischen Einsätze wie auch die Antworten in schriftlichen und mündlichen Tests. Nunmehr gehört er zu den sechzig Kursanten des ersten Jahrganges, der nahezu konspirativ stattfindet. (Die Tarnung der Schule wird allerdings, wie verschiedene Studenten bezeugten, immer wieder durch frühe Morgenritte verletzt. Der Anblick von Ausländern, die auf Pferden durch die Innenstadt reiten, führte immer wieder zu Beschwerden, die jedoch nicht streng geahndet werden. Reiten wurde von der Schulleitung nämlich als für die Revolutionäre nützlich erachtet und gefördert.) Familienbesuche sind so wenig erlaubt wie die Lektüre auswärtiger Zeitungen und Bücher. Um jedoch nicht völlig im Elfenbeinturm der Wissenschaft zu verschwinden und in Kontakt mit der Arbeiterklasse zu bleiben, arbeiten die Kursanten – aufgeteilt in kleine Gruppen – in jeder Woche acht Stunden in verschiedenen Betrieben. Mal ist Walter in der Lokomotivfabrik Kolomna, mal in den Textilwerken von Orechowo-Sujewo eingesetzt. Am Ende jedes Semesters müssen die Kursanten eine Arbeit zu einem freigewählten Thema schreiben.

Die Lehrveranstaltungen erfolgen in Sprachgruppen, also der Muttersprache. Walter spricht nur mangelhaft Russisch und ist nicht in der Lage, auch nur ein kurzes Gespräch in dieser ihm fremden Sprache zu führen, das wird sich bis zu seinem Lebensende nicht ändern.

Allerdings muss Walter sein Studium schon nach einem halben Jahr abbrechen. Er wird für wichtige politische Aufgaben nach Deutschland geschickt. So soll er im Herbst bei den Landtagswahlen in seiner sächsischen Heimat kandidieren. Erst kurz vor der Abreise erfährt er, dass seine Mutter Pauline mit kaum 58 Jahren im Juli 1926 verstorben ist. Auch wenn die Nachricht schmerzt, so kommt sie nicht überraschend. Die Mutter lag seit fast zehn Jahren auf dem Krankenlager, die Gicht hatte ihr bereits länger zugesetzt.

Am 31. Oktober 1926 holt die KPD bei den Landtagswahlen in Sachsen fast fünfzehn Prozent, das bedeutet vierzehn Sitze im Parlament. Einen gewinnt Walter in Dresden. Das Mandat bedeutet Einkommen und Sicherheit. Der 1923 gegen ihn erlassene Haftbefehl ist unverändert gültig, als Abgeordneter jedoch genießt er Immunität. (Schon im Januar 1927 entgeht er seiner Verhaftung in Halle, als er den Beamten sein Parlamentarier-Dokument unter die Nase hält.) Er kann sich im Lande wieder frei und legal bewegen. Nach dem Einzug ins Parlament bezieht er im Partei-Haus in der Dresdner Columbusstraße ein Zimmer, das ihm als Büro und Wohnung dient.

Einen Monat nach der Wahl reist Walter nach Moskau, um am VII. Erweiterten Plenum des EKKI teilzunehmen. Dort trifft er wieder auf Rosa, die als Dolmetscherin auf der Konferenz arbeitet. Die fast drei Wochen dauernde Zusammenkunft der Komintern ist eine Abrechnung mit dem »Trotzkismus«, eine Erfindung Stalins (wie er auch schon den »Leninismus« kreiert hatte). Der seit 1922 amtierende Generalsekretär der KPR (B) und damit de facto-Führer der Komintern entfernt nach und nach all jene Personen aus der Führung der Partei, die seine Methoden und seinen Kurs kritisieren. Da diese inneren Auseinandersetzungen der russischen Partei auch in die Kommunistische Internationale getragen werden, greifen sie unvermeidlich auf andere kommunistische Parteien über. Auch dort bilden sich Gruppierungen, Fraktionen geheißen, die Stalins Politik und seine Methoden unterschiedlich bewerten.

Walter gewinnt bei den Landtagswahlen in Sachsen im Herbst 1926 einen Sitz und zieht in das Parlament an der Elbe ein, das einst als Ständehaus errichtet worden war. Paul Wallot, der auch das Reichstagsgebäude in Berlin entwarf, baute das Haus vor dem Krieg zum Parlamentsgebäude um

So gerät der Begriff Stalinismus – ebenso wie der des Trotzkismus – in die internationale kommunistische Bewegung und wird zur Gretchen- und Glaubensfrage.

Die Kritiker Stalins innerhalb der KPR (B) werden nach längeren Auseinandersetzungen, die mit Diffamierungen und Diskriminierungen einhergehen, aus der Partei ausgeschlossen, kriminalisiert und am Ende strafrechtlich verfolgt. Während die meisten oppositionellen Führer als angebliche »Volksfeinde« zum Tode verurteilt und erschossen werden, kommt die Masse ihrer Anhänger meist in langjährige Lagerhaft.

In den anderen Parteien der Kommunistischen Internationale werden die gegen die Stalinsche Politik opponierenden Kräfte im Zuge der sogenannten Bolschewisierung aus ihren Parteien verdrängt. Von den aus der KPD Ausgeschlossenen kehrt ein kleiner

Teil in die SPD zurück, der größere Teil beharrt jedoch auf revolutionären Positionen und gründet, wie bereits erwähnt, die relativ starke Kommunistische Partei-Opposition (KPD-O).

Das aber ist so noch nicht absehbar, als Walter das Referat Stalins im November 1926 auf dem erweiterten EKKI-Plenum hört, in welchem dieser seine These vom Aufbau des Sozialismus in einem Land verteidigt und Kritik daran zurückweist. Die Komintern folgt Stalin sowohl in der Erklärung wie auch in seiner Kritik an jenen, die dies für eine »Politik der nationalen Beschränkheit« halten. Thälmann erklärt, das sich in der Haltung zur Sowjetunion die Geister scheiden: entweder gehöre man »zum Lager der Revolution oder zum Lager der Konterrevolution«. Sinowjew, der als Vorsitzender der Komintern zu Stalins Kritikern gehört, wird von seiner Funktion entbunden. Auch der Vorsitzende des KJI, Wissarion W. Lominadse, wird abberufen.

Rosa begleitet Walter zum Bahnhof, als er kurz vor Weihnachten nach Berlin zurückreist. Sie kann den dafür erforderlichen Passierschein dem Posten am Eingang vorweisen. Für sie ist es ein Abschied für immer, denn Rosa glaubt, dass er wieder zu seiner Frau Martha und seiner Tochter zurückkehren wird. Jetzt, wo er Abgeordneter in Sachsen ist. Entsprechend depressiv klingt ihr Brief, sie habe sich damit abgefunden, schreibt sie ihm. Ihre Genossen versuchen sie aufzurichten: Es sei besser so, trösten sie Rosa.

Es kommt jedoch anders. Die Trennung dauert nur wenige Monate. Wie aus heiterem Himmel erhält Rosa in Moskau von Wilhelm Pieck – der seit 1921 in Moskau die KPD im Exekutivkomitee der Komintern vertritt – im Frühjahr 1927 Reisedokumente für Berlin.

Walter ist nicht nur Abgeordneter des Sächsischen Landtags, sondern er verantwortet in der Parteiführung die Gewerkschaftspolitik. Die Berliner Parteizentrale ist inzwischen aus einem Hinterhof in der Rosenthaler Straße unweit des Hackeschen Marktes in ein großes Gebäude am Bülowplatz, unmittelbar neben der Volksbühne gelegen, umgezogen. In dem Karl-Liebknecht-Haus genannten Gebäude arbeiten nicht nur der Apparat des Zentralkomitees und die Bezirksleitung Berlin-Brandenburg-Lausitz-Grenzmark, sondern auch die Führung des Kommunistischen Jugendverbandes, die Redaktion der *Roten Fahne*, die Druckerei, ein Laden für Bücher und Uniformen des RFB. Unterm Dach haben Künstler wie John Heartfield und Max Gebhard ihre Ateliers.

Rosa Michel meldet sich an der Wache und lässt »den Genossen Ulbricht herunterrufen«. Sie erkennt Walter kaum wieder, er ist ohne Bart. Am Abend treffen sich die beiden im Lehrer-Vereinshaus am Alexanderplatz. Walter hat ihr einen Strauß roter Pfingstrosen mitgebracht. Ihre Trennung habe auch ihm zu schaffen gemacht, was auch die Genossen bemerkt hätten. Er sei nicht bei der Sache und könne »nicht richtig arbeiten«.

Mag sein, dass die Komandirowka für Rosa Michel aus eben diesem Grunde erfolgt ist. Walter ist glücklich, Rosa wieder bei sich zu haben, und ihr geht es ebenso. Er mietet ihr eine kleine möblierte Dachwohnung und ist etwas verlegen, dass es zur Beleuchtung nur eine Petroleumlampe gibt. Doch Rosa ist alles egal. Zumal sie nicht für immer bleibt, ihr Aufenthalt ist zeitlich befristet, sie muss schon bald wieder nach Moskau zurückkehren, um wie gewohnt für die Komintern als Dolmetscherin zu arbeiten. Aber es gibt ein paar Tricks, wie sich Rosas Aufenthalt in Deutschland verlängern lässt. Sie arbeitet zunächst in der Handelsabteilung der sowjetischen Botschaft Unter den Linden und besucht – von Walter vermittelt – die Parteischule im sächsischen Hohenstein. So wird ihr Zusammensein in Deutschland um etwa zwei Monate gestreckt. Die Hauswirtschaft in der kleinen Woh-

Der Schneider Paul Ulbricht (vorn mit Bart und Zeitung) im Kreise seiner
Kollegen 1928, angestellt bei der Firma Glubka & Sohn. Er hatte einen guten
Ruf, seine Arbeit wurde von Dirigenten wie von Kaufleuten sehr geschätzt.
»Walters Eltern gehörten der SPD an, die Mutter sogar früher als der Vater«,
berichtete Lotte Ulbricht

nung bleibt auf der Strecke. Walter beschwert sich nicht und tut,
»als ob er es nicht merke«, aber Rosa ist als Hausfrau »nicht sehr
auf der Höhe«, wie sie selbst einräumt. Wurst und Schinken werden gleich aus dem Papier gegessen, in dem sie gekauft wurden,
das Geschirr bleibt unabgewaschen stehen. Das erste Gericht,
das Rosa aus eigener Hand serviert, sind halbgare Spiegeleier, die
beim Servieren auf dem Teller auseinanderlaufen. Das stört Walter
nicht. Wenn sie an Wochenenden frei haben, fahren oder gehen sie
wandern. Walter zeigt Rosa »die Pracht der Bergstraße, zur Zeit
der Kirschblüte«. Die beiden sind zusammen »in Schierke und auf

dem Brocken im Sommer und im Winter, zu Fuß und auf Ski«. Und weiter: »Walter hängt sehr an der Natur. In den Jahren seiner Wanderschaft hatte er sich sehr mit ihr verbunden, und hatte er nur einen Tag frei zwischen zwei Nächten Eisenbahnfahrt, zogen wir los. Das Bergsteigen war sein Lieblingssport, und nach dem mühsamen Steigen war er – wenn oben angelangt – ein anderer Mensch.«

In seiner ersten Rede im Sächsischen Landtag sprach er über den Achtstundentag und den Abbau von Überstunden: »Die kapitalistische Regierung will durch Herauspressung der größten Leistung aus einer verminderten Arbeiterzahl die Profite der deutschen Bourgeoisie erhöhen. Die Steigerung der Ausbeutung geht so weit, dass man dem Arbeiter nicht einmal mehr die Möglichkeit lässt, seine Notdurft zu verrichten.« Danach, noch im Dezember 1926, referierte Walter auf der Führertagung des Roten Frontkämpferbundes Berlin.

Die Parlamentsferien verbringt er vorsichtshalber als »Vogelfreier« im Ausland. Die Reichsanwaltschaft erinnert die Verwaltung des Sächsischen Landtags daran, dass »die gerichtliche Voruntersuchung wegen Hochverrats am 4. April 1924 eröffnet worden sei. Bis zu seiner Wahl in den Sächsischen Landtag stand der Durchführung des Verfahrens gegen den Angeschuldigten Ulbricht dessen Abwesenheit entgegen, da er flüchtig geworden war und sich im Auslande [...] aufhielt. Nachdem Ulbricht Abgeordneter zum Sächsischen Landtag geworden war, bemühte sich der Untersuchungsrichter die vor der Wahl des Angeschuldigten eingeleitete Voruntersuchung zum Abschluss zu bringen. Auch dieses Bemühen scheiterte daran, dass der Abgeordnete Ulbricht zu der [...] Vernehmung nicht erschien«, so die Reichsanwaltschaft an die Verwaltung des Dresdner Parlaments. »Am 6. April 1927 hat sich der Abgeordnete Ulbricht für die Zeit nach Ostern zur Vernehmung in Leipzig bereiterklärt. Daraufhin hat der Untersuchungsrichter (ihn) auf den 20. April 1927 nach Leipzig vorgeladen.« Und klagt: »Zur Vernehmung ist der Abgeordnete Ulbricht weder erschienen, noch hat er sein Ausbleiben irgendwie entschuldigt.«

Es ist unwahrscheinlich, dass Walter jemals beabsichtigt hatte, zur Vernehmung in Leipzig zu erscheinen. Zumal er Wichtigeres zu erledigen hat. In der ersten März-Woche findet der XI. Parteitag der KPD in Essen statt. 2107 Betriebszellen und 2597 Straßenzellen schicken ihre Delegierten ins Ruhrgebiet. Im Vordergrund der Beratungen stehen die Verteidigung der Sowjetunion und die der chinesischen Revolution. Die in der Kuomintang vereinten progressiven Kräfte hatten ein Gebiet zwischen Wuhan und Kanton, Nanking und Shanghai von Kolonialtruppen befreit, was die Kommunisten in aller Welt, aber auch ihre Gegner elektrisierte.

Der Parteitag wählt ein neues Zentralkomitee. Erstmals kommt auch Walter in die Parteiführung. Zudem wird er Sekretär für Agitation und Propaganda und Kandidat des Polbüros. Er schlägt sogleich vor, die neuen Medien – Film, Rundfunk und Schallplatte – stärker als bisher für die politische Propaganda zu nutzen. Als ahnte er, was schon wenige Tage später im Berliner Sportpalast geschehen würde. »Auf der Kundgebung erschienen mindestens zwanzigtausend Arbeiter. Die Stimmung war anfangs außerordentlich gut«, berichtet »Albert« – das ist Wissarion W. Lominadse – nach Moskau. »Leider haben jedoch die Leiter der Kundgebung alles getan, um diese Stimmung zu kippen und zu verderben. Thälmann erschien 1¾ Stunden zu spät auf der Kundgebung. Pieck [...] wartete ungefähr eine Stunde [...]. Das Auditorium wurde schrecklich müde. Ein Teil der Arbeiter fing an zu gehen. Nach Thälmann sprachen noch 5 Redner (von denen nur Münzenberg und Esche [d. i. Walter Ulbricht – F.H.] gut und mit

Begeisterung sprachen), es wurden 5 oder 6 Resolutionen vorgelesen und zur Abstimmung gebracht, wonach Thälmann das Schlusswort ergriff. Seine abschließende Rede [...] löste eine schier unvorstellbare Langeweile beim Publikum aus. Alle Begeisterung ging zum Teufel. Das Volk verließ massenhaft die Kundgebung [...]. Alle Parteimitglieder (waren) außer sich vor Wut«, schrieb der Abgesandte Moskaus an Stalin, Thälmann »sei hochnäsig und aufgeblasen geworden, hätte das Verantwortungsgefühl für die Massen verloren«. Und dann schloss der ehemalige Chef der georgischen KP und der KJI, der schon wenige Wochen später im Auftrag der Komintern nach China gehen wird und dort die chinesischen Genossen vor den Kopf stößt, wie Zhang Guatao berichtete: »Lominadse machte erst einmal klar, dass er der Generalbevollmächtigte der Komintern sei, der hier die vielen Fehler korrigieren sollte, die das Personal der Komintern und des ZK der KPCh in der Vergangenheit gemacht hätten.«

Mit der gleichen anmaßenden Haltung schließt Lominadse seinen Bericht von der Berliner Kundgebung der neuen KPD-Führung: »In der Partei gibt es keine Führer, die sowohl für die Partei wie auch für die parteilosen Massen anerkannte Autoritäten wären.«

Walter ist noch keine anerkannte Autorität. Aber er versucht, die Partei den Parteilosen näher zu bringen. So nimmt er zum Beispiel im September für die KPD an einer Sitzung der Unabhängigen Bürgerliste in Suhl teil. Ende Oktober 1927 folgt der Bezirksparteitag der KPD Thüringens mit Thälmann in Gotha. Hier kennt sich Walter aus. Er war vor Jahren einmal Landesvorsitzender.

Der Politiker

Zwischen den Arbeiterparteien herrscht blanker Hass, alle Annäherungsversuche scheitern. Vielen ist bewusst, dass sie nur gemeinsam Hitler stoppen können, aber die Gräben sind unüberbrückbar. Ab 1930 regiert der Präsident mit Notverordnungen am Parlament vorbei. Die Republik schlingert ihrem Ende entgegen

Walter, der Revolutionär, wird Ende der zwanziger Jahre Berufspolitiker, wird in den Sächsischen Landtag und in den Reichstag gewählt. Die Nazipartei erstarkt und liefert sich Schlachten mit Antifaschisten. Die Komintern trifft eine fatale Fehlentscheidung mit ihrer Sozialfaschismustheorie. Und Walter muss bei Intrigen und Flügelkämpfen moderieren und schlichen.

Erich Ulbricht, Walters Bruder, ist Geselle, aber ohne Arbeit. Er hat seine Prüfungen als Bandagist in Leipzig erfolgreich bestanden. Aber kein Unternehmen stellt den Orthopädietechniker ein. So wie ihm geht es Millionen in Deutschland. Und dabei gibt es unendlich viele Kriegsversehrte, die mit Prothesen versorgt werden müssen. Doch dafür fehlt ihnen das Geld. Und nicht nur im Gesundheitswesen wird gespart. Bei allen Sozialausgaben sind die Kassen klamm. Von der wirtschaftlichen Erholung profitieren nur wenige.

Erich erwägt, nach Sowjetrussland zu emigrieren, ins Land der Arbeiter und Bauern. Auf diese Idee sind schon viele andere deutsche Arbeitslose gekommen. Und die sowjetischen Behörden breiten die Arme aus und heißen sie willkommen – vorausgesetzt, sie haben einen Beruf, der für den Aufbau des Landes gebraucht wird. Denn jeder Wirtschaftsflüchtling ist auch ein Esser, muss versorgt werden. Und Lebensmittel sind in der Sowjetunion knapp: nach Bürgerkrieg, Missernten und einer nicht sonderlich erfolgreichen Agrarpolitik. Aus verständlichen Gründen schauen die sowjetischen Behörden sehr genau hin, wen sie ins Land lassen und wen nicht. Ein Bandagist aus Leipzig wird eher nicht gebraucht. Man braucht Lokomotiven, keine Gehhilfen. Erich Ulbricht orientiert sich nun auf den anderen Teil der Welt. Er besteigt in Bremen den Dampfer »Republic« der United States Lines und fährt nach New York. Und nachdem er in den USA Fuß gefasst hat, folgen seine Frau Erna und die Kinder nach.

Zur gleichen Zeit fährt Walter im Auftrag des Zentralkomitees nach Breslau zu einer Parteiarbeiterkonferenz. In Schlesien ist die KPD schwach. Am 20. Mai 1928 wird wieder einmal ein Reichstag gewählt, der vierte seit Konstituierung der Weimarer Republik. Der seit 1924 regierende Bürgerblock hat merklich an Zustimmung verloren, hingegen scheint es Zuwächse bei den Arbeiterparteien zu geben. Die schlesische Partei wird in ihrer aktuellen Verfasstheit – obgleich sie in den Kohlerevieren fest verankert ist – keinen großen Beitrag leisten. Walter, der Gewerkschaftsstratege, soll die in ideologischen Auseinandersetzungen zersprengten Reihen schließen, für Ordnung und Linie sorgen. Und die Mitglieder für die Arbeitskämpfe mobilisieren. Dresden ist eine Hochburg der KPD-Opposition.

Diesbezüglich ringen zwei Auffassungen in der Partei miteinander: die einen, zu denen Walter gehört, suchen den Schulterschluss mit den Gewerkschaften im Sinne der Einheitsfront – die anderen lehnen die Zusammenarbeit mit den opportunistischen, reformistischen Gewerkschaften ab und präferieren eigene Organisationen. Die Parteiführung handelt, wie man es in Moskau inzwischen zu halten pflegt: mit überzogener Kritik, Bannfluch und Ausschluss. Nicht zum ersten Male wird das Kind mit dem Bade ausgeschüttet. Mit bissigem Zynismus notiert einer aus der Breslauer KPD-O, »Ulbricht ergänzt den Marxismus! Der Gewerkschaftsstratege des ZK«, so der Kritiker, habe sie belehren wollen, »wenn man die richtigen Mittel der Überzeugung anwendet, kann man auch die führenden reformistischen Funktionäre für den Kommunismus gewinnen«. Und weiter höhnt der Breslauer: »Ist der Reformist kein bewusster Schuft, so können wir ihn innerhalb einer halben Stunde für den Kommunismus gewinnen. Ist der Kapitalist kein bewusster Ausbeuter, so genügt es, ihm eine Nummer der Roten Fahne ins Haus zu schicken, und er wird kein Kapitalist mehr sein wollen. Und der Verfasser dieses kleinbürgerlichen Unsinns spielt sich als Vorkämpfer gegen den Opportunismus auf.«

Mitten im Wahlkampf, am 16. April 1928, regt der deutschnationale Reichsinnenminister die Landesregierungen an, den RFB zu verbieten. Die stetig wachsende repressive Politik des bürgerlichen Staates gegen linke Organisationen hatte zu einer Zunahme von gewalttätigen Auseinandersetzungen mit der Schutzorganisation der Partei geführt. Die wechselseitige Konfrontation lässt die Entwicklung eskalieren, mit der Androhung eines Verbots (was im Mai 1929 dann auch durchgesetzt werden wird) erreicht sie einen vorläufigen Höhepunkt.

Walter wendet sich im Sächsischen Landtag gegen das Verbot des Roten Frontkämpferbundes. »Gelänge es der Bourgeoisie, eine proletarische Organisation ohne ernsten Widerstand zu unterdrücken, so würde eine nach der anderen an die Reihe kommen.« Er kennt das Domino-Prinzip. Fällt erst einmal der erste Stein, kippen danach die anderen. In dieser seiner letzten Rede in Dresden geht Walter auch auf die Unterstellung einer Fünften Kolonne ein:»Die bürgerliche Presse hat in Verbindung mit diesem Verbot offen ausgesprochen, dass das Verbot notwendig ist, weil nicht geduldet werden könne, dass in Deutschland eine Massenorganisation der Arbeiter besteht, die im Falle eines Krieges offen den ›Feind‹ – damit ist die Sowjetunion gemeint – unterstützt.«

Der geplante Angriff des Staates auf die demokratischen Freiheiten wird durch Proteste auf den Straßen abgewehrt. Zehntausende gehen in Leipzig, Halle, Königsberg, Berlin, Chemnitz und anderen großen Städten auf die Straßen, namhafte linksbürgerliche Intellektuelle, die sich um die Zeitschrift *Die Weltbühne* gruppieren, wenden sich ebenfalls gegen ein Verbot des RFB.

Bei den Reichstagswahlen am 20. Mai folgt die Quittung: der Bürgerblock wird abgewählt. Gewinner sind die SPD (+ 3,8 Prozent) und KPD (+ 1,7). Zusammen kommen sie auf 207 der insgesamt 491 Sitze.

Unter den 54 Reichstagsabgeordneten der KPD ist auch Walter. Er holt den Wahlkreis Westfalen-Süd mit 11,9 Prozent und liegt damit über der Zustimmung, die die Partei landesweit mit 10,6 Prozent erfuhr. In Berlin jedoch votierten fast dreißig Prozent der Wähler für die KPD.

Walter ist kaum 35 Jahre alt. Seine Wahl stärkt nicht nur sein Selbstbewusstsein und erhöht sein Gewicht in der Partei. Sie sichert ihm Schutz vor Strafverfolgung und ein monatliches Einkommen von 600 Reichsmark. Er arbeitet jetzt gleichzeitig im Sekretariat des ZK im Karl-Liebknecht-Haus und in der Reichstagsfraktion. Er kann sich auch eine kleine Wohnung in der Goltzstraße 4 leisten. Sie liegt in Lichtenrade, ganz im Süden Berlins nahe der Stadtgrenze. Die Wohnung in Leipzig, in der Martha und

seine Tochter Dorle leben, ist unverändert sein offizieller Zweit-
wohnsitz.

Trotz des Appells der KPD-Führung an die zwölf Millionen
sozialdemokratischen und kommunistischen Wähler, jede Koalition der SPD mit bürgerlichen Parteien abzulehnen und für eine
Politik einzutreten, die die sozialen und demokratischen Forderungen des Volkes »mit den Mitteln des Klassenkampfes« durchsetzt,
kommt nach mehrwöchigen Verhandlungen eine Große Koalition
unter Hermann Müller (SPD) zustande.

Im Reichstag, in dem nunmehr fünfzehn Parteien vertreten
sind, fällt Walter zunächst kaum auf. Er stimmt diversen Gesetzes-
und Verordnungsentwürfen zur Entlastung sozial Schwacher zu
und hält zwei Reden. Er kassiert dabei drei Ordnungsrufe.

Furore macht er jedoch, als er Reichsinnenminister Carl Severing (SPD) als »notorischen Arbeitermörder« bezeichnet, womit
er auf dessen Beitrag bei der Niederschlagung des Aufstandes in
Mitteldeutschland im März 1921 anspielte. Das führt zu einem
Verfahren wegen Beleidigung, das nach einem Jahr eingestellt werden wird. Spätestens hier zeigt sich Walter als Mann klarer Worte,
der die Konsequenzen nicht scheut. Mit offenem Visier kämpft er
auch im Deutschen Holzarbeiterverband, dem er seit der Lehre
angehört. Organisiert ist er jetzt im Bezirk Berlin-Ost. Er demons-
triert damit auch, wie wichtig ihm, dem Funktionär und Parla-
mentarier, die Verankerung in der Gewerkschaft ist. Er engagiert
sich an der Basis, opponiert gegen die Anpassung der Verbandsleitung an das bürgerliche System und erhält auf der Generalver-
sammlung, die eine neue Leitung wählt, die meisten Stimmen. Der
Vorstand hofft, dass er als Abgeordneter keine Zeit für die Ge-
werkschaftsarbeit finden werde. Aber Walter nimmt seine Pflich-
ten ernst. Als er gegen den Vorstand aktiv Stellung bezieht, setzt
der die gesamte Verbandsleitung ab und schließt Walter aus dem

Verband aus. (Nicht nur in der eigenen Partei geht man also mit kritischen Geistern derart rüde und undemokratisch um.) Auf der 46. Sitzung im Juni 1928 weist der Hauptvorstand Walters Protest zurück und bestätigt den Ausschluss, Begründung: seine oppositionelle Haltung. Der Ausschluss aus der Gewerkschaft trifft ihn hart, er bleibt lange in schmerzhafter Erinnerung und erklärt vielleicht auch seine Zustimmung zum Kurswechsel, den die Komintern auf ihrem VI. Weltkongress vollzieht.

Der Weltkongress tagt im Sommer 1928 anderthalb Monate in Moskau. Walter reist wenige Tage nach seinem Ausschluss aus dem Verband in die sowjetische Hauptstadt. Der durchaus richtigen Analyse, dass das Monopolkapital zur Durchsetzung seiner Interessen auch terroristische Regimes installiere – verwiesen wird auf Italien, Polen, Ungarn und weitere Staaten –, folgt ein völlig falscher Schluss. Der wachsenden faschistischen Gefahr meint die Komintern-Spitze mit einem entschiedenen Kampf gegen die Stützen der kapitalistischen Gesellschaft begegnen zu müssen.

Und eine der wichtigsten Stützen sei die Sozialdemokratie. Schon vier Jahre zuvor hatte Sinowjew, Chef der Komintern den Begriff »Sozialfaschismus« kreiert und die Sozialdemokratie als »linken Flügel des Faschismus« bezeichnet, Stalin sprach von »Zwillingsbrüdern«. Das Thema war damals nicht weiter verfolgt worden, denn die Führung der Komintern orientierte sich stärker auf die Herstellung einer proletarischen Einheitsfront, zudem war der Einfluss der sowjetischen Parteiführung auf die Kommunistische Internationale damals noch nicht so stark wie inzwischen. Zehn Jahre haben die Sowjetunion und ihre Partei sich gegenüber allen äußeren und inneren Feinden behauptet, woraus sie selbstbewusst einen Führungsanspruch ableiten, der auch von allen Parteien der Komintern akzeptiert wird. Auf diesem VI. Weltkongress – und so schlägt es sich auch in dem jetzt

Im Sommer 1928 tagt der VI. Weltkongress in Moskau und nimmt eine verhängnisvolle Kurskorrektur vor, die dem Reichs- und Landtags-abgeordneten Walter nicht schmeckt. Aber als disziplinierter Parteiarbeiter akzeptiert er die Entscheidung. Das Gruppenbild der neu gewählten Führung der Komintern, der er jetzt auch angehört, gerät nicht besonders scharf (Walter stehend, Vierter von rechts)

angenommenen Programm der Kommunistischen Internationale nieder – wird der Kampf gegen die Sozialdemokratie in den Mittelpunkt gerückt, wofür namentlich Stalins krude Analysen ur-sächlich sind.

Zum einen geht Stalin von einer Beschleunigung des revolu-tionären Prozesses in der Welt aus, was er vor allem auf die ge-waltige Entwicklung des Sozialismus in der Sowjetunion zurück-führt. Das wiederum wirke, zum anderen, auf die allgemeine Krise des Kapitalismus zurück, was objektiv zur Verschärfung der Aus-einandersetzungen führen müsse. Es reife eine Zeit neuer scharfer Klassenkämpfe heran, so Stalin, ein Krieg gegen die Sowjetunion sei so wahrscheinlich wie die Errichtung faschistischer Diktaturen. Beide Feststellungen sind nicht aus der Luft gegriffen und sollen sich in den nächsten Jahren als richtig erweisen.

Aber die dritte These vom Sozialfaschismus ist eine völlig falsche Orientierung (und wird 1935 auf dem nächsten, dem VII. Weltkongress der Komintern, auch als schwerer Fehler kritisiert und darum korrigiert werden).

Die Sozialdemokratie sei die Hauptstütze des Kapitalismus, heißt diese These, ein Bündnis mit diesen Parteien und ihren Führern ist darum ausgeschlossen. Das wird in die nationale Katastrophe führen und nicht, wie Wilhelm Pieck am Ende des Jahres 1933 erklären wird: »Deutschland marschiert der proletarischen Revolution entgegen.«

Walter ist mit Verlauf und Ergebnis der Konferenz – die am 1. September mit der 46. Sitzung zu Ende geht – insofern zufrieden, als er ins Exekutivkomitee gewählt wird und sein sowjetisches Parteidokument erhält – nach drei Jahren. Es trägt die Nummer 788 624.

Mitunter wohnte er auch Veranstaltungen der Internationalen Spartakiade bei, die zeitgleich im neu errichteten Dynamo-Stadion stattfindet. Initiator ist die Rote Sportinternationale (RSI), die damit gegen die »bürgerlichen« Olympischen Spiele und die sozialdemokratischen Arbeiterolympiaden antreten. Dem Ruf folgten etwa viertausend Athleten aus zwölf Ländern. Allein zur Eröffnung auf dem Roten Platz waren rund dreißigtausend Fahnen- und Fackelträger erschienen. Walter und Thälmann begrüßen als Vertreter der KPD-Führung die etwa zweihundert deutschen Sportler.

Er bleibt noch in Moskau. Wegen seines Kehlkopfleidens hat er bei der Komintern um eine Kur nachgesucht, die ihm auch bewilligt worden ist. Walter reist auf die Krim, in den Kurort Mischor an der Südküste der Halbinsel im Schwarzen Meer. Auch dort arbeitet er ohne Pause, bis ihn ein Anruf ereilt. Die Nachricht führt zum Abbruch der Kur, er muss nach Berlin zurück. Der Hamburger KPD-Funktionär John Wittorf hatte bei der Reichstagswahl im Mai zwischen anderthalb- und dreitausend Mark aus der Wahlkampfkasse der Partei unterschlagen. Das stand nun in der Zeitung. Das ZK der KPD schloss ihn und drei Mitwisser sofort aus der Partei aus und veranlasste den Parteivorsitzenden, seine Ämter am 26. September vorläufig niederzulegen: Thälmann, Freund und Förderer Wittorfs, hatte davon gewusst, aber geschwiegen.

Walter sieht zunächst ebenfalls den Parteivorsitzenden in der Pflicht, doch die Umstände seiner defacto-Absetzung behagen ihm nicht: Demokratisch ist das nicht, das riecht nach Intrige. Er, Fritz Heckert und andere Führungsmitglieder waren nicht gefragt worden, als siebzehn ZK-Mitglieder den Beschluss fassten. Walter vermutet hinter der Personalie den Versuch einer politischen Kurskorrektur.

Noch bevor er die Krim vor der Zeit verlässt, appelliert er per Telegramm an die wichtigsten Bezirke der Partei in Deutschland, treu zu Thälmann zu stehen. Er reist nach Berlin und Hamburg, macht sich vor Ort kundig und informiert Moskau. Stalin erklärt, dass er nicht verstehe, weshalb »neunzig Prozent der Mitglieder des ZK, die nicht zu den Rechten und Versöhnlern gerechnet werden können«, einen solchen Beschluss – also den der Absetzung Thälmanns – haben fassen können. Dieser bedeute »faktisch die Diskreditierung der Führung der Partei«. Damit hat er objektiv Recht. Walter gelingt es, dies den ZK-Mitglieder bewusst zu machen, sie revidieren ihren Beschluss. Auch das EKKI spricht Thälmann »das volle politische Vertrauen« aus. Am 20. Oktober übernimmt der Parteivorsitzende wieder seine Funktionen.

Vierzehn Tage später findet in Berlin eine Parteikonferenz statt. Die Anwesenden stehen mehrheitlich zu Thälmann und billigen mit vier Gegenstimmen die Beschlüsse des VI. Weltkongresses. Das ist so fatal wie die Ausgrenzung und Vertreibung von Mitgliedern der Partei, die als »Versöhnliche« und »Rechte« etikettiert und parteifeindlicher Tätigkeit geziehen werden. Diese bislang nur in der sowjetischen Partei übliche Praxis zieht nun auch in der deutschen ein.

Am 13. Oktober 1928 stellt das Reichsgericht nach fünf Jahren das Hochverratsverfahren gegen Walter ein. Frei und unbeschwert, aber mit angegriffener Stimme spricht er im November im Plenum des Reichstages über soziale Kämpfe in diesem »heißen Herbst«. Zehntausende Textilarbeiter streiken, Bergarbeiter in Niederschlesien legen die Arbeit nieder, Werftarbeiter sind ebenfalls im Ausstand und fordern mehr Lohn. Allerdings gelang es der Partei nicht, die sozialen Kämpfe mit dem antimilitaristischen Kampf gegen den Panzerkreuzerbau zu verbinden. Etwas mehr als vier Millionen Wahlberechtigte hätten sich zwischen dem 3. und 16. Oktober in Listen eintragen müssen, um einen Volksentscheid zu erzwingen. Am Ende war es weniger als ein Drittel des nötigen Quorums. Diese Niederlage gesteht Walter sich ein, dennoch fordert er vom Pult den Rücktritt der Regierung.

Üblicherweise begründet ein Fraktionsvorsitzender einen solchen Misstrauensantrag. Dass Walter diese Aufgabe zugewiesen wurde, spricht für sein politisches Profil, das er inzwischen gewonnen hat.

Der Reichstag lehnt den Misstrauensantrag der KPD mehrheitlich ab.

Auch in Moskau hat Walter in diesem Herbst gepunktet. Er war von Thälmann beauftragt worden, dessen Antwort auf ein persönliches Schreiben des sowjetischen Parteiführers zu befördern. In dem Begleitbrief an Stalin schreibt Thälmann über den Über-

bringer der Botschaft: »Genosse Ulbricht hat die ganzen Verhält-
nisse in letzter Zeit genau beobachtet. Er ist besonders auf diesem
Gebiet ein scharfer Kritiker, und ich empfehle Ihnen besonders,
mit ihm auch über diese Dinge zu sprechen, ohne ihn von diesem
Brief in Kenntnis zu setzen.«
Das wirkt wie ein Ritterschlag. Stalin trifft sich mit Walter.
Im EKKI berichtet er über die Aufstände, insbesondere über den
Widerstand der Metallarbeiter im Ruhrgebiet und über die innen-
politische Entwicklung in Deutschland. Die Zahl der Arbeitslosen
nähert sich der Drei-Millionen-Marke und hat sich in wenigen
Monaten nahezu verdoppelt.

Aktuell hält sich auch Ernst Meyer in der Sowjetunion zur Kur
auf. Er hatte dem Spartakusbund seinerzeit diesen Namen gegeben, war in den frühen Zwanzigern Chefredakteur der *Roten
Fahne* und hatte kurzzeitig die Partei geführt. Jetzt weilt er, nicht
zum ersten Mal, wegen seiner Tuberkulose in einem sowjetischen Sanatorium. Meyer gehört zu den Befürwortern einer Zusammenarbeit mit der SPD und wird daher den Versöhnlern zu-
gerechnet. Trotz seines schlechten Gesundheitszustandes will
der preußische Landtagsabgeordnete nach Deutschland zurück,
wovon Walter ihm jedoch abrät. Er solle stattdessen »bis zur
nächsten Sitzung des Politsekretariats« bleiben und sich »die
Stellungnahme der Mitglieder des Sekretariats« anhören. Der
Hintergrund dieser Aufforderung ist klar: Meyer stimmt der auf
dem VI. Weltkongress beschlossenen Absage an die Einheitsfront
nicht zu, er folgt der Sozialfaschismusthese nicht. Außerdem ist
Meyer aufgrund seines nicht einfachen Charakters nicht sonderlich beliebt, wie Karl Retzlaw später schrieb. – Retzlaw hat als
»Karl Friedberg« den Nachrichtendienst der KPD aufgebaut und
war dafür im Vorjahr vom Reichsgericht in Leipzig zu zweieinhalb Jahren Haft verurteilt worden. Seit seiner vorzeitigen Ent-

lassung im Juli 1928 arbeitet er als Geschäftsführer im Münzen-berg-Verlag in Berlin. »Er war ein hochintelligenter, gebildeter Mann, seine Referate zeugten von seinem ungewöhnlichen Wissen, doch sie waren ohne jede Wärme, und er hat weder in Volks-versammlungen noch in größeren Versammlungen der eigenen Partei die Überzeugungskraft ausgestrahlt, ohne die nun einmal ein Führer einer revolutionären Partei nicht denkbar ist.« So Retz-law über Meyer.

Walter, der mitunter zur Ironie neigt, beugt einer möglichen Absage seines Vorschlages vor. »Ich glaube, wenn du gesundheit-lich in der Lage warst, ein einstündiges Koreferat zu halten, so bist du sicher auch gesundheitlich in der Lage, auch die Antwort anzu-hören.« Offenkundig hatte Meyer an irgendeiner Stelle öffentlich seinen Unmut über den Kurswechsel der Komintern und seiner Partei bekundet. Wenn er dennoch am Montag in den Zug steige, wie er es plane, so Walter zu Meyer, könne man diese frühzeitige Abreise so verstehen, dass er einer »Stellungnahme« ausweiche, also die Kritik des EKKI fürchte.

Noch eine Spur ironischer reagiert darauf Meyer. »Ohne die hohen politischen Qualitäten des Genossen Ulbricht anzu-zweifeln«, so der lungenkranke Meyer, »habe ich doch nicht ge-nügend Vertrauen zu Ulbrichts medizinischem Urteil, um meine schon lange notwendig gewordene Abreise hinauszuschieben.«

Meyer wird im Juni 1929 auf dem XII. Parteitag der KPD in Berlin seine kritische Haltung zur Sozialfaschismusthese erklären. Es ist sein letzter öffentlicher Auftritt. Wenig Tage später wird er ins Krankenhaus eingeliefert, nach einem halben Jahr verstirbt er mit 42 Jahren an Tbc.

Im Januar 1929 nimmt Walter an der Sitzung des Ständigen Sekretariats des EKKI teil. Er berichtet detailliert über die Ent-wicklung der politischen und sozialen Lage in Deutschland. Die

Zeit relativ stabiler wirtschaftlicher Verhältnisse scheint dem Ende entgegenzugehen. Die Arbeitskämpfe nehmen zu, die Aussperrungen und Entlassungen ebenfalls. Der Staat als Instrument der herrschenden Klasse reagiert zunehmend repressiv. Das ermutigt die nationalistischen, militaristischen und reaktionären Kräfte. Es mehren sich die Angriffe von Faschisten auf Sozialisten und Kommunisten, und der von der Nazipartei in München herausgegebene *Völkische Beobachter* erscheint seit Anfang des Jahres als Berliner Ausgabe. Auch das ist als Signal für den Angriff der Nazipartei auf das »rote Berlin«, das traditionell links wählt, zu verstehen. Die Reichstagswahlen im Mai des Vorjahres zeigten, dass die NSDAP in der Reichshauptstadt allenfalls eine Splitterpartei ist. Nur außerhalb der Städte hat sie Erfolg, in ländlichen Gegenden kommt sie inzwischen auf über dreißig Prozent.

Doch die NSDAP fasst Fuß in Berlin. Der Naziführer Hitler hat seinen größten Demagogen in die Reichshauptstadt entsandt. Der promovierte Philosoph Josef Goebbels residiert in einer beachtlichen Parteizentrale in der Hedemannstraße mit 25 Räumen und nennt sich Gauleiter von Groß-Berlin, sein Stellvertreter ist der Chef der Berliner SA, Kurt Daluege.

Goebbels kopiert das von Walter entwickelte Organisationsprinzip: Er teilt die Stadt in Sektionen, diese sind in »Straßenzellen« gegliedert. Danach folgen »Gau-Betriebszellen«. Goebbels sucht die gewalttätige Konfrontation auf der Straße. »Wer die Straße erobern kann, kann auch einmal den Staat erobern«, motiviert er die Schläger von der SA. Die Straßen- und Saalschlachten werden in der bürgerlichen Presse als Auseinandersetzung von Linken und von Rechten behandelt, als würden es die Arbeiter- und Schutzbündnisse bewusst auf Krawall und Konflikt mit den Faschisten anlegen. Wer ist Initiator der Zusammenstöße? Wer ist Opfer, wer Täter? Da wird kaum differenziert. Goebbels nennt die Gegner »brüllende, tobende Untermenschen«, »giftspuckende Tiere«, die »ausgemerzt« und vertilgt werden müssen. Die kommunistische Presse übt sich auch nicht gerade in Zurückhaltung.

Der seit 1926 amtierende Berliner Polizeipräsident Karl Zörgiebel, ein Sozialdemokrat, glaubt der Lage dadurch Herr zu werden, dass er am 13. Dezember 1928 alle politische Versammlungen unter freiem Himmel auf unbeschränkte Zeit untersagt. Preußens Innenminister Albert Grzesinski, ebenfalls SPD und Vorgänger von Zörgiebel als Berliner Polizeipräsident, verschärft die Bestimmungen, die sich – in der Wahrnehmung der KPD – in erster Linie gegen sie und gegen die mit ihr verbündeten Organisationen richten.

Weil die repressiven Maßnahmen von Sozialdemokraten ausgehen, findet man daher die Sozialfaschismusthese bestätigt: Die Hauptgefahr sind nicht die Nazis, sondern die Kräfte, die sie stützen und schützen.

Grzesinski weist am 21. März 1929 alle Polizeibehörden an, gegen die »radikalen Organisationen« mit allen zu Gebote stehenden Mitteln einzuschreiten. Er empfiehlt »vorbeugende« Verbote von Demonstrationen und Versammlungen auf Straßen und Plätzen, Veranstaltungen in geschlossenen Räumen sollen aufgelöst werden.

Da hatte jedoch bereits am 9./10. März in Berlin ein Internationaler Antifaschistenkongress mit Teilnehmern aus achtzehn europäischen Ländern unbehelligt stattfinden können und zum Kampf gegen den faschistischen Terror in Italien, Ungarn, Polen, Bulgarien und Deutschland aufgerufen. Henri Barbusse, der französische Schriftsteller, hatte die Leitung. In die Vorbereitung war EKKI-Mitglied Georgi Dimitroff eingebunden gewesen.

Zur gleichen Zeit ist Walter in Moskau zu Beratungen des Exekutivkomitees der Komintern. Dort wird auch über dessen Etat gesprochen, der zu großen Teilen von der KPR (B) finanziert wird.

Die wirtschaftliche Lage der Sowjetunion ist jedoch desaströs. Die Übergangsgesellschaft mit der Neuen Ökonomischen Politik (NÖP), von der Lenin gesprochen hatte, ging mit beschleunigter Industrialisierung und Zwangskollektivierung zuende, weil insbesondere Stalin glaubt, auf diese Weise die Defizite rasch ausgleichen zu können. Die aktuelle Versorgungslage im Lande ist schlechter als 1913. Überall muss gespart werden.

Walter informiert Berlin, dass »in der heutigen Sitzung der Budget-Kommission über die Herabsetzung der Zuschüsse für die Sektionen der K. I. beraten wurde«. Man habe festgestellt, dass die Ausgaben nicht gedeckt seien. »Es liegt ein Vorschlag vor, den Etat der deutschen Partei um 20 000 Rbl. zu kürzen. Ich habe dagegen protestiert und die Frage wurde zur nochmaligen Beratung vertagt. Ich glaube aber, dass trotz aller Proteste von mir eine gewisse Kürzung beschlossen wird.«

Vor seiner Abreise spricht er im Bolschoi als deutscher Vertreter bei der Komintern. Die Kommunistische Internationale feiert ihren zehnten Geburtstag. Walter liegt ganz auf Linie. Der Kampf gegen den Kapitalismus sei unmöglich ohne einen Kampf gegen den Sozialreformismus, sagt er. Der Kampf müsse gegen die sozialdemokratischen Tendenzen innerhalb der kommunistischen Parteien geführt werden. Dabei hat er auch die innenpolitische Entwicklung in Deutschland im Auge.

Nach seiner Rückkehr nach Berlin engagiert sich Walter im Mai-Komitee der KPD, das natürlich auf eine machtvolle und friedliche Demonstration hinwirkt. Von der bürgerlichen und auch der sozialdemokratischen Presse – in Berlin erscheinen etwa anderthalbhundert Tages- und Wochenzeitungen – wird die Partei auch dafür schwer attackiert. Trotz Medienkampagne und Polizeiverbot mobilisiert die KPD etwa zweihunderttausend Berlinerinnen und Berliner, die sich das Recht auf die Straße nicht streitig machen lassen. »Straße frei für den 1. Mai!«, plakatiert die KPD. »Selbst im reaktionären München, selbst in Hamburg, in Kiel, in Schleswig-Holstein – überall sind am 1. Mai die Demonstrationsverbote aufgehoben. Nur der Polizeipräsident Zörgiebel will unter den unbewaffneten Demonstranten der Berliner Arbeiterschaft ein Blutvergießen provozieren.« An die Adresse der Polizei appelliert man: »Schlagt nicht, schießt nicht!« Die Arbeiter »marschieren nicht auf, um mit der Polizei zu kämpfen, um Blut zu vergießen«.

Während SPD und Gewerkschaften ihre Kundgebungen wie befohlen in geschlossenen Sälen abhalten, marschiert die KPD. Vor allem aus den Arbeitervierteln ziehen schon am frühen Morgen Demonstrationszüge ins Stadtzentrum. Zwischen Alexanderplatz und Potsdamer Platz sind etwa dreizehntausend Polizisten aufgeboten, die mit Gummiknüppeln, Wasserwerfern und Warnschüssen gegen die Demonstranten vorgehen.

Max Gmeinhardt, Mitglied der SPD und des Reichsbanners Schwarz-Rot-Gold, wird von einem Polizisten erschossen, weil er der Aufforderung nicht umgehend nachkam, sein Wohnungsfenster zur Kösliner Straße – das ist im Wedding – zu schließen. Auch auf dem Hackeschen Markt, auf dem Senefelderplatz und vor der KPD-Zentrale am Bülow-Platz kracht es. Es wird gejagt, getreten, geschlagen, geschossen. Die Polizei ist wie im Blutrausch. Mehr als dreißig Menschen finden den Tod, einige Hundert werden verletzt, über tausendzweihundert werden inhaftiert. Mehrtägige Unruhen sind die Folge. Barrikaden werden errichtet, es gibt weitere Verletzte.

Mit der Begründung, die KPD habe die Unruhen provoziert und einen Aufstandsversuch unternommen, geht der sozialdemokratisch regierte Staat gegen die Partei und ihre Organisationen vor. Das zunächst erwogene Verbot der KPD wird fallengelassen, jedoch wird dem RFB am 6. Mai von Reichsinnenminister Carl Severing (SPD) die Zulassung entzogen. Eine amtliche Untersuchung der nachweislichen Polizei-Übergriffe findet nicht statt. Dafür werden von den 1228 festgenommenen Demonstranten – von denen nicht einmal jeder Zehnte etwas mit dem RFB oder der KPD zu tun hat – 48 zu Haftstrafen verurteilt.

Einziger Profiteur ist die NSDAP.

Am 12. Mai 1929 wird in Sachsen ein neuer Landtag gewählt. Die Nazi-Partei verdreifacht dort ihren Stimmenanteil, während die SPD verliert und die KPD ihren Anteil hält. Goebbels jubelt und notiert:»Wir haben vor allem in proletarischen Gegenden starken Zuwachs. Dem Gesamtmarxismus jagten wir 70 000 Stimmen ab.«

Da irrt er. Der höchste Zuwachs mit 6,5 bis 7,5 Prozent kommt aus bürgerlichen Wohngebieten. Der liegt weit über den Verlusten der SPD.

Später werden Historiker erklären, dass der Aufstieg der Hitler-Bewegung zur Macht am 12. Mai 1929 in Sachsen begonnen habe.

Zörgiebel und seine Politik scheinen der Beweis für die These vom präfaschistischen Charakter der Sozialdemokratie zu sein. Walter greift die SPD hart an.»Die Maikämpfe sind der schärfste Zusammenstoß der Klassen in Deutschland seit 1923«, schreibt er in der *Roten Fahne* zu den»Lehren der Berliner Maikämpfe«.

Der Beitrag erscheint im Vorfeld des XII. Parteitages, der vom 8. bis 15. Juni in Berlin-Wedding stattfinden wird. Übertrieben optimistisch behauptet er:»Die Kommunistische Partei ist zum ersten Male ganz nahe dran, die Mehrheit der deutschen Arbeiter zu erringen.« Und weil Selbstbewusstsein die Wirkung von Propaganda erhöht, erklärt Walter weiter:»Mögen sie sich verbünden: Bourgeoisie und Sozialdemokratie, Klassenjustiz und Klassenpolizei, Stahlhelm und Reichsbanner, SPD-Führer, reformistische Gewerkschaftsbürokraten, Kriminalpolizei, Spitzel und bürgerlichsozialfaschistische Journaille – sie werden die Flamme der Revolution nicht auslöschen können.«

Als der für die Vorbereitung des Parteitages in der KPD-Führung zuständige Sekretär für Agitation und Propaganda überlässt Walter nichts dem Zufall. Auf dem Konvent selbst hält er sich aus den Flügelkämpfen heraus und führt im Hintergrund Regie. Nur zum »Berliner Blutmai« meldet er sich zu Wort und mäßigt die Revoluzzer. Er erklärt auch das eigene Handeln: »Wir halten die Situation für die Durchführung des bewaffneten Aufstandes nicht für reif. Aus diesem Grunde haben wir keine Maßnahmen zur Organisation des bewaffneten Kampfes ergriffen.« Gleichwohl wertet er die Ereignisse am 1. Mai als einen »Wendepunkt der politischen Entwicklung in Deutschland«.

Einige Redner interpretieren jedoch die Vorgänge als Vorgefechte großer Entscheidungskämpfe und stützen die realitätsferne, falsche Einschätzung, die Sozialdemokratie habe sich zum Sozialfaschismus entwickelt und bereite als »aktive organisierende Kraft die Errichtung der faschistischen Diktatur vor«.

Walter wird erneut ins Politbüro und ins Sekretariat gewählt, zudem bekommt er auch die Funktion des Politischen Sekretärs der Bezirksleitung Berlin-Brandenburg-Lausitz-Grenzmark übertragen.

Allerdings beunruhigt eine Nachricht aus der Sowjetunion Walters Auftritt auf dem Parteitag. Nachdem dieser beendet ist, besteigt er den Zug nach Moskau. Offiziell reist er zu politischen Gesprächen, um den Parteitag mit der Führung der Komintern auszuwerten, wie es gemeinhin üblich ist. Tatsächlich aber beunruhigt ihn die Mitteilung von Rose Michel, dass der Arzt bei ihr Tuberkulose festgestellt habe.

Sie zieht daraufhin den Urlaub, den sie ursprünglich im Juli zu nehmen gedachte, auf den Mai vor. Doch da sich ihr Zustand nicht bessert und sie arbeitsunfähig ist, will sie der Roten Gewerkschafts-Internationale (RGI), bei der sie angestellt ist, nicht zur Last fallen. Sie kündigt dort zum 26. Juni. Walter hat ihr vielleicht zu diesem Schritt geraten.

Und vermutlich auf Anregung von Walter beantragt der Verwaltungsdirektor der Komintern, Koganitsky, am 20. August beim sowjetischen Gesundheitskommissariat einen Reisegutschein nach Alupka oder Mischor: Rose Michel soll im September für anderthalb Monate zur Kur geschickt werden. Diesem Antrag wird stattgegeben.

In jener Zeit heiratet sein Vater Ernst in Leipzig erneut. Walters Mutter Pauline war am 27. Juli 1926 im Alter von 57 Jahren verstorben. Der verwitwete Vater ehelicht eine Witwe, es ist eine »proletarische Vernunftehe«, wie es heißt – selbst wenn Ida Romanus etwa zwanzig Jahre jünger ist. Vater Ernst ist inzwischen Mitte Fünfzig. Die beiden lebten bereits geraume Zeit zusammen, ehe sie nun diesen Schritt vollziehen.

Eine Hochzeitsfeier wird es vermutlich kaum gegeben haben, und ob Walter in Moskau zeitnah davon Kenntnis erhielt, ist auch eher unwahrscheinlich. Er hat – neben der Sorge um Rosa Michel – auch an einem anderen Päckchen zu tragen. Als deutscher Vertreter im Exekutivkomitee der Komintern soll er den offenen Streit schlichten, der zwischen den deutschen Kursanten an der Leninschule herrscht. Die Direktorin Kirsanowa zeigt sich überfordert, womöglich durchschaut auch sie nicht die ideologischen Auseinandersetzungen der deutschen Genossen zwischen »Versöhnlern« und »Rechten« in der KPD, der seit Jahren in der Partei tobt. Angeblich habe laut Einschätzung der Führung, zu der auch Walter gehört, der XII. Parteitag darunter einen Schlussstrich gezogen. Oder wie es in der offiziellen Terminologie hieß: Im Kampf gegen die bürgerliche Ideologie und den starken Druck

Walters Vater Ernst
Ulbricht, seit 1926
verwitwet, heiratet
erneut. Es ist eine
proletarische Ver-
nunftehe: auch Ida
Romanus ist verwitwet

des Opportunismus haben sich in der KPD die Ideen des Leninismus weitgehend durchgesetzt. Jahrzehnte später wird es heißen: Stalin habe sich endgültig durchgesetzt.

Wie auch immer: Die Genossin Klawdija Kirsanowa, seit Gründung der Schule vor drei Jahren deren Leiterin (die sie noch bis 1931 bleiben würde, bis man sie wegen »mangelnder politischer Wachsamkeit« ablöst), ist beunruhigt, also wachsam, dass die deutschen Genossen sich zerfleischen. Darum bittet sie Walter zu schlichten. Der schreibt nach dem ersten Gespräch an der Schule: »Es war zum Kotzen schrecklich. Im Grundkurs sind ein paar nicht ganz einwandfreie Elemente. Die Schulleitung berichtete von dem Kampf einer deutschen Gruppe gegen die Schulleitung. Es waren zum Teil sehr üble Dinge, die da zur Sprache kamen.«

Für Walter ist der Streit ein anschauliches Beispiel für linke Phraseologie und Revoluzzertum, die Genossen wollten »revolutionärer« sein »als das Parteikollektiv und die Leitung, indem sie an dem Parteikollektiv und insbesondere an der Leitung Kritik von links übten, in der Tat aber von Anfang bis Ende rechte Praxis tätigten«. Ob Walter die Kursanten überzeugen kann, sich aus Einsicht in die Parteidisziplin zu fügen und der vorgegebenen Linie zu folgen, steht dahin. Auf alle Fälle gibt es keine Parteistrafen, was für den Moderator aus der Führung spricht.

Es ist bereits November, als er mit der von der Kur zurückgekehrten Rosa Michel nach Berlin reist. Er hatte ihre Begleitung beim EKKI beantragt. »Wir ersuchen um die Rückführung in die KPD.« Tage zuvor war in New York die Börse zusammengebrochen, ein Desaster für die kapitalistische Welt, deren Folgen allerdings noch nicht absehbar sind. Seit Jahren hatten – in Erwartung »ewigen Wohlstands« – Großanleger und kleine Aktionäre mit Einlagen spekuliert. Mit Aussicht auf Gewinn nahmen sie Kredite auf, um immer mehr Aktien zu erwerben, die sie später mit Gewinn zu verkaufen hofften. So wurde eine gewaltige Spekulationsblase aufgepumpt, die platzte, als viele Anleger – aus Angst vor Kursverlusten – gleichzeitig ihre Aktienpakete verkauften. Darauf brach Panik auf dem Parkett aus. Und auch bei den Banken, die ihre Kredite fällig stellten. Allein am 29. Oktober 1929 »verbrennen« an der New Yorker Börse mindestens 25 Milliarden Dollar. So nennen die Börsenmakler den Kursverlust von Aktien.

Allerdings können Walter und Rose nur wenige Tage in Berlin bleiben. Als Mitglied des EKKI muss er nach Leeds reisen, wo die 1920 gegründete Communist Party of Great Britain (CPGB) ihren Parteitag abhält. Rosa begleitet ihn als seine Sekretärin und Dolmetscherin, Walter spricht kein Englisch. Auch dort soll er schlichten. Johnny Campell, Mitbegründer der KP und seit 1928 Mitglied des EKKI, war unter innerparteilichen Druck geraten, weil er die Linie der Komintern vertrat: keine Zusammenarbeit mit der sozialdemokratischen Labour Party – von der britischen KP als »dritte Kraft der Bourgeoisie« bekämpft. Ihren Unmut begründete unter anderem die Auflösung von über einem Dutzend Ortsverbänden der Labour Party durch deren Führung, weil diese sich geweigert hatten, KP-Mitglieder aus ihren Reihen auszuschließen.

Walter trifft sich in Balham mit Parteitagsdelegierten, die er ersucht, sich positiv zu Johnny Campbell zu erklären. Der Parteitag wählt schließlich Harry Pollitt zum neuen Parteisekretär. Gemeinsam mit Willie Gallacher gehören die drei in der Folgezeit zu den prägenden Gestalten der britischen Partei, JR Campbell ist viele Jahre Herausgeber des *Daily Worker*, des Organs der Partei.

Auch in Deutschland kündigt sich eine Wirtschafts- und Finanzkrise an, denn der globale Markt ist inzwischen ziemlich verflochten. Sie wird begleitet von einer politischen Krise des Landes, was sich in dem weiteren Wachstum der Nazipartei zeigt.

Am 8. Dezember 1929 wird bei den Landtagswahlen in Thüringen die NSDAP die drittstärkste Partei. Erstmals wird eine faschistische Partei in Deutschland an der Regierungsbildung beteiligt und Wilhelm Frick, ein Polizeibeamter aus Bayern und Putschist von 1923, Thüringer Innenminister. (Hitler macht ihn am 30. Januar 1933 zum Reichsinnenminister – dreizehn Jahre später soll Frick in Nürnberg als Hauptkriegsverbrecher gehenkt werden.)

Das Verfahren des Reichsgerichts gegen Walter wegen Hochverrats ist zwar eingestellt worden, doch das Leipziger Landgericht möchte ihn wegen Vorbereitung zum literarischen Hochverrat anklagen und verurteilen. Der »literarische Hochverrat« – so schrieb *Die Zeit* am 20. Februar 1959 – war eine »formularmäßige Massenverfolgung von Kommunisten, besonders von Redakteuren und Zeitschriftenhändlern«. Die Gerichte hätten damals, so die Zeitschrift vierzehn Jahre nach Ende der Nazidiktatur, »in Richtung auf die Nationalsozialisten, wo man sich nicht mit Ideen abgab, sondern den gewaltsamen Umsturz konkret vorbereitete, nichts oder nichts Ernstliches unternommen, bis zu dem Ende, das wir alle kennen. Dagegen wurde eifrig die Verfolgung der anderen Seite betrieben und dabei eine Theorie des abstrakten Hochverrats aufgestellt.«

Das Ende von Weimar

Die NSDAP gewinnt angesichts von Wirt-
schafts- und Staatskrise, ihre Gegner
zerfleischen sich im Bruderkrieg. Als endlich
die Antifaschistische Aktion den Aufstieg
der Faschisten stoppt, handeln die Kräfte,
die Hitler und einen anderen Staat wollen.
Walter kämpft an allen Fronten und wird
zum zweiten Mal Vater

Im Februar 1930 durchsuchen etwa anderthalbhundert Polizisten das Karl-Liebknecht-Haus, um »Beweismaterial« für ein mög-
liches Verbot der Partei und deren Einrichtungen zu finden. Vor
dem Gebäude protestierende Arbeiter werden von den Beamten
mit Gummiknüppeln vertrieben. Die Polizei nimmt auch Walters Personalien auf und durchsucht sein Büro. Allein dieser Akt
ist rechtswidrig – er verstößt gegen die Immunität eines Reichstagsabgeordneten. Die Polizei nimmt auch Schreiben und andere Papiere aus seinem Besitz mit. Aber nicht nur die deutschen
Schnüffler sind ihm auf den Fersen. Auch ihre britischen Kollegen
führen, seit Walter in Leeds war, eine Akte über ihn. Im März 1930
wird ein Einreiseverbot ins Vereinigte Königreich verhängt.
    Am 17. April beginnt die Voruntersuchung, nachdem
die parlamentarische Immunität Walters aufgehoben worden ist.

»Soweit vertraulich festgestellt werden konnte, besitzt Ulbricht kein Vermögen, und es sind auch keine Personen bekannt, die zahlungsfähig sind und für etwa entstehende Kosten haften«, heißt es eingangs. Offenkundig interessiert die deutschen Ermittlungsbehörden Walters Bonität weitaus mehr als dessen vermeintliche Vergehen. »Außer seinem Gehalt bei der Reichsleitung der KPD und seinen Diäten als Reichstagsabgeordneter dürfte Ulbricht keinerlei Einkommen haben.«

Sodann rekurrieren sie auf Walters Wohnverhältnisse. »Ulbricht selbst kommt nur selten in die Leipziger Wohnung, die seine Ehefrau innehat. Es handelt sich um eine 3-Zimmerwohnung mit Bad.« Diese Wohnung sei »einfach eingerichtet, ein Zimmer ist untervermietet, die übrigen Räume werden von der Ehefrau und dem zehnjährigen Kind des Ulbricht bewohnt«.

Inzwischen hat die Wirtschaftskrise auch Deutschland erreicht, die innenpolitischen Auseinandersetzungen gewinnen an Schärfe durch die Reparationsforderungen in Höhe von zwei Milliarden Reichsmark, die jährlich bis 1988 zu zahlen sind. Dies haben Finanzexperten von Februar bis Juni 1929 in Paris ausgehandelt. Dieser sogenannte Youngplan revidierte den seit fünf Jahren geltenden Dawes-Plan. Die nationalistischen, rechtskonservativen Kräfte und die Faschisten wollten diesen Plan einer »Maschinerie des Hochkapitalismus zur Unterjochung Deutschlands« (Alfred Hugenberg, Vorsitzender der Deutschnationalen Volkspartei) mit einer Volksabstimmung zu Fall bringen. Aber nur 13,5 Prozent der Wahlberechtigten nehmen am Volksbegehren teil. Daraufhin setzen diese Kräfte auf den Sturz des Reichskanzlers Hermann Müller (SPD), wie man überhaupt die Sozialdemokraten aus der Regierungskoalition drängen will. Als die eigene Reichstagsfraktion Müller die Unterstützung versagt, tritt der gesundheitlich schwer angeschlagene Kanzler Ende März 1930 zurück, Reichspräsident Hindenburg beauftragt den Zentrumspolitiker Heinrich Brüning mit der Bildung eines Präsidialkabinetts, das ohne parlamentarische Mehrheit, aber mit Hilfe des Reichspräsidenten über Notverordnungen regieren soll. »In einer Situation, in der der Kapitalismus am schwächsten ist, in der er innerlich am weitesten zerrüttet ist«, so Walter vom Pult im Reichstag, müssten »alle Möglichkeiten ausgenutzt« werden, um die Arbeitermassen »zum Sturz dieses Systems zu mobilisieren«.

Mit »System« meint er nicht die bürgerlich-parlamentarische Republik, sondern das System der kapitalistischen Machausübung, die Notverordnungsdiktatur. »Der Weg der Brüning-Regierung ist der Weg der Anwendung faschistischer Herrschaftsmethoden.«

Das Land steht an einer Wegscheide. Führt die wirtschaftliche und politische Krise in eine reaktionäre, offen faschistische Diktatur – oder gelingt es, dies durch eine Massenbewegung zu verhindern?

Am 4. Juni 1930 verabschiedet das Polbüro des ZK der KPD eine Resolution, die unter maßgeblicher Mitwirkung Walters formuliert wurde: »Über den Kampf gegen den Faschismus«. Die von radikalen Kräften in der Parteiführung ausgegebene Parole »Schlagt die Faschisten, wo ihr sie trefft!« wird mit dieser Resolution revidiert. Es müsse die soziale Demagogie der Nazis entlarvt werden. Walter fordert, wie die *Rote Fahne* am 23. Juli 1930 über sein Treffen mit Berliner KPD-Funktionären berichtet, die Verbindung zwischen der Hitlerpartei und den wirtschaftlich Mächtigen zu zeigen. Er nennt die Nazis unverblümt »die treueste Schutztruppe des Finanzkapitals«, dessen »gefährlichstes und schmutzigstes Werkzeug«.

Tage zuvor war es zu einem Schlagabtausch im Parlament gekommen – Brünings »Hungeroffensive« mit Anhebung von Steuern und Abbau sozialer Maßnahmen stieß auf breite Ablehnung.

Wahlplakat der KPD
zu den Reichstags-
wahlen im September
1930

Daraufhin löst Hindenburg am 18. Juli den Reichstag auf und setzt acht Steuern mit Hilfe des Artikels 48 der Verfassung in Kraft. Unabhängig von diesen parlamentarischen Auseinandersetzungen wird wegen der merklichen Verschlechterung der Lebenslage gestreikt.

Drei Wochen vor der Reichstagswahl am 14. September wendet sich die KPD-Führung mit einem Programm zur nationalen und sozialen Befreiung des deutschen Volkes an die Öffentlichkeit. Es

Wahlplakat der SPD
zum gleichen Anlass

beginnt so: »Die deutschen Faschisten (Nationalsozialisten) unternehmen gegenwärtig die schärfsten Vorstöße gegen die deutsche Arbeiterklasse. In einer Zeit der Knechtung Deutschlands durch den Versailler Frieden, der wachsenden Krise, der Arbeitslosigkeit und Not der Massen versuchen die Faschisten durch zügellose Demagogie und schreiende radikale Phrasen, unter der Flagge des Widerstands gegen die Erfüllungspolitik und den Young-Plan, bedeutende Schichten des Kleinbürgertums, deklassierter Intellektueller, Studenten, Angestellter, Bauern sowie einige Gruppen rückständiger, unaufgeklärter Arbeiter für sich zu gewinnen.« Und im weiteren – Walters Urheberschaft ist unschwer zu erkennen – wird die NSDAP als »eine volks- und arbeiterfeindliche, eine antisozialistische, eine Partei der äußersten Reaktion« charakterisiert.

Diese Erklärung zerreißt die demagogische Behauptung der NSDAP, eine »nationale«, eine »sozialistische« und eine »Arbeiterpartei« zu sein.

Natürlich ist das auch Wahlkampf. Aber es ist mehr. »Alle Arbeiter, alle armen Bauern, alle Angestellten, alle werktätigen Mittelständler, Männer wie Frauen, Jugendliche wie Erwachsene, alle unter der Krise, Arbeitslosigkeit, Not und Ausbeutung Leidenden« werden aufgefordert, sich um die KPD zusammenzuschließen.

Das erweist sich insofern als unkluge Formulierung, als dies als eine Art Führungsanspruch im antifaschistischen Kampf interpretiert werden kann. Erst zwei Jahre später wird man soweit sein, bei der Abwehr der faschistischen Gefahr auf jegliche Vorbedingung zu verzichten. Doch da sind bereits alle Messen gesungen.

Fünfzehn Parteien werden am 14. September 1930 in den Reichstag gewählt. Auch wenn die SPD stärkste Partei wird, ist die Nazipartei mit einem Zuwachs von 15,5 Prozent im Vergleich zur Wahl vor zwei Jahren der eigentliche Wahlsieger. Die KPD legt um zweieinhalb Prozent zu, die SPD verliert 5,3 Prozent.

Walter zieht mit 76 Genossen in den Reichstag ein, 1928 zählte die Fraktion nur 54 Abgeordnete.

Goebbels notiert am 15. September in sein Tagebuch von der »Wahlparty«: »Der Sportpalast gleicht einem Irrenhaus. Die S. A. trägt mich auf Schultern durch den Saal.« Der britische Zeitungsmagnat Harald Harmsworth – später als der bedeutendste britische Zeitungseigentümer des 20. Jahrhunderts bezeichnet – meint in seiner *Daily Mail* nach der Wahl, dass Hitler den Vorteil biete, einen Wall gegen den Bolschewismus errichtet zu haben. (Als die Naziwehrmacht 1938 ins Sudetenland einrückt, wird der Brite sogar ein Glückwunschtelegramm an Hitler schicken.)

Anfang September 1930 eröffnet das Reichsgericht in Leipzig das Hochverratsverfahren gegen Walter. Zum ersten Vernehmungstermin erscheint er in Begleitung seines Verteidigers Dr. Löwenthal. Die Anklage bezichtigt ihn, eine staatsfeindliche Verbindung unterstützt zu haben und »bei Vorbereitungen zu helfen, die republikanische Staatsform gewaltsam zu ändern«. Er sei Autor von Aufrufen zum Widerstand gegen die Staatsmacht und für die Diktatur des Proletariats, deshalb sei er des »literarischen Hochverrats« schuldig.

Dann taucht Walter unter, der Termin der Hauptverhandlung muss aufgehoben werden. »Während die Anklageschrift dem Angeklagten am 13. September noch hat zugestellt werden können, konnte ihm die Ladung zur Hauptverhandlung nicht mehr zugestellt werden, da er inzwischen mit unbekanntem Aufenthalt verzogen ist«, klagt die Staatsanwaltschaft.

Aus einer vom Verteidiger vorgelegten Ansichtspostkarte erfährt der Ankläger, dass sich Walter am 2. Oktober in Kroatien aufhielt. Die Postkarte kam von der Insel Rab in der Kvarner Bucht, wo Walter und Rosa Michel »ein ruhiges Zimmerchen« gemietet hatten.

Die Karte zu schicken war ein Fehler. In einer kroatischen Zeitung entdeckt Rosa schon bald die Fotos »der gesuchten kommunistischen Banditen«. Die beiden brechen ihre »Ferien an der schönen Adria« ab.

Die Ladung war, wie in früheren Verfahren auch, an Walters Leipziger Adresse gegangen. Und wie stets verweigert Martha die Annahme der Post an ihren Ehemann: Er ist nicht daheim, und zu seinem aktuellen Aufenthalt könne sie auch keine Angaben machen. Der Bote muss also mit der Vorladung umkehren.

Marthas Aussage entspricht nicht ganz der Wahrheit. Sie weiß, dass Walter erstens im Lande und zweitens in Berlin ist. Dort streiken seit Mitte Oktober 1930 etwa 130 000 Metallarbeiter gegen den fortgesetzten Lohnabbau. Walter kommentiert das Zustandekommen des Ausstands positiv. Zum ersten Male habe »wenigstens für Berlin« die Einheitsfronttaktik funktioniert. Er muss es wissen: Er ist in der Parteiführung zuständig für diesen Arbeitskampf, ist gleichsam Instrukteur im Streikkomitee und spricht auf Versammlungen in Betrieben und anderen Zusammenkünften der Gewerkschaften. Mitunter wird er dort auch von Rosa vertreten. Nach vierzehn Tagen Ausstand entscheidet sich eine knappe Mehrheit für den Abbruch des Streiks. Die Quittung folgt auf dem Fuß: acht Prozent Lohnkürzung in zwei Etappen ...

Das scheint jenen Kräften in der Komintern und in der KPD-Führung recht zu geben, die schon immer der Auffassung sind, dass man mit den reformistischen und opportunistischen Gewerkschaftsführungen keine gemeinsame Sache machen und statt dessen die eigene Gewerkschaft – die Revolutionäre Gewerkschafts-Opposition (RGO) – stärken solle. Die der KPD nahestehende Bewegung war als Reaktion auf die sozialdemokratisch dominierten Gewerkschaften des Allgemeinen Deutschen Gewerkschaftsbundes (ADGB) entstanden, welche sich wenig widerständig und oppositionell gaben. Walter sah diese Entwicklung kritisch, sie wirkte spalterisch.

Auf der ZK-Tagung im Juli 1930 widerspricht er der vorherrschenden Meinung, dass angesichts der Verschärfung des Klassenkampfes und des Versagens der Leitungen der Verbände des ADGB neue Gewerkschaften gegründet werden müssten. Damit kommt er nicht durch. Im August beschließt der V. Kongress der Roten Gewerkschafts-Internationale (RGI), die Bildung selbstständiger revolutionärer Gewerkschaften. Während Walter der Auffassung ist, die Kommunisten sollten dort arbeiten, wo die Massen sind, haben sich jene durchgesetzt, die der Überzeugung sind, dass der Apparat der reformistisch geführten Gewerkschaften von oben bis unten faschistisch sei. Deren Funktionäre seien nichts anderes als Agenten des Kapitals, die soziale Basis dieses faschisierten Gewerkschaftsapparates stelle die Arbeiteraristokratie dar, die vor der Errichtung der Diktatur des Proletariats für eine proletarische Klassenpolitik nicht zu gewinnen sei.

Eine solche Einschätzung ist völlig falsch und realitätsfern.

Die Errichtung der Diktatur des Proletariats steht nicht auf der Tagesordnung. Aktuell geht es um die Abwehr des Sozialabbaus und der tatsächlich faschistischen Bewegung, die den Staat okkupieren will. Um dies zu verhindern, braucht man breite Bündnisse. Wenn Seeleute Schiffbrüchige aus Seenot helfen, fragen sie auch nicht nach deren Herkunft und Gesinnung: Sie retten.

Und mehr, das sieht Walter glasklar, ist augenblicklich nicht möglich, Vorerst geht es um die Rettung des kapitalistischen Sozialstaates! Für die Errichtung der Diktatur des Proletariats bestehen keine Mehrheiten, dazu reichen die Kräfte bei Weitem nicht.

Walter ist jedoch auch ein treuer Parteisoldat. Wenn die Partei eine Entscheidung mehrheitlich getroffen hat, dann akzeptiert er den Beschluss und hält sich daran, auch wenn der nicht seiner Überzeugung entspricht. Und er ist überzeugt, dass dieser Beschluss nicht dazu führen wird, viele Menschen für eine antifaschistische Abwehrfront zu gewinnen, Menschen, die zwar daran interessiert sind, die Demokratie zu erhalten, nicht aber für eine Diktatur des Proletariats zu kämpfen. Es geht um eine Bündnispolitik, die sich auf das Wesentliche und Vorrangige konzentriert.

Walter sucht an jedem zweiten Tag die Parteizentrale am
Bülowplatz auf und holt dort seine Post ab. Ladungen sind nicht
darunter. Der Rechtsstaat hat sich die Regel gesetzt, dass amtliche Post nur persönlich und nicht an Geschäftsadressen zugestellt werden darf. Schließlich soll individuelle und nicht kollektive Schuld festgestellt werden. Der bürgerliche Rechtsstaat
verfolgt und schützt Walter gleichzeitig. Die Staatsanwaltschaft
resigniert, die Vollstreckung eines Haft- oder Vorführungsbefehls
sei ausgeschlossen, stellt sie in den Unterlagen fest. Der im November 1930 anberaumte Termin fällt aus, weil weder Walter noch
sein Verteidiger erscheinen. Nichtsdestotrotz wird ein neuer Ge-
richtstermin festgelegt, da ist die Justiz unerbittlich. Wenn das
Räderwerk einmal in Gang gesetzt ist, dann wird es auch nicht an-
gehalten. Der Mann, gegen den geurteilt werden soll, ist doch physisch präsent, spricht sogar im Plenum des Reichstags. Dort fordert er im Dezember die Aufhebung des Demonstrationsverbots.
Warum soll das Volk nicht mehr auf öffentlichen Straßen und
Plätzen seine Stimme erheben dürfen? Walter weiß den Grund:
»Damit die Fetten und Satten, damit die Börsenhyänen und die
Großindustriellen nicht mehr das Hungergeschrei der Erwerbs-
losen hören.«

Es schrillen die Glocke des Reichstagspräsidenten und ein
Ordnungsruf. Und weil sich Walter nicht den Mund verbieten
lässt, wird ihm das Wort entzogen.

Walter zittert nicht vor Thronen, er zieht in die Höhle des
Löwen. Am 22. Januar 1931, einem Donnerstag, duelliert er sich
verbal mit dem Berliner Obernazi Goebbels. Die NSDAP hatte zu
einer Propagandaveranstaltung in den Saalbau Friedrichshain, eine
der größten Versammlungsstätten Berlins, gerufen. Viertausend
Menschen fasst der Saal. Der Berliner KPD-Chef nimmt die
Herausforderung an, Walter ist nicht feige. Er weiß, dass Goebbels

sein Fernbleiben so interpretieren würde – darum darf ihm nicht die Bühne überlassen werden. Andererseits warnen Vertraute und Freunde, und nicht zuletzt die schwangere Rosa Michel. Er wäre nicht der erste Kommunist, den die Nazis erschlügen. Selbst wenn Genossen im Saal wären und ihn schützten. Etwa achtzig bis hundert RFB-Leute werden sich vor der Bühne zu seiner Sicherheit versammeln, wird ihm gesagt. Und natürlich schwingt auch die Sorge mit, dass er dem Demagogen Goebbels rhetorisch nicht gewachsen sein könnte.

Walter erscheint vor Beginn der Veranstaltung und lässt sich mit zahlreichen Freunden an Tischen nieder. Als Goebbels gegen zehn Uhr in Begleitung von SA in den Saal kommt, wird er mit »Sieg Heil!« und tosendem Applaus von seiner Gefolgschaft willkommen geheißen. Die anwesenden Kommunisten versuchen mit dem Gesang der Internationale gegenzuhalten. Goebbels erklimmt die Bühne und hat Mühe, sich Gehör zu verschaffen. Dann spricht Walter, auch er wird von Buhrufen und Pfiffen unterbrochen. Aber selbstbewusst und kämpferisch redet er unbeeindruckt 45 Minuten lang. So viel Zeit war ihm bewilligt worden. Walter spricht über die Einheit der Arbeiterbewegung und die Politik seiner Partei. Und nachdem er geendet hat und sich anschickt, die Bühne zu verlassen, wird er daran gehindert. Ein Polizeibeobachter berichtet anschließend: »Man wollte nun anscheinend Ulbricht als Geisel auf der Bühne behalten, man fuchtelte ihm mit den Händen unter der Nase herum. Ulbricht ging aber herunter und wurde von seinen Leuten stürmisch begrüßt.«

Bernhard Dyvel vom RFB berichtet, dass vereinbart worden war, dass Walter bei Tätlichkeiten von der ein Meter hohen Bühne springen sollte. Das geschah, als er »von hinten einen Schlag auf die Schulter« bekam. Walter sprang »unter die RFB-Genossen und war damit in Sicherheit«.

Das deckt sich mit dem Bericht im *Berliner Tageblatt*: »Eine Eskorte von Kommunisten holte Ulbricht von der Bühne und brachte ihn durch die nationalsozialistische Linie.«

Es fliegen Biergläser, dann die Fäuste. Stühle werden zerlegt, die Nazis schlagen auf Ulbrichts Anhänger ein. Walter verlässt zweifellos als moralischer Gewinner den Saalbau. Das Gefolge von Goebbels reagiert mit dumpfer Gewalt. Die Polizei geht dazwischen und räumt mit Gummiknüppeln den Saal. Die Bilanz: über hundert Verletzte.

Wie erwartet wird diese Redeschlacht und deren Ausgang unterschiedlich dargestellt. Die *Rote Fahne* titelt anderntags: »Unser Sieg! – Goebbels' Niederlage! Der Führer der Berliner Kommunisten, Genosse Ulbricht, schlägt Goebbels im Saalbau Friedrichshain.« Das NSDAP-Organ hingegen versucht Walter lächerlich zu machen und als feige erscheinen zu lassen: »Der kommunistische Diskussionsredner Ulbricht aber hatte sich seinen Mantelkragen hochgeschlagen, die Arme über den Kopf verschränkt und rief dauernd: Nicht schlagen, ich bin Abgeordneter!«

Dass es sich um eine Niederlage der Nazis handelt, wird auch daran erkennbar, dass Goebbels einer Einladung der KPD in die Pharussäle zu einem weiteren Rededuell fernbleibt. Deshalb nutzt Walter in der folgenden Woche den Reichstag für einen verbalen Angriff. »Herr Goebbels hat ja allen Grund darauf zu verzichten, als erster Redner zu sprechen, weil er Angst davor hat, dass wir seine Phrasen, seine Lügen zerpflücken«, sagt Walter. »Er ist zu feige, auf diese Anklagen der Kommunistischen Partei zu antworten.« Der Reichstagspräsident Paul Löbe verwarnt ihn. Er habe unzulässig »dem Herrn Abgeordneten Goebbels Lügen vorgeworfen«. Er dürfe auch nicht sagen: »Er ist zu feige.«

Walter entgegnet dem Reichstagspräsidenten, der seit 1895 Mitglied der SPD ist, dass er »das neue Wortreglement des sozial-

Walter vertritt am 22. Januar 1931 im Saalbau Friedrichshain seine klare antifaschistische Position, Gauleiter Goebbels (links) unterliegt im Rededuell

demokratischen Parteivorstandes für parlamentarische Verhandlungen noch nicht kenne«.

Darauf wird er erneut zur Ordnung gerufen.

Walter stichelt weiter. »Der Herr Präsident ist der Meinung, dass meine Charakteristik des Herrn Goebbels richtig war, ich soll das aber nicht so sagen.« Und wütend fügt er an: »Es muss Schluss gemacht werden mit dem faschistischen Mordterror in Berlin. Wir werden die Aufforderung des Goebbels zum Arbeitermord beantworten.«

Zum dritten Mal wird er zur Ordnung gerufen.

Der Wortwechsel führt dazu, dass der Reichstag mehrheitlich den Antrag der KPD-Fraktion auf Einstellung des anhängigen Verfahrens wegen literarischen Hochverrats ablehnt.

Für die Fraktion der KPD ist bereits das parlamentarische Verfahren rechtswidrig: Über die Aufhebung von Walters Immunität war zusammen mit anderen Anträgen abgestimmt worden, ohne einzeln über diese zu beraten.

Auf Antrag der Staatsanwaltschaft wird schließlich ein dritter Termin für die Hauptverhandlung anberaumt, dieses Mal am Dienstag, dem 19. Mai 1931. Aber auch dieser Termin muss aufgehoben werden. Walters Anwalt Löwenthal teilt mit, dass sich sein Mandant »wegen einer schweren Gallenoperation im Krankenhaus befindet und erst nach etwa 2–3 Monaten in der Lage sein wird, dem mündlichen Verhandlungstermin beizuwohnen«.

Seit März ist Walter zur Beobachtung in der Charité, im April muss er operiert werden. Nach der Operation stellen sich Komplikationen ein, sein behandelnder Arzt empfiehlt ihm dringend eine Nachbehandlung und eine Kur in Karlsbad. Aber der 38-Jährige nimmt sich diese Auszeit nicht. Sobald er wieder auf den Beinen steht, stürzt er sich erneut in den politischen Kampf.

Unterdessen hat in Moskau das 11. Plenum des EKKI getagt. Bei der Neuwahl der Gremien wird Walter nicht berücksichtigt. Man kann spekulieren, ob seine Abwesenheit oder seine kritische Haltung zur Komintern-Linie ursächlich ist.

Im Juni 1931 wird Walter zum zweiten Mal Vater. Wieder eine Tochter. Rose Michel, bald nur Mimi genannt, kommt in Moskau zur Welt. Sie ist noch keine vier Wochen alt, als er sie zum ersten Mal in den Armen hält. Die Weltwirtschaftskrise hat Deutschland im Griff, das Heer der Arbeitslosen nimmt stetig zu, und in der KPD-Führung wird um den rechten Kurs gestritten. Es existiert ganz offenkundig keine klare Strategie, wie mit den aktuellen politischen Problemen konstruktiv umgegangen wird. So haben zum Beispiel die Nazis, die Deutschnationalen und der Stahlhelm im April mit einem Volksbegehren einen Volksentscheid zur Auflösung des 1928 gewählten Preußischen Landtages durchgesetzt. Die Absicht ist offenkundig: Bei Neuwahlen erhoffen sich die Faschisten einen bedeutenden Stimmenzuwachs und eine Beseitigung der SPD-geführten Koalitionsregierung. Eine Mehrheit in der KPD-Spitze erklärt sich gegen dieses durchschaubare Manöver der Rechten und lehnt darum einen Volksentscheid ab – trotz aller Kritik an der Politik der Sozialdemokratie in Preußen. Doch einige, die den Sturz der Landesregierung wünschen, ignorieren den Mehrheitswillen und intrigieren. Am 15. Juli schreibt Heinz Neumann an das EKKI, das Politbüro werde vermutlich auf seiner nächsten Beratung die Teilnahme am Volksentscheid beschließen und begründet das damit, dass die KPD aus der dann folgenden Landtagswahl in Preußen als Sieger hervorgehen werde. Walter, der dieses Schreiben wie auch die völlig illusionäre Lagebewertung Neumanns nicht kennt, wird nun in Moskau im EKKI konsultiert. Dessen Chef Manuilski teilt dessen realistische Lageeinschätzung und teilt die inzwischen neuerlich in Berlin getroffene Entscheidung, dass die KPD sich nicht am Volksentscheid beteiligen werde – womit Neumanns Schreiben sich als das erweist, was es war: Stimmungsmache mit Absicht, also eine Intrige.

Allerdings hat Manuilski die Rechnung ohne Stalin gemacht. Der setzt durch, dass zunächst das EKKI und dann die KPD-Führung ihre Haltung zum Volksentscheid revidiert. Nunmehr ruft die Partei ihre Mitglieder und Sympathisanten dazu auf, sich doch am 9. August am Volksentscheid zu beteiligen und für die Auflösung des Preußischen Landtags zu stimmen.

Rosa Michel, gebürtige
Polin Maria Wacziarg,
in Deutschland als
»Wegner« registriert,
Aufnahme 1929

Abgesehen davon, dass die erforderliche Stimmenzahl nicht erreicht wird und die Regierung im Amt bleibt: Der Schaden für die Partei – und das hat Walter geahnt und darum auch befürchtet – ist verheerend. In weiten Teilen der Arbeiterklasse und bis hinein in das linksbürgerliche, liberale Lager, das kritisch zur Entwicklung der Nazibewegung steht, hat dieses Lavieren den Eindruck entstehen lassen, dass die Partei mit den Nazis paktiere. Egal, wie oft sie sich Straßenschlachten lieferten. Pack schlägt sich, Pack verträgt sich, sagt der Volksmund. Das Narrativ der angeblichen Bündelei von Kommunisten und Faschisten existiert bis heute – was natürlich mit Vorsatz gepflegt wird, um die tatsächliche Bündelei der Rechten mit dem Bürgertum zu verdrängen. Noch 2008 schreibt der *Spiegel* von einer »dubiosen Allianz«, die damals die Kommunisten mit den Nazis in Preußen eingegangen seien.

In diesen Monaten bemüht sich die Justiz ungemindert, Walter vor die Schranken des Gerichts zu bekommen, die Polizei stellt ihm nach, durchsucht wiederholt sein leeres Büro im vierten Geschoss des Karl-Liebknecht-Hauses, observiert die Hainstraße 5 unweit der Spree in Niederschöneweide und klingelt an der Tür von Frau Wegner. Das ist die Wohnung von Rosa und Walter und ihrer gemeinsamen Tochter. Für die deutschen Behörden heißt die gebürtige Polin Maria Wacziarg »Wegner«. Siebzehnjährig war sie 1920 in die französische KP eingetreten, später Mitarbeiterin der Kommunistischen Jugendinternationale in Moskau, wo sie Walter kennenlernte. Die Liebe ist seither nicht erloschen, wie die Existenz von Mimi beweist, im Gegenteil. Sie war, wie sich mit dem Kalender leicht errechnen lässt, im Oktober während des Urlaubs in Kroatien im Oktober 1930 gezeugt worden.

Auch in Leipzig schaut die Polizei regelmäßig bei Martha Ulbricht vorbei und erkundigt sich scheinheilig bei der elfjährigen Dora, ob denn der Papa da sei, und ob sie wisse, wann er nach Hause käme.

Aber die Ausdauer der Ermittlungsbehörden – oder sollte man es Verfolgungswahn nennen? – führt zum Erfolg. Vielleicht hat Walter dieses Katz-und-Maus-Spiel auch satt. Im fünften Anlauf kommt es Ende September 1931 zur Hauptverhandlung, der Angeklagte erscheint im Reichsgericht zu Leipzig. Aber er kommt nicht allein. Der Saal ist bis auf den letzten Platz besetzt, draußen warten Hunderte auf Einlass und werden schließlich von der Polizei vertrieben. Auch Pressevertreter sind gekommen, sogar Korrespondenten aus dem Ausland. Walter ist nicht irgendein

Nobody, sondern ein führender Funktionär der deutschen und internationalen kommunistischen Bewegung und Reichstagsabgeordneter.

Und er weiß die Bühne zu nutzen. Seine Verteidigung ist ein Angriff. Nicht frei von Sarkasmus erklärt er, dass es nach dieser Anklage wohl nichts gebe, »was nicht als Hochverrat angesehen werden könnte. Was ist eigentlich nicht Hochverrat, wenn schon die Aufforderung zum politischen Kampf für Lohn und Brot darunterfallen soll?«

Man wirft ihm Zitate aus seinen Reden und Artikeln vor, unterstellt, »dass das Ziel der KPD wäre, in absehbarer Zeit in Deutschland eine Diktatur des Proletariats nach russischem Vorbild zu errichten«.

In seinem Schlusswort verweist Walter auf das seit 1871 geltende Reichsstrafgesetzbuch, das das Kaiserreich überdauert hat. (Es wird noch weitere Brüche überstehen und gilt im Wesentlichen bis heute.) Der Angeklagte erinnert an die unter Bismarck verhängten Sozialistengesetze. »Wenn hier noch auf Gesetzen von 1871 geurteilt wird, dann hat sich doch eins geändert: Damals wurden Sozialdemokraten verurteilt, heute beschließen Sozialdemokraten, dass die Kommunisten vor das Reichsgericht müssen.«

Wegen Vorbereitung zum Hochverrat mit hochverräterischen Artikeln verurteilt der 63-jährige Reichsgerichtsrat Dr. Alexander Baumgarten Walter Ulbricht zu zwei Jahren und neun Monaten Festungshaft. Baumgarten hatte im Jahr zuvor an gleicher Stelle beim sogenannten Ulmer Reichswehrprozess geurteilt und dabei Hitler als Zeugen vernommen. Der hatte damals erklärt, die NSDAP strebe ausschließlich mit legalen Mitteln zur Macht, aber wolle »in dem Augenblick, wo uns das gelingt, den Staat in die Form [...] gießen, die wir als die richtige ansehen«. Diese Ansage des vereidigten Parteiführers galt als Legalitätseid und beruhigte die Massen. Niemand jedoch fragte: Welche Staatsform galt in den Augen der Faschisten als »die richtige«?

Wenige Wochen nach Walter verurteilt das Reichsgericht Carl von Ossietzky im sogenannten Weltbühnenprozess wegen Landesverrats zu anderthalb Jahren Haft. Ossietzky hatte als Herausgeber der Wochenschrift einen Text über den heimlichen Aufbau einer deutschen Luftwaffe verantwortet und damit angeblich militärische Geheimnisse verraten. Die Nazis sperrten ihn ins KZ, nachdem sie »legal« an die Macht gekommen waren und den Staat in ihre Form gegossen hatten. Die demokratische Welt ehrte Ossietzky 1936 mit dem Friedensnobelpreis. Der Bundesgerichtshof lehnte 1992 ein Wiederaufnahmeverfahren des Ossietzky-Verfahrens mit der Begründung ab, es gebe keine neuen Beweismittel.

Zwar muss Walter die Haft nicht antreten, weil der Präsident des Reichstages sich der Forderung des Reichsgerichts widersetzt, die bereits eingeschränkte Immunität des Parlamentariers gänzlich aufzuheben. Doch die Prozesskosten in Höhe von 385,24 Reichsmark soll er zahlen. Die Forderung wird an Walters Leipziger Adresse eingetrieben: Möbel und Klavier werden vom Amtsgericht schon im Oktober konfisziert und die Wohnung versiegelt. Martha und Dora stehen auf der Straße. Genossen zeigen sich solidarisch: Sie besorgen den beiden ein neues Quartier und lösen die Möbel aus, bevor sie unter den Hammer kommen.

Unterdessen geht die heftige politische Auseinandersetzung in der Parteispitze weiter und verbraucht Energie, die am Ende für einen entschlossenen Kampf gegen den aufkommenden Faschismus fehlt. Ultralinke Abenteurer sind der Auffassung, die Jahreswende 1931/32 werde den »revolutionärsten Winter« bringen. Die notleidenden und unzufriedenen Massen werden sich spontan erheben und den kapitalistischen Staat zu Fall bringen. Walter hingegen gehört zu den Wortführern der Gegner solcher realitätsfernen, illusionären Überlegungen. Doch als gestandener Kommunist, dem die »Geschlossenheit der Partei« über alles geht, wird der Konflikt weder nach außen getragen noch dessen Wurzel benannt: der auf dem VI. Weltkongress postulierte Sozialfaschismus und die daraus abgeleitete Politik für die Sektionen der Komintern, dass die Sozialdemokratie als Stütze des Kapitalismus und Wegbereiter des Faschismus vorrangig bekämpft werden müsse.

Auch wenn Walter persönlich diese Haltung als hinderlich für die Bildung einer breiten antifaschistischen Einheitsfront begreift, hält er an ihr fest. Zunächst geht es schließlich um die Einheit und Reinheit der eigenen Partei.

Der »revolutionärste Winter« findet natürlich nicht statt, wohl aber Ende Januar 1932 der erste Deutsche Bauernkongress. Bislang hat die Partei die Dorfbevölkerung und die Landwirtschaft kaum im Fokus, erst nachdem die Zuwächse der Faschisten eben dort bei Kommunal-, Landtags- und Reichstagswahlen erkennbar wurden, erkannte man das sträfliche Versäumnis. Mehrere tausend Bauern nehmen daran teil und werden auf die bevorstehende Reichspräsidentenwahl am 13. März eingeschworen. Nach sieben Jahren endet die Präsidentschaft des 84-jährigen Paul von Hindenburg. Die SPD will den Reaktionär und Kriegsverbrecher behalten und unterstützt – bei aller Kritik, wie es relativierend heißt – dessen Wiederwahl. Für Preußens Ministerpräsident Otto Braun (SPD) ist Hindenburg die »Verkörperung der Ruhe und Stetigkeit, von Mannestreue und hingebender Pflichterfüllung für das Volksganze«. Bekundungen wie diese sind natürlich Wasser auf die Mühlen der SPD-Gegner.

Unter den fünf Kandidaten für das höchste Amt im Staate ist auch der KPD-Vorsitzende, die Partei wirbt für seine Wahl mit der Losung: »Wer Hindenburg wählt, wählt Hitler, und wer Hitler wählt den Krieg!«

Walter eröffnet den Wahlkampf Ende Januar 1932 mit einer Rede im Berliner Sportpalast, im Reichstag nutzt er seinen Auftritt im Februar, um für den Kandidaten seiner Partei zu werben, danach tritt er noch einmal im Sportpalast gemeinsam mit Ernst Thälmann auf. »Kampf gegen die imperialistische Kriegspolitik heißt Vernichtung der Macht der Besitzer der Fabriken und des Grund und Bodens im eigenen Lande«, ruft er in den Saal. »Rüstet zum Massenkampf gegen den Feind im eigenen Lande!« Walter ist da ganz bei Karl Liebknecht, der schon vor Jahren während des Weltkrieges erkannte: »Der Hauptfeind steht im eigenen Land!«

Hindenburg verfehlt die absolute Mehrheit um ein halbes Prozent, weshalb ein zweiter Wahlgang im April nötig wird. Den Dreikampf Hindenburg-Hitler-Thälmann entscheidet der greise Monarchist mit 53,1 Prozent für sich.

Die im April stattfindenden Parlamentswahlen in fünf Ländern sind ein letzter Weckruf für alle antifaschistischen Kräfte. Überall legt die Nazipartei zu. Allein in Preußen kommt sie auf 37 Prozent, vier Jahre zuvor lag sie dort noch unter zwei Prozent. Allerdings hat sie im 423 Sitze zählenden Landtag nur 162 Mandate. Um zu regieren, braucht sie noch sechzig Abgeordnete einer anderen Partei. Die SPD mit 94 oder das Zentrum mit 67 könnte koalieren, tut es aber nicht. Die Regierung von Otto Braun amtiert darum weiter.

Dass Walter nicht nur ständig in politischer Mission unterwegs ist, sondern auch Zeit findet, sich um Freunde und Verwandte zu mühen, offenbaren private Dokumente aus jener Zeit. So gratuliert er Arthur Lewis Horner, der am 5. April seinen 38. Geburtstag feiert. Horner ist Gründungsmitglied der britischen KP, die ihn aber wegen seiner kritischen Haltung zur Gewerkschaftspolitik der Partei aus ihren Reihen ausschloss. Daraufhin reiste der walisische Gewerkschaftsführer 1931 nach Moskau, um bei der Komintern gegen

Brief Walters an seine Tochter Dora (»Mein lieber Wildfang«) in Leipzig

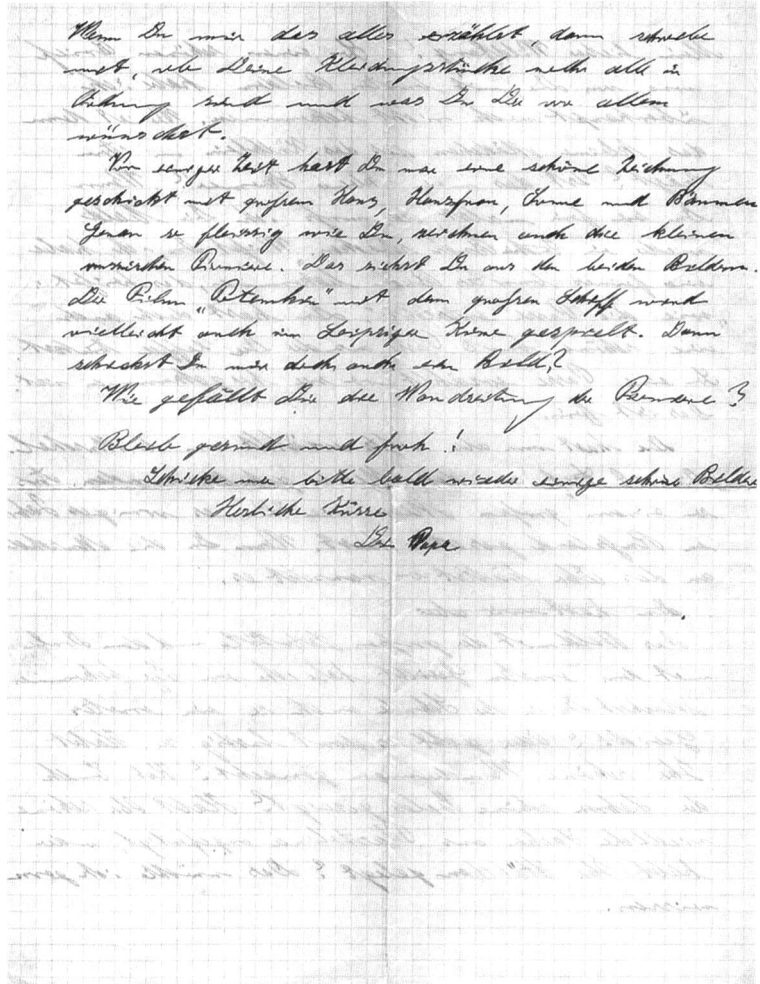

Fortsetzung des Schreibens: »Bleib gesund und froh! Schicke mir bitte bald wieder einige schöne Bildchen. Herzliche Küsse Dein Papa«

seinen Rauswurf zu klagen. Dort lernte ihn auch Walter kennen. Er teilte Horners Einwände gegen den kompromisslosen Umgang mit den Gewerkschaften, der ihnen vom VI. Weltkongress aufgegeben worden war. Das EKKI fand für die Intervention die salomonische Formel, beide Seiten hätten Fehler gemacht, womit sich Horner rehabilitiert sah. »Hearty compliments for your birthday«, schreibt Walter in schlechtem Englisch, aber mit Herzenswärme auf die Karte und zeichnet mit »Walter und Rosa Ulbricht«.

Dorle in Leipzig bekommt auch gelegentlich Post von ihm, mitunter legt er ein Kinderbuch bei, das er in Moskau auf Dienstreise bei der Verlagsgenossenschaft ausländischer Arbeiter in der UdSSR erwarb. Darunter Waldemar Bonsels' »Biene Maja und ihre Abenteuer«, das seit 1912 inzwischen in vierzig Sprachen erschienen ist. Oder »Die Rache des Kabunauri« der polnischen Schriftstellerin Helena Bobinska. Die Geschichte des georgischen Waisenjungen Niko, der sich gegen Stammestraditionen auflehnt und für die entstehende Sowjetunion einsetzt, war 1931 im Verlag der Jugendinternationale in Berlin herausgekommen. Die Nazis setzen das Buch schon bald auf die Liste des »schädlichen und unerwünschten Schrifttums«, das aus Buchhandlungen, Bibliotheken und Antiquariaten flog und ins Feuer.

Am 1. Mai 1932 eröffnet Walter mit einer Rede die Maikundgebung im Berliner Lustgarten in Sichtweite des Balkons am Hohenzollernschloss, von dem am 9. November 1918 von Karl Liebknecht die freie sozialistische Republik Deutschland ausgerufen worden war. Von der ist man aktuell Lichtjahre entfernt. Jetzt geht es um »die Herstellung einer breiten Kampffront aller antifaschistischen Kräfte gegen den faschistischen Mordterror«, ruft Walter in die Menge. Über ihm schwebt ein Transparent in flammenden Rot mit der Losung »Einheitsfront gegen Krieg, Hunger und Faschismus«.

Die KPD sei bereit, »mit jeder Organisation, in der Arbeiter vereinigt sind und die wirklich den Kampf gegen Lohn- und Unterstützungsabbau führen will, gemeinsam zu kämpfen«. So heißt es im Aufruf von KPD und RGO, der seit einer Woche verbreitet wird.

Das ZK-Plenum Ende Mai thematisiert in seltener Klarheit, was momentan vordringlich ist. Es zeichnet sich das Ende der Regierung Brüning ab, der die konservativen Kräfte – der Reichspräsident eingeschlossen – die Unterstützung verweigern. Brünings Überlegungen zur Ökonomie, etwa der Zwangsversteigerung von Agrarbetrieben und deren Aufnahme in staatlichen Auffanggesellschaften, bezeichnen die Deutschnationalen in einer Entschließung des Reichstages als »vollendeten Bolschewismus«.

Am 30. Mai tritt Brüning zurück. Die Parteiführung sieht darin eine Beschleunigung der Faschisierung und will »mit allen parlamentarischen und außerparlamentarischen Mitteln den Eintritt der Nazis in die Reichsregierung oder in die preußische Regierung verhindern«. Sie ist sogar bereit, mit der SPD und dem Zentrum einen Kompromiss zu suchen. Eine »große antifaschistische Aktion in Deutschland« soll dem Hitlerfaschismus den Weg zur Macht verlegen.

Bei der Neuwahl der Parteiführung wird Heinz Neumann nicht mehr berücksichtigt, der Ultralinke fliegt aus dem Sekretariat.

Wilhelm Pieck, wie Walter zum Kandidaten des Sekretariats gewählt, wird anderntags im Preußischen Landtag von der Nazifraktion attackiert. Das nimmt die Parteiführung zum Anlass, sich neuerlich mit einem Aufruf zur Antifaschistischen Aktion an »alle Kräfte der Arbeiterklasse« zu wenden, »um den blutigen Plan des Hitlerfaschismus zu vereiteln, der die offene faschistische Diktatur über Deutschland aufrichten will«. Walter erläutert vorm Berliner Parteiaktiv, was das heißt. Er spricht auf einer Belegschaftsver-

Trauerfeier für zwei von den Nazis ermordete Antifaschisten. Walter hält auf dem Waldfriedhof von Spandau die Rede an den Särgen, 19. Juli 1932

sammlung bei der AEG in der Brunnenstraße – er gehört der dortigen Betriebszelle der KPD an.

Später wird er über diese Tage und Wochen sagen: Wir haben uns in Berlin bemüht, die Einheitsfront zustande zu bringen. Wir haben nicht nur Angebote an die Sozialdemokratische Partei in Berlin gemacht, sondern wir haben uns an alle Gewerkschaftsvorstände in Berlin, an jeden einzelnen Gewerkschaftsvorstand gewandt.

Auch in anderen Regionen ist man aktiv. Der Parteivorsitzende trifft sich Anfang Juli mit Sozialdemokraten aus verschiedenen

Landesteilen und diskutiert offen mit ihnen begründete Fragen. Ist die Antifaschistische Aktion »ein kommunistischer Parteiladen«? Nein, sagt er, sie soll ein »überparteiliches Sammelbecken« sein. Obwohl – nicht zuletzt wegen des wachsenden Naziterrors – sich überall Bündnisse formieren, wirken erkennbar die Auseinandersetzungen zwischen KPD und SPD nach. Auf beiden Seiten. Die Gräben, die seit 1929 ausgehoben worden sind, lassen sich nicht in so kurzer Zeit schließen.

Und immer wieder dieser Nazi-Terror. Bei einem Überfall in Berlin-Spandau auf eine Zusammenkunft von Antifaschisten ermordet die SA Ferdinand Grothe und Georg Brechlin. *Der Funke* (»Tageszeitung für Recht, Freiheit und Kultur«) berichtet über die Trauerfeier am 19. Juli 1932 für die beiden, »die in der vergangenen Woche von Siemens-Nazis ermordet worden sind«. Die Demonstration wurde verboten. »Aber die Tausenden, die stumm und ernst zu dem Waldfriedhof hinausgingen, und dann zusammengedrängt dastanden auf dem Platz, auf dem die Särge aufgestellt waren, bedurften kaum der Worte der Empörung über jene Mörder und des Aufrufs zur gemeinsamen Abwehr, die die Redner fanden. Die Ereignisse selber sprachen in der Stille dieses Ortes zu jedem ihre eindringliche Sprache.«

Einer der Redner auf dem Waldfriedhof ist Walter. Er macht darauf aufmerksam, dass die Polizei lediglich zwölf Nazis verhaftet habe. »Das heißt also, dass von den 120 Mordbanditen 108 entkommen sind.«

Und er sagt auch: »Jedes Hakenkreuz ist eine freche Provokation. Es darf keine Arbeiterstraße geben, in der dieser Dreckfetzen hängt. Die Fassaden der Mietskasernen in den Arbeitervierteln gehören uns.«

In der gleichen Zeitungs-Ausgabe findet sich auch die Meldung: »Ein SA-Mann erschoss am Dienstag früh einen Reichsbannermann *(das Reichsbanner Schwarz-Rot-Gold ist der politische Wehrverband von SPD, Zentrum und DDP – F. H.)* in Recklinghausen, der mit einigen Kameraden Plakate klebte. Der Mörder Werner ist wegen Raubes vorbestraft und wurde von den übrigen Reichsbannerleuten krankenhausreif geschlagen. SA-Leute erschossen am Montagabend aus einem Auto heraus in Wesseling (Rhein) den Arbeiter Stupp, der drei Kinder hinterlässt.« Und sachlich-lapidar geht es in der im hinteren Teil der Zeitung platzierten kleinen Meldung wie beiläufig weiter: »In Memmingen verprügelten etwa 100 Nazis, die an einer Versammlung der Bayerischen Volkspartei teilnahmen, die Redner und andere Anwesende und zerstörten die Saaleinrichtung.«

Der *Völkische Beobachter*, das Zentralorgan der Faschisten, erklärt am gleichen Tage: »Gelingt es der Polizei und der Regierung nicht, den roten Terror zu brechen, müssen wir zur Selbsthilfe greifen und dabei jede gesetzliche Möglichkeit ausnutzen.«

Franz von Papen wird vom Reichspräsidenten zum Reichskanzler bestimmt. Hindenburg hatte auch mit Hitler und Göring gesprochen, die der »Regierung der nationalen Konzentration« Unterstützung zusicherten – wenn Neuwahlen stattfänden und das Verbot der SA und der SS, von Brüning im April erlassen, aufgehoben werden würde. Hindenburg akzeptierte. Am 1. Juni 1932 übernimmt das »Kabinett der Barone«, wie es in der SPD-Presse heißt, die Regierung, drei Tage später löst der Reichspräsident das Parlament auf, wie es die Nazis verlangt haben.

Am 31. Juli wird ein neuer Reichstag gewählt. Selbst am Wahltag dauern die Gewalttätigkeiten an, es sterben zwölf Personen. Allein im Juli verlieren bei Auseinandersetzungen mit den Nazis 99 Menschen ihr Leben, 1125 werden verletzt.

Am 17. Juli – einen Tag nach ihrer Zulassung – marschiert die SA mit siebentausend Mann durch Hamburg. Bei provozierten

Zusammenstößen sterben achtzehn Menschen, 285 werden verletzt. Diesen »Altonaer Blutsonntag« nimmt Hindenburg zum Anlass, mit einer Notverordnung die SPD-Regierung Braun in Preußen abzusetzen und durch einen Reichskommissar zu ersetzen. Mit diesem Staatsstreich im größten Land Deutschlands wird der Weg für einen »Neuen Staat«, eine zentralistisch geführte Nazidiktatur, geebnet.

Wie befürchtet, wird die NSDAP am 31. Juli die stärkste Partei im Reichstag. Sie hat zwar neunzehn Prozent im Vergleich zu 1930 hinzugewonnen und ihre Mandate mehr als verdoppelt, aber mit 230 (von 608) Sitzen hat sie keine Mehrheit.

Überdurchschnittliche Gewinne erzielte die Nazipartei in ländlichen Regionen, und dort besonders in katholisch geprägten Gemeinden. In Rothenburg ob der Tauber in Mittelfranken kam sie auf 81 Prozent.

Interessant aber auch: SPD und KPD erhielten zusammen so viele Stimmen wie die NSDAP. Die KPD hatte leicht zugelegt und die SPD 616 000 Wähler verloren. Das wird von den Wahlbeobachtern als Quittung für das Versagen beim »Preußenschlag« interpretiert. Anders als etwa beim Kapp-Putsch vor zwölf Jahren war auf diesen Staatsstreich, der faktisch die Weimarer Verfassung außer Kraft setzte – wie der wieder in den Reichstag gewählte Walter erklärte –, nichts passiert. Der Widerstand beschränkte sich auf papierne Proteste. Die preußischen Minister und die Führung der SPD kapitulierten, was die Partei in eine tiefe Krise stürzte.

Viele Sozialdemokraten verlassen wütend die Partei.

Franz von Papen macht indes weiter. Kurt von Schleicher, ein kaiserlicher Generalstabsoffizier und erfahrener Strippenzieher – er hat 1918 mit seinem Chef Wilhelm Groener das heimliche Bündnis mit Friedrich Ebert geschmiedet –, ist die Graue Eminenz im Kabinett Papen. Als Hindenburgs Vertrauensmann stürzte er im Frühjahr 1930 die Regierung Müller (SPD), auch unter Brüning und im ersten Papen-Kabinett zog er die Fäden. Seine abstruse Idee von einer Querfront – ein Bündnis von Rechts und Links, eine Verbindung nationalkonservativer Ideologie mit der Idee des Sozialismus wie seinerzeit im Herbst 1918 – stößt weder bei Hindenburg noch bei Hitler auf Gegenliebe. Der Kanalarbeiter Schleicher bietet der NSDAP eine Regierungsbeteiligung im zweiten Papen-Kabinett an, was der Naziführer ablehnt – Hitler fordert ein Präsidialkabinett unter seiner Führung. Die herrschenden Kreise, die sich zu Beginn des Jahres im Industrie-Club Düsseldorf mit Hitler trafen, zögern jedoch noch.

Am 30. August 1932 tritt der neue Reichstag zusammen. Die von Krankheit gezeichnete Alterspräsidentin Clara Zetkin mahnt in ihrer Eröffnungsrede mit nahezu prophetischen Worten: »Das Gebot der Stunde ist die Einheitsfront aller Werktätigen, um den Faschismus zurückzuwerfen, um damit den Versklavten und Ausgebeuteten die Kraft und die Macht ihrer Organisationen zu erhalten, ja sogar ihr physisches Leben. Vor dieser zwingenden geschichtlichen Notwendigkeit müssen alle fesselnden und trennenden politischen, gewerkschaftlichen, religiösen und weltanschaulichen Einstellungen zurücktreten.«

Walters Lebensgefährtin Rosa sieht in einem Ufa-Kino am Berliner Nollendorfplatz die »Ufa-Tonwoche«, eine wöchentlich produzierte Zusammenstellung von Filmberichten über politische, gesellschaftliche, sportliche und kulturelle Ereignisse. Die Tonwoche läuft seit 1930 vor dem Hauptfilm. Als Clara Zetkin auf der Leinwand erscheint, ruft Rosa begeistert in den Saal »Nieder mit dem imperialistischen Krieg!« Das Publikum bleibt stumm. Ihr Nachbar jedoch schlägt ihr ins Gesicht. Sie flüchtet ins Freie …

Auf der zweiten Sitzung des Parlaments, am 12. September, beantragt der Fraktionschef der KPD Ernst Torgler als erster Redner, der Reichstag möge der Regierung Papen das Misstrauen aussprechen. Bis auf 42 Abgeordnete stimmen alle zu – wobei sie von Papen aus unterschiedlichen Motiven weghaben wollen.

Die Folge: Neuwahlen am 6. November 1932.

Das Ergebnis überrascht. Die NSDAP wird zwar stärkste Kraft, verliert von allen Parteien aber die meisten Wähler. Hingegen gewinnt die KPD von allen Parteien am meisten Stimmen hinzu. Zusammen mit der zweitplatzierten SPD (121 Mandate) und ihren 100 Sitzen haben die beiden Arbeiterparteien im Parlament mit 221 Mandaten mehr als die Nazipartei (196). Allerdings braucht eine handlungsfähige Regierung eine parlamentarische Mehrheit von mindestens 293 Sitzen. Die bekommt, aus unterschiedlichen Gründen, weder die Linke noch die Rechte zusammen.

Der sozialdemokratische *Vorwärts* hat zwar nicht ganz Unrecht, wenn er – wie auch andere bürgerliche Blätter – titelt: »Abwärts mit Hitler«. Der scheinbar unaufhaltsame Aufstieg der Nazipartei scheint gestoppt.

Am 17. November demissioniert der amtierende Kanzler Franz von Papen. Drei Tage später fordern zwanzig Spitzenvertreter der Wirtschaft Hindenburg auf, Hitler zum Reichskanzler zu machen. Die schwindende Zustimmung zur Nazipartei, sichtbar am Wahlresultat, zwingt sie nun aus der Deckung und zum Handeln.

Der greise Ex-Generalfeldmarschall Hindenburg beauftragt jedoch den Ex-General Kurt von Schleicher am 3. Dezember 1932 mit der Bildung eines Präsidialkabinetts. Dessen Querfrontkonzept – die Bildung einer Regierung quer durch alle Lager – scheitert schon nach wenigen Wochen. Am 30. Januar 1933 wird Reichspräsident Hindenburg den NSDAP-Führer Hitler zum Reichskanzler ernennen.

Im September 1932, eine Woche nach dem erfolgreichen Misstrauensvotum gegen Reichskanzler von Papen, hatte der Reichspräsident die Aufhebung aller politischen Urteile verfügt. Diese Amnestie traf die Richtigen und die Falschen gleichermaßen. Walters Urteil wird annulliert – erstmals seit fast zehn Jahren kann er frei atmen, das Damoklesschwert der Justiz schwebt nicht mehr über ihm. Aber ist er wirklich frei angesichts der Wirtschafts- und der Staatskrise, angesichts des rasenden Nazi-Mobs auf den Straßen und der fortdauernden ideologischen Grabenkriege in der Parteiführung? Diese schlagen sich auch in den 37 Tageszeitungen nieder, die die KPD in ganz Deutschland herausgibt. Das aber ist nur ein Prozent aller Zeitungen, die täglich in der zerrissenen Republik erscheinen. Angesichts dieser Relation ist klar, wie schwer es ist, mit einer anderen Meinung durchzudringen.

Die Auseinandersetzung in der Parteiführung werden befeuert durch das XII. Plenum des EKKI, das in der ersten September-Hälfte in Moskau tagte. Dort war die weltfremde Linie neuerlich bekräftigt worden, dass die nächste Aufgabe der Parteien – also auch der KPD – darin bestehe, die Mehrheit der Arbeiterklasse für den Kampf um die politische Macht zu gewinnen. Und wieder wurde erklärt, dass die Sozialdemokratie die soziale Hauptstütze der Bourgeoisie sei.

Das ist eine aberwitzige und angesichts der faschistischen Gefahr eine gefährliche Politik. Zwar waren deren Protagonisten, die sich in der KPD-Führung um Heinz Neumann scharten, im Oktober 1932 auf der 3. Reichsparteikonferenz ausgeschaltet worden. Doch dieser ultralinke Geist wirkt in der Partei, aber insbesondere im Kommunistischen Jugendverband weiter nach. Die internen Auseinandersetzungen kosten viel Kraft, Zeit und Nerven, die Personaldiskussionen führen zu Umbesetzungen und Rochaden. Und dabei gibt es wahrlich Wichtigeres.

Etwa die sozialen Arbeitskämpfe, denn die wirtschaftliche Lage der meisten Arbeiter ist miserabel – nicht zu reden von den inzwischen sechs Millionen Menschen, die als arbeitslos registriert sind. Überall im Land erfolgen Arbeitsniederlegungen, das sind territorial begrenzte Arbeitskämpfe, keine flächendeckenden, schon gar kein Generalstreik. In der Woche vor der Reichstagswahl am 6. November traten etwa 22 000 Beschäftigte der Berliner Verkehrsgesellschaft (BVG) in den Ausstand. Alle Räder auf und über der Erde in der Reichshauptstadt stehen still. Anlass ist die Lohnkürzung von 14 bis 23 Pfennig pro Stunde, die die BVG mit dem Gesamtverband der Arbeitnehmer der öffentlichen Betriebe und des Personen- und Warenverkehrs ausgehandelt hat. Das nimmt die Mehrheit der Beschäftigten nicht hin – die Gewerkschaft, die sich für diese Vereinbarung hergab, vertritt nur etwa ein Viertel der Belegschaft, entscheidet aber für alle. Ein Drittel ist nicht organisiert, jeweils 1200 sind bei den kommunistischen RGO und bei der faschistischen NSBO, der Nationalsozialistischen Betriebszellenorganisation. Die Revolutionäre Gewerkschafts-Opposition hat aber, nicht zuletzt wegen der Antifaschistischen Aktion, eine breitere Basis als alle anderen. Überall existieren Einheitsausschüsse. Diese hatten auch eine Urabstimmung über einen Arbeitskampf durchgesetzt. Für den Streik stimmten fast fünfzehntausend Beschäftigte, also eine Dreiviertelmehrheit. Am 2. November wurde eine zentrale Streikleitung gewählt – in die es allerdings auch zwei Mitglieder der NSBO schafften. Diese Tatsache nahm die KPD, in deren Händen im Wesentlichen die Führung des von ihr als politischen Arbeitskampf verstandenen Streiks lag, billigend in Kauf.

Die Nazipartei engagierte sich aus taktischen Erwägungen und schlachtete den Streik für sich propagandistisch aus: Gauleiter Goebbels erhoffte sich einen Einbruch ins Lager der Proletarier. Er sieht darin eine Gelegenheit, vor der Reichstagwahl am 6. November der Öffentlichkeit sozialpolitischen Radikalismus zu demons-

Die Bundesgenossen

Hitler und Thälmann als Bundesgenossen, »Nazis« und »Kozis« im Gleichschritt beim BVG-Streik: eine bis heute zweckdienlich bediente Behauptung. Die unzulässige Gleichsetzung widerlegt der jüdische Philosoph Avishai Margalit mit der sehr einfachen, aber schlüssigen Formulierung, dass Menschen aus moralischen Motiven Kommunisten würden, was sich unmöglich vom Faschismus behaupten ließe

trieren. Diese Rechnung soll, wie das Wahlergebnis zeigt, nicht aufgehen.

Wohl aber passiert etwas anderes: Die KPD wird insbesondere von der SPD und ihrer Presse der Nähe zu den Nazis geziehen. Der *Vorwärts* meint, am Lohnstreik würde »kommunistische und nationalsozialistische Parteisuppe« gekocht werden, nennt ihn gar »wilden Streik«. Noch Jahrzehnte später wird ihn der bürgerliche Historiker Heinrich August Winkler ein Paradespiel einer antirepublikanischen Einheitsfront der »Nazis« und »Kozis« nennen. Das bundesdeutsche Nachrichtenmagazin *Der Spiegel* wird 2008 von einer »Kooperation zwischen Braun und Rot« schwadronieren. Den historischen Fakten widersprechend heißt es (nicht zum ersten und wohl auch nicht zum letzten Mal): Den Ausstand hätten KPD und NSDAP organisiert. »Dahinter zogen Walter Ulbricht, der KPD-Chef Berlins und spätere DDR-Gründer, sowie Joseph Goebbels, der Berliner Gauleiter der NSDAP, die Strippen.«

Reichskanzler Franz von Papen denunziert den Streik im Rundfunk als »Verbrechen gegen die Gesamtheit der Nation«, kündigt die »Ausrottung des streikhetzerischen Bolschewismus« und den Einsatz aller »Machtmittel des Staats« an. Er lässt von der Polizei die meisten Streiklokale besetzen und mehr als fünfhundert Streikposten sowie die Verhandlungskommission der Streikleitung verhaften.

Dabei kommt es zu schweren Zusammenstößen, bei denen drei Arbeiter getötet und viele verletzt werden. Hitler zieht seine SA zurück, um den Eindruck zu bekräftigen, seine Partei strebe auf legalem demokratischen Wege in die Reichskanzlei.

Derart eingeschüchtert, nimmt am Tag nach der Reichstagswahl die Hälfte der Streikenden die Arbeit wieder auf. Es folgen die ersten tausend fristlosen Kündigungen durch die BVG-Direktion – damit entfällt der Anspruch auf eine karge Arbeitslosenunterstützung.

Auch bei den Kommunalwahlen in Sachsen, die eine Woche nach den Reichstagswahlen stattfinden, fährt die Nazipartei Verluste ein. Ihr Aufstieg ist nicht nur erkennbar gestoppt, sondern ihr Einfluss wird zurückgedrängt: Die Antifaschistische Aktion, die parteiübergreifende antifaschistische Einheitsfront, für die Walter bis zur Erschöpfung im Wahlkampf geworben hat, beginnt zu wirken. In Zwickau verliert die NSDAP 34, in Plauen 20, in Chemnitz 13 Prozent. In der Naziführung und bei den Kräften, die sie stützen, beginnen die Alarmglocken zu läuten …

1932 lernte die damals vierjährige Elfriede Eichhorn Walter Ulbrichts Vater kennen. Der Bruder ihres Vaters hatte gemeinsam mit Erich Ulbricht, Walters Bruder, die Bandagistenlehre in Leipzig absolviert und keine Anstellung gefunden. Beide erwogen damals, in die Sowjetunion zu gehen, doch weil dort keine Orthopädiehandwerker gebraucht wurden, entschlossen sie sich, jenseits des Großen Teichs ihr Glück zu versuchen. Herbert Eichhorn ging Mitte der zwanziger Jahre, bald folgten ihm Erich Ulbricht und dessen Frau Erna nach. Der alte Schneidermeister Ernst Ulbricht, so berichtete Elfriede Eichhorn später, lebte mit seiner zweiten Frau im Naundörfchen. »Hinter dem wuchtigen Bau der Hauptfeuerwache am Fleischerplatz gelangten wir über eine schmale Brücke in eine richtige Dorfstraße, wie ich sie von Besuchen bei Verwandten in der Marthastraße im Osten Leipzigs kannte. Kleine, meist eingeschossige Häuser, viele mit Fachwerk, reihten sich aneinander, eben das ehemalige Naundorf, das vormals westlich außerhalb der Leipziger Stadtmauern lag. Es war eine Arme-Leute-Gegend.«

Auch Walters Schwester Hildegard, die mit dem Jugendführer der IG Bau und späteren Stadtpräsidenten von Lübeck, Niedorf, in Berlin lebt, ist oft mit ihrer Tochter Luise im Naundörfchen zu Besuch. Für die Kleine ist der Garten der Großeltern ein zweites Zuhause: »Opas Wohnhaus, in dem er mit seiner zweiten Frau lebte, befand sich hinter einem massiven Tor am Ende der Straße. Das verhältnismäßig abgeschlossen Areal wurde auch von den Hausgärten der Wohngebäude in den Nebenstraßen begrenzt. Und ich entsinne mich der riesigen alten Bäume, die dort standen.«

Im Frühjahr 1933, Elfriede Eichhorn besuchte wiederholt den Schneidermeister Ulbricht, lernte sie dort auch Erich Ulbricht, dessen Frau Erna und ihre Tochter Eleanor kennen, die aus Amerika zu Besuch gekommen waren. Die beiden Mädchen waren etwa gleich alt. »Für mich als Fünfjährige war das ein außer-

Bruder Erich und dessen Frau Erna, seit einigen Jahren in den USA lebend, besuchen mit Tochter Eleanor Vater Ernst Ulbricht in Leipzig

Mittwoch, 17. Oktober 1973 / Nr. 242

NAMEN des Tages

HILDEGARD NIENDORF — Die einzige Schwester des ehemaligen DDR-Staatsratsvorsitzenden Walter Ulbricht ist jetzt im Alter von 74 Jahren in Bad Segeberg gestorben. Frau Niendorf, die als Korrektorin in der mittelholsteinischen Kreisstadt tätig war, hatte über 40 Jahre lang keinen Kontakt zu ihrem Bruder. Erst wenige Tage vor dem Tod Ulbrichts im August dieses Jahres besuchte sie ihn in Ost-

Die Meldung in der Lokalpresse zum Tod von Ulbrichts Schwester Hildegard verschwieg, was nicht einmal die Begünstigten in der DDR wussten: Die Pakete aus den USA leitete sie konspirativ weiter

gewöhnliches Ereignis, kamen sie doch aus dem fernen und für mich wunderbaren Amerika, wovon mir meine Großmutter nach ihrer ersten Reise viel erzählt hatte. Aus den Gesprächen der Erwachsenen ist mir in Erinnerung, dass Erich Ulbricht länger als geplant in Leipzig bleiben musste, weil er seinen Pass verloren hatte. Davon sprach mein Vater später wiederholt und mutmaßte, dass dieser Verlust zu diesem Zeitpunkt nicht zufällig gewesen sein könnte. Die Nazis waren an der Macht, und Erichs Bruder – Walter Ulbricht – wurde bereits steckbrieflich gesucht. Vater Ernst Ulbricht, quasi in Mithaftung genommen, war als Schneider entlassen worden. Wohl auf Veranlassung von Erich ließ sich deshalb mein Vater, damals Arbeiter im Telegrafenbauamt Leipzig, im Sommer 1933 erst- und letztmalig in seinem Leben eine Hose daheim anmessen und nähen. Ich erinnere mich an den Schneidermeister Ernst Ulbricht als einen mittelgroßen schmalen, etwas gebeugten, sehr stillen Mann.« Auch andere ehemalige Mitglieder des Kommunistischen Jugendverbandes in Leipzig kamen aus Solidarität mit dem arbeitslosen Ernst Ulbricht zu neuen, maßgeschneiderten Hosen, so Elfriede Eichhorn.

Nach dem Krieg sollte sie es auch noch mit Erichs und Walters Schwester Hildegard Niendorf zu tun bekommen. Seit 1946 erhielt ihre Mutter – Vater Rudolf Eichhorn war im Krieg geblieben – regelmäßig Care-Pakete aus den USA, Absender war Elfriedes Onkel Herbert, der Freund von Erich Ulbricht. »Nach der Gründung der DDR 1949 wurden dafür Zollgebühren erhoben. Wir mussten mit dem schmalen Verdienst meiner Mutter als Reinigungskraft und 150 Mark Stipendium auskommen. Als wir Herbert Eichhorn das mitteilten, kam er auf einen Trick: Er schickte fortan seine Hilfslieferungen an eine Hildegard Niendorf in Bad Segeberg. Das lag in Schleswig-Holstein und in der Bundesrepublik. Sie musste für die Pakete aus den USA keinen Zoll entrichten, und der Postverkehr zwischen der BRD und der DDR war ebenfalls zollfrei. Nunmehr bekamen wir und auch andere Verwandte und Bekannte von Onkel Herbert in der DDR die uns zugedachten Sendungen auf diesem Wege. Obwohl ich mich stets bedankte, erhielt ich nie eine Antwort, was mich verwunderte. Fast fünfzig Jahre später erst erfuhr ich, dass diese Hildegard Niendorf in Bad Segeberg die Schwester von Erich und Walter Ulbricht war. Sie wird wohl ihre Gründe gehabt haben, sich uns gegenüber ein wenig konspirativ verhalten zu haben.« So Elfriede Leymann, geborene Eichhorn, im 2013 publizierten Band »Walter Ulbricht«.

Exil und Widerstand

Brüning – Papen – Schleicher – Hitler:
Am 30. Januar 1933 beginnen die Nazis,
den »Marxismus mit Stumpf und Stiel
auszurotten« und den »Krebsschaden der
Demokratie« zu beseitigen. Das Tausend-
jährige Reich verübt Staatsterror nach innen
und außen. Walter geht ins Exil und schmie-
det eine antifaschistische Einheitsfront

Nach dem Rücktritt Franz von Papens und der Inthronisation Kurt
von Schleichers heißt es in der sozialdemokratischen Presse, die
faschistische Gefahr sei gebannt, zumal die neue Regierung einige Notverordnungen aufhebt und andere einschränkt. Der ehemalige Reichswehr-General wird getragen von der Chemie- und der
Schwerindustrie. Doch nichts ist gebannt. Im Gegenteil. Zu Beginn
des Jahres verhandeln in Köln im Haus eines Bankiers Hitler und
von Papen – im Beisein eines Staatssekretärs des Reichspräsidenten
und dessen Sohn, Oskar von Hindenburg – eine gemeinsame
Regierungsübernahme. Es soll eine »Nationale Regierung« werden von Konservativen, Deutschnationalen und Nationalsozialisten
unter Führung von Hitler und einem Vizekanzler Franz von Papen.
Drei Tage später konferieren mit gleicher Absicht Hitler, Göring
und Heß in Berlin mit »Führern der Wirtschaft«.

Provokation vor dem Berliner Karl-Liebknecht-Haus am 22. Januar 1933:
Die Nazis marschieren in Kolonnen auf und belagern die Parteizentrale

In der Neujahrsbetrachtung des *Vorwärts* hatte man – in völliger Verkennung der Lage – bereits das Totenglöckchen geläutet: »Bei der Hochfinanz, bei Schwerindustrie und Großgrundbesitz hat der Hitlerismus schon seit längerer Zeit abgewirtschaftet.« Immerhin ist man sich bewusst, dass die Nazipartei nicht aus dem Nichts gekommen ist und unabhängig von den tatsächlich Mächtigen in diesem Lande existiert. Für Walter und seine Genossen ist das Schleicher-Kabinett vom ersten Tag an ein »Platzhalter-

Drei Tage später folgt an gleicher Stelle die Reaktion. Vier Stunden steht
Walter (Vierter von links) bei minus 18 Grad und zieht sich eine Lungenentzündung zu

kabinett«, eine weitere Übergangsregierung zur offenen faschistischen Diktatur. Und draußen auf den Straßen tobt der Terror
unvermindert. In den beiden Wochen zwischen dem 8. und 23. Januar überfallen Nazischläger an die achtzigmal Zusammenkünfte
von Antifaschisten. Elf Menschen sterben, etwa dreihundert werden verletzt.

Die Partei macht mobil. In Bochum, Dortmund, Essen, Hamburg, Kassel, Leipzig, Stettin, Stuttgart und an vielen anderen
Orten gehen die Menschen auf die Straße und fordern »Fort mit
der Schleicher-Regierung und jedem faschistischen Regiment!«
und »Schluss mit dem braunen Mordterror!« In Berlin versammeln sich am 4. Januar mehr als hunderttausend Menschen
im Lustgarten, und am 15. Januar ziehen in Eiseskälte achtzehn

Züge von kommunistischen, sozialdemokratischen und parteilosen Arbeitern zu den Gräbern von Karl und Rosa.

Eine Woche später provozieren die Nazis vorm Karl-Liebknecht-Haus. Unter starkem Polizeischutz marschieren SA-Kolonnen vor der KPD-Zentrale auf – die Berliner Arbeiterschaft reagiert mit neunzehn Gegendemonstrationen rund um den Bülowplatz, die von der Schutzpolizei gewaltsam aufgelöst werden.

Drei Tage später, am 25. Januar, organisiert die Partei eine antifaschistische Kundgebung. Vier Stunden lang marschieren etwa 130 000 Berlinerinnen und Berliner bei minus 18 Grad und scharfem Wind über den Bülowplatz und bekunden ihre Entschlossenheit, den Faschismus abzuwehren. Die Kolonnen, die in Blöcken aus verschiedenen Stadtbezirken ins Zentrum marschieren, werden von der Parteiführung begrüßt – auch Walter steht stundenlang auf der zugigen Tribüne. Die Änderung der Losung an der Fassade, die aus Angst vor einem Parteiverbot vorgenommen wurde, kritisiert er übellaunig. Anstelle der Forderung nach einer Arbeiter- und Bauernrepublik heißt es nunmehr etwas verschwommener »Deutschland den Arbeitern und Bauern«.

Die Stunden in der Eiseskälte bekommen ihm nicht. Bereits auf dem Nachhauseweg merkt er das Kratzen im Halse, er hustet und bekommt alsbald auch Fieber. Er hat sich erkältet. Der Arzt, der ihn untersucht, stellt eine Lungenentzündung fest. Krankenhaus? Er winkt ab. Zu riskant für seine Sicherheit, dann lieber zu Hause ins Bett. Aber auch dort ist er nicht sicher. Mit Walters Zustimmung eilt Rosa zu einer Sitzung ihrer Betriebszelle. Sie verspricht schnell zurückzukommen, in ihrer Hilflosigkeit weiß sie nichts Besseres, als ihm einige Bonbons zum Lutschen zu geben. Walter liebt Süßes. Als am 28. Januar Kanzler Schleicher demissioniert, weiß er, was die Glocke geschlagen hat. Am 30. Januar – Hindenburg hat Hitler die Regierungsgeschäfte übertragen – überbringt der fiebernde Walter im Auftrag des Zentralkomitees dem Parteivorstand der SPD in der Lindenstraße 2–4 die schriftliche Botschaft, gemeinsam mit der KPD, dem ADGB, dem Allgemeinen freien Angestelltenbund und den christlichen Gewerkschaften den Generalstreik auszurufen und damit die faschistische Regierung zum Rücktritt zu zwingen, ehe sie angetreten ist. Die Führungen der SPD und der Gewerkschaften lehnen ab.

Die vielleicht letzte Chance, die Weimarer Republik vor dem Untergang zu retten, ist damit vertan. Die bürgerliche Demokratie, die vor vierzehn Jahren auf das reaktionäre, imperialistische Kaiserreich folgte, war nicht die Gesellschaftsform, von der Kommunisten wie Walter träumten. Aber im Vergleich mit dem nun drohenden faschistischen Regime, das Terror nach innen wie außen verhieß, war die bürgerliche Republik allemal besser.

Mit der S-Bahn fährt Walter nach Hermsdorf, einem Ortsteil von Reinickendorf im Norden Berlins. Die Partei hat sich auf die Illegalität vorbereitet, denn Hitler hat angekündigt, den Marxismus mit Stumpf und Stiel ausrotten zu wollen. Was dieses Programm bedeutet, ist jedem klar, der die Blut- und Mordtaten der Nazischläger in den letzten Jahren erleiden und erleben musste. Es gibt eine Reihe vorbereiteter konspirativer Quartiere, von denen nur die Betreffenden wissen. Nicht einmal Rosa weiß, wo Walter untertauchen wird. In ihrer eigenen Wohnung hält sich Erna auf, die Frau von Walters älterem Bruder Erich. Der hatte bereits vor fünf Jahren Leipzig verlassen und in New York als Bandagist Fuß gefasst, seine zehn Jahre jüngere Frau kam später nach. Sie sind besuchsweise mit der ältesten Tochter Eleanor in der alten Heimat. (Erna und Erich Ulbricht werden in den USA drei Kinder bekommen und später, so wird Erich es 1961 dem *Stern* berichten, eine Zeitlang wegen seiner Verwandtschaft vom FBI observiert werden.)

Bereits am 1. Februar löst der Reichspräsident den Reichstag auf und legt den 5. März als Termin für die Neuwahl fest. Fünf Wochen sollen die Parteien um die Zustimmung der Wähler werben.

Überall im Land protestieren in der ersten Februar-Woche Tausende Menschen gegen die Übergabe der Regierungsmacht an die Nazis. Die SPD ruft zu einer großen Kundgebung in den Berliner Lustgarten am 7. Februar. Etwa zweihunderttausend Berlinerinnen und Berliner versammeln sich dort und müssen erleben, dass der Vertreter der KPD von SPD-Funktionären am Reden gehindert wird. Zwar erklären sie sich für die Arbeitereinheit im Kampf gegen die faschistische Diktatur – aber Kommunisten wollen sie nicht dabeihaben. Die Begründung liefert anderntags der *Vorwärts*: Man habe Kommunisten nicht sprechen lassen, um nicht Gefahr zu laufen, dass die Polizei dies als Provokation aufgefasst und die Kundgebung aufgelöst hätte. Außerdem sei der Lustgarten nicht der Platz für Diskussionen über die Einheitsfront.

Historiker waren sich später einig: Der Sturz des Regimes wäre in den ersten Tagen durch kollektive Anstrengungen aller antifaschistischen Kräfte in und außerhalb der Parteien möglich gewesen. Doch wechselseitige Vorurteile, ideologische Verblendung, nicht zuletzt tief wurzelnder Antikommunismus und die Ablehnung des Reformismus, verhindern dies. Auch in den bürgerlichen Parteien blockieren Ressentiments gegenüber den Linken die Einsicht, dass der Hitlerfaschismus der Totengräber der Demokratie ist. Der ist eben nicht, wie man in vielen Kreisen meint, ausschließlich der Todfeind des Kommunismus, den auch sie für ihren Feind halten. Der Literaturnobelpreisträger Thomas Mann, einer der bedeutendsten deutschen Dichter, kommentierte diese Haltung in einer Rundfunkansprache 1946: »Ich glaube, ich bin vor dem Verdacht geschützt, ein Vorkämpfer des Kommunismus zu sein. Trotzdem kann ich nicht umhin, in dem Schrecken der bürgerlichen Welt vor dem Kommunismus, diesem Schrecken, von dem der Faschismus so lange gelebt hat, etwas Abergläubisches und Kindisches zu sehen, die Grundtorheit unserer Epoche. Der Kommunismus ist als Vision viel älter als der Marxismus und enthält auch wieder Elemente, die erst einer Zukunftswelt angehören.«

Am 7. Februar trifft sich, von Walter organisiert, illegal das Zentralkomitee im Sporthaus Ziegenhals bei Zeuthen. Walter kennt den Betreiber des Ausflugslokals im Südosten Berlins. Wilhelm Mörschel ist ein verlässlicher Genosse. Konspirativ werden die einzelnen Funktionäre von verschiedenen Treffpunkten in Berlin aus mit Bahn, Bussen oder PKW von Personenschützern zum Tagungsort gebracht. 37 schaffen es bis Ziegenhals. Die Zusammenkunft wird von drei Gruppen zuverlässiger Parteimitglieder weiträumig gesichert. Der Parteivorsitzende referiert. Und schenkt gleich zu Beginn reinen Wein ein: »Der Kampf, der vor uns liegt, ist der schwerste, den die Partei zu bestehen hat. Er kann nicht verglichen werden mit den Jahren seit 1923.« Es werde »Masseninternierung in Konzentrationslagern, Lynchjustiz und Meuchelmorde« geben. »Schon die ersten Taten der Hitlerregierung beweisen den ganzen tiefen Ernst der Situation. Es wäre ein Verbrechen, irgendwelche legalistischen Illusionen in unseren Reihen zu dulden. Wir müssen in der ganzen Arbeiterschaft darüber Klarheit schaffen, dass es wahrscheinlich keine andere Art der Ablösung dieser Regierung geben kann als ihren revolutionären Sturz.«

Die Beseitigung dieser reaktionären Regierung sei nicht gleichbedeutend mit der »proletarischen Revolution«, schiebt Thälmann nach. Das seien ganz unterschiedliche Dinge. Dann formuliert der KPD-Chef die nächsten Aufgaben. An erster Stelle steht natürlich »die Sicherung der Partei«, an zweiter die »Konzentration aller Kräfte auf die Entfaltung jeder Form des Massenwiderstandes, der Massenaktionen und Massenkämpfe gegen die faschistische Diktatur«. Thälmann spricht fast vier Stunden lang, emotional und laut. Da im Lokal nebenan Besucher sitzen, die jedes Wort hören können, ermahnt ihn Walter immer wieder, sich zu bremsen.

Doch Thälmann kann seine Rede nicht beenden, Walter muss ihn unterbrechen und die Zusammenkunft kurz vor zwanzig Uhr schließen. Die Sicherungsgruppen haben verdächtige Personen festgestellt, die die Tagung bemerkt haben. Zwei Männer im Schankraum, offenkundig Spitzel, haben die Kneipe verlassen, bekommt Walter auf einem Zettel mitgeteilt. Der Verdacht ist begründet, dass es sich um Informanten der Nazis handelt. Walter handelt umgehend. Als zwei Stunden später die SA eintrifft, ist das Lokal in der Seestraße 27 leer. Über den Crossinsee mit Zugang zur Dahme sind etliche Tagungsteilnehmer mit Booten längst nach Berlin zurückgekehrt, einige nutzten die Straße.

Walter muss sich auf dem Heimweg die Vorwürfe des Parteivorsitzenden anhören, weil er die Tagung abgebrochen habe. Nicht zum ersten Mal wird er registrieren müssen, dass seine analytische Beschreibung der aktuellen Gefahren nicht zwingend zu persönlichen Konsequenzen führt. Thälmann lehnt es ab, das Land zu verlassen – am Nachmittag des 3. März, zwei Tage vor der Reichstagswahl, wird er mit drei seiner engsten Mitarbeiter verhaftet. Hans Kippenberger, Leiter des Militärpolitischen Apparates der KPD, nennt es eine »Katastrophe und Schande vor der ganzen Internationale«. Um 15.30 Uhr nahm die Schutzpolizei vom 121. Charlottenburger Polizeirevier Ernst Thälmann in der Lützower Straße 9 fest. Dieses formal illegale Quartier bei der Familie Kluczynski nutzt der Parteivorsitzende bereits seit einigen Jahren, was auch Kluczynskis Gartennachbar in Berlin-Gatow, Hermann Hilliges, wusste. Der hatte, um Geschäftsführer der Spandauer Kleingärtner zu werden, den Aufenthaltsort verraten. In einem nach dem Krieg aufgefundenen Schreiben hatte er sich seinerzeit gerühmt, dass »ich den Führer der KPD, Ernst Thälmann, durch meine Beobachtung der Gestapo aushändigen konnte«. Aufgrund dieses Schreibens war er am 11. Juli 1945 von den britischen an die sowjetischen Militärbehörden übergeben worden. Das NKWD hatte ihn zuvor schon verhört, aber nichts nachweisen können. Erst dieser Brief überführte ihn. Hilliges soll in der U-Haft Selbstmord begangen haben ...

Walter schreibt noch einen Beitrag, der am 15. Februar sowohl in der *Sächsischen Arbeiter-Zeitung* als auch in der Bremer *Arbeiter-Zeitung* unter der Überschrift »Alles für die antifaschistische Einheitsfront!« erscheint. Die einzige Bedingung für den Schulterschluss solle sein: der Wille zum Kampf gegen den gemeinsamen Klassenfeind.

Die ersten Schläge der neuen Regierung richten sich gegen alle demokratischen Kräfte, in erster Linie aber gegen die KPD. Kundgebungen und Demonstrationen unter freiem Himmel werden untersagt, Druckschriften und Zeitungen verboten und beschlagnahmt, am 23. Februar war das Karl-Liebknecht-Haus von der Polizei besetzt und durchsucht worden. Am Tag zuvor hatte Reichstagspräsident Göring als kommissarischer Innenminister Preußens angeordnet, die bewaffneten Formationen von SA, SS und Stahlhelm in Preußen als Hilfspolizei einzusetzen. Sie erhielten Befehl, rücksichtslos von der Schusswaffe Gebrauch zu machen. In allen Städten wurden Gefängnisse und Folterkeller hergerichtet. Auch Büros der Sozialdemokraten, der Gewerkschaften und der Roten Hilfe wurden gestürmt und geplündert, Antifaschisten festgehalten und misshandelt.

Walter organisiert die letzte Kundgebung der KPD mit etwa 15 000 Teilnehmern im Berliner Sportpalast für die bevorstehende Reichstagswahl. Wilhelm Pieck wird, bevor er seine Rede beenden kann, von der Polizei vom Rednerpult gezerrt. Diese besetzt und schließt das Karl-Liebknecht-Haus danach endgültig.

Am 27. Februar kommt noch einmal das Politbüro zusammen. Anderntags, gegen 21 Uhr, steht das Gebäude des Reichstags in Flammen. Unmittelbar danach rollt die Terrorwelle an, noch in der Nacht werden etwa anderthalbtausend Personen in Berlin verhaftet, im ganzen Land sind es etwa zehntausend. Hindenburg setzt mit einer Notverordnung (»zum Schutz von Volk und Staat«) die Weimarer Verfassung, auf die Hitler vereidigt worden war, außer Kraft. Alle bürgerlichen Grundrechte werden aufgehoben, blutige Gewalttaten und Ausschreitungen legalisiert – es folgen in wenigen Wochen 460 Sondergesetze und Verordnungen, mit denen der Staatsterror etabliert wird.

Die Reichstagswahl am 5. März ist eine Farce. Es gab zuvor massive Einschränkungen des Wahlkampfes von SPD und KPD: Demonstrationen waren untersagt, es erfolgten massive Übergriffe, Zeitungen wurden verboten, Wahlplakate überklebt, die Wähler massiv eingeschüchtert. Dennoch wählen über dreißig Prozent SPD und KPD. Die NSDAP bleibt mit 43,9 Prozent weit unter der von ihr erhofften absoluten Mehrheit.

Noch vor der konstituierenden Sitzung des Parlaments wurden die 81 Mandate der KPD annulliert. Damit sichert sich die Nazipartei die absolute Mehrheit, um die gesetzgebende Gewalt des Parlaments mit Hilfe eines Ermächtigungsgesetzes auf die Regierung zu übertragen.

Auch die fünf Liberalen stimmen dem Ermächtigungsgesetz zu, darunter der nachmalige erste Bundespräsident der Bundesrepublik Deutschland, Theodor Heuss, der spätere Bundesminister

Am 27. Februar 1933 brennt der Reichstag. Die Nazis interpretieren die Brandstiftung als »Fanal eines kommunistischen Umsturzversuches«. Hindenburg unterzeichnet am nächsten Tag die sogenannte Reichstagsbrandverordnung, die alle Grundrechte der Weimarer Verfassung außer Kraft setzt

Ernst Lemmer (CDU) sowie der erste Ministerpräsident von Baden-Württemberg, Reinhold Maier.

Die Sozialdemokraten, die als Einzige das Gesetz ablehnen, sind nicht in voller Fraktionsstärke erschienen – 26 Abgeordnete fehlen, weil sie entweder in Haft oder untergetaucht sind. Unter den 81 ausgeschlossenen KPD-Parlamentariern ist auch Walter. Er wird Mitte Mai 1933 mit drei weiteren Genossen die illegale KPD-Führung im Lande bilden, die anderen Leitungskader gehen auf Beschluss außer Landes.

Walter und seine Mitstreiter müssen eine Partei mit dreihunderttausend Mitgliedern in die Illegalität überführen und dort

Mit Flugblättern verbreiten die Nazis die Lüge von der kommunistischen Brandstiftung und werben damit zugleich um Stimmen bei den Reichstagswahlen am 5. März 1933

den antifaschistischen Widerstand organisieren. Natürlich haben viele inzwischen kapituliert und resigniert, manchem wurde das Rückgrat gebrochen, doch es existiert eine breite Basis, die organisiert den Kampf aufnimmt und antifaschistische Bündnisse im Untergrund bildet.

Die SPD-Führung versucht zunächst, durch Anbiederung Hitlers wohlwollende Duldung zu erlangen. So werden – auf Betreiben Paul Löbes – aus dem Parteivorstand am 19. Juni 1933 alle jüdischen Mitglieder »herausgewählt«, und man distanziert sich von den emigrierten Parteivorständlern, die in Prag eine Auslandsleitung

»Wahlkampf« für die Reichstagswahlen: Es bleiben nur bescheidene Mittel, öffentlich aufzutreten – etwa mit solchen Klebezetteln

der SPD gebildet haben. All diese Kniefälle bringen jedoch nichts: Am 22. Juni wird die SPD verboten, ihre Mandate in allen Parlamenten eingezogen und etwa dreitausend Funktionäre verhaftet.

Auch in der illegalen Parteiführung der KPD wird um Strategie und Taktik gestritten, wobei sich Walter mit seiner klaren Haltung zur Bündnisfrage zunächst durchsetzt. Er amtiert als KPD-Chef. Thälmann ist verhaftet, sein Stellvertreter John Schehr und Hermann Remmele müssen zur Berichterstattung nach Moskau. Für Walter geht es um die antifaschistische Massenarbeit in und mit den Gewerkschaften, selbst in der Deutschen Arbeitsfront, andernfalls würden sich die Kommunisten isolieren und ihren Bezug zum Leben verlieren. Kommunisten müssten selbst unter den aktuellen Bedingungen sich in den Großbetrieben, an den Stempelstellen und in allen Organisationen in den sozialen Auseinandersetzungen einbringen. Walter ist ein Freund der Taktik des »Trojanischen Pferdes«: Man muss in die Organisationen des Klassenfeindes, auch in die der Nazis, eindringen, um sie für die eigene Propaganda zu nutzen und von innen heraus zu zerstören.

Vor allem aber geht es in der Auseinandersetzung in der Parteiführung um das ehrliche Eingeständnis, dass die Arbeiterklasse und damit auch die KPD eine elementare Niederlage erlitten haben. Dann muss man ehrlich nach den Ursachen fragen und daraus Schlüsse für die weitere Arbeit ableiten. Hermann Schubert und Fritz Schulte, die mit zur vierköpfigen Führung gehören, bekommen wieder Oberwasser, als Schehr aus Moskau zurückkehrt. Sie ignorieren die rasche Stabilisierung des faschistischen Herrschaftsapparates und wollen noch immer zu der nach ihrer Einschätzung unmittelbar bevorstehenden Revolution zur Errichtung der Diktatur des Proletariats blasen. Sie halten unverändert an den alten Losungen und Überzeugungen fest, dass die linken Sozialdemokraten die gefährlichsten seien und Sozialdemokraten für den Übertritt in die KPD geworben werden müssten. Statt alle Kräfte auf die Organisation des gemeinsamen Widerstandes gegen die faschistische Diktatur zu konzentrieren, propagieren sie allgemeine revolutionäre Losungen. Angesichts der Faschisierung der Gesellschaft, der sozialen Demagogie der Nazis und der Verfolgung jeglichen Widerstandes ist das weltfremd und auch kontraproduktiv.

Schehr repetiert die Einschätzung der Komintern. Der Kampf zwischen den nazistischen Kräften einerseits und der unter der Führung der KPD stehenden Arbeiterklasse andererseits sei »nicht entschieden«. Die letzten Wochen seien »ein strategischer Rückzug, keine Niederlage«.

John Schehr führt nach der Verhaftung Thälmanns die Partei, bis er selbst am 1. Februar 1934 ermordet wird. Rechts außen Erich Weinert, links Albert Kuntz, preußischer Landtagsabgeordneter, am 12. März 1933 arretiert, gestorben nach zwölf Jahren Haft in KZ Mittelbau-Dora im Januar 1945. Im Hintergrund Walter

Im März 1933 sind bereits etwa elftausend aktive Kommunisten verhaftet worden, im Juni siebzehn der achtundzwanzig Bezirksleiter der Partei nicht mehr in Freiheit, mehr als ein Drittel der Abgeordneten des Reichstags und des Preußischen Landtags hinter Stacheldraht.

Auf der aktuellen Fahndungsliste des Deutschen Reiches wird unter der Nummer 1490 Walter Ulbricht geführt.

Langsam, ganz langsam beginnt die Führung wieder Tritt zu fassen und teilt sich. In Paris lässt sich eine »Auslandsleitung« nieder, die »Inlandsleitung« mit Walter arbeitet in Berlin, in grenznahen Orten des benachbarten Auslands (Tschechoslowakei, Niederlande, Dänemark und im Saargebiet) werden »Grenzstütz-

Familienausflug im Sommer 1934 in die Umgebung von Leipzig, rechts außen
Vater Ernst Ulbricht

punkte« errichtet, über die Propagandaschriften und Personen geschleust werden. Mit Mühe wird damit begonnen, ein Netz des Widerstandes zu knüpfen, was in den ersten Monaten nur in Maßen gelingt. Die Verluste sind riesig. Durch spektakuläre Aktionen jedoch gelingt es, auf die Fortexistenz der Partei aufmerksam zu machen.

Im Herbst 1933 wird entschieden, dass Walter ins Exil geht, John Schehr – drei Jahre jünger als Walter – soll fortan die politische und organisatorische Arbeit im Inland als Parteivorsitzender allein leiten, Schubert ist seit dem Sommer bereits in Prag. Vierzehn Tage nach Walters Abreise wird Schehr von einem Überläufer verraten und verhaftet; am 1. Februar 1934 stirbt er an der Königsstraße nach Potsdam mit drei weiteren Kommunisten – sie werden hinterrücks »auf der Flucht« erschossen. Als Mörder wird später der nachmalige SS-Sturmbannführer und Gestapochef von

Belgrad, Bruno Sattler, ermittelt und in der DDR 1952 zu lebens-
langer Haft verurteilt.

Bevor Walter das Land verlässt, reist er ein letztes Mal zu seiner Familie nach Leipzig. Er will sich nicht nur von Martha und
seiner Tochter verabschieden, sondern seine Frau überzeugen, ihm
ins Exil zu folgen. Das ist nicht nur die Sorge um ihre Sicherheit.
Die Nazis kennen nicht nur die Sippenhaft, sondern praktizieren
sie auch. Walter fühlt allerdings nicht nur Verantwortung, sondern
unverändert auch Zuneigung zu Frau und Kind. Er möchte beide
im Ausland an seiner Seite wissen. Walter ist keine ideologische
Kampfmaschine, kein im Klassenkampf abgestumpfter Politprofi.
Er ist ein Mensch mit Empfindungen und Bedürfnissen, ein Mann
in den besten Jahren, aber nicht in den besten Zeiten. Walter ist
vierzig, er raucht nicht, er trinkt nicht, ungesund ist allenfalls die
Unregelmäßigkeit, das unstete Leben und die stete Furcht vor Verfolgung. Eigentlich befindet er sich unablässig auf der Flucht. »Wir
Kommunisten sind alle Tote auf Urlaub«, hatte 1919 in München
Eugen Leviné vor Gericht erklärt, bevor er im Gefängnis Stadel-
heim hingerichtet worden war. »Ich weiß nicht, ob Sie mir meinen Urlaubsschein noch verlängern werden, oder ob ich einrücken
muss zu Karl Liebknecht und Rosa Luxemburg.«

Vielen Mitstreitern von Walter ist der »Urlaubschein« in der
letzten Zeit nicht verlängert worden.

Doch die bodenständige Martha lehnt ab. Sie ist ihm schon
nicht nach Berlin gefolgt und hat darum erst recht nicht vor, ihren
Mann quer durch Europa zu begleiten, gejagt von den Auslands-
agenten der Gestapo und ihren Spitzeln.

Dem Herzen selbst einer erfahrenen, überzeugten Genossin
wie ihr lässt sich nicht mit Parteidisziplin beikommen, und dieses Herz schlägt nun mal stärker für Leipzig als für jeden anderen
Ort. Hier wird Martha Ulbricht, geborene Schmellinsky, nicht weg-

gehen, auch wenn sie den Vater ihres Kindes unverändert liebt. In den nächsten zwölf Jahren, das die Nazis hochstapelnd »Tausendjähriges Reich« nennen, ist Walter viel unterwegs. In seinem Parteifragebogen vom 17. März 1951 wird er in der Spalte Emigration angeben:»1933 Tschechoslowakei, 1935 Paris, 1938 Moskau«.

Martha arbeitet unterdessen als Näherin in Leipzig. Darüber berichtet sie nach dem Krieg:»Im Betrieb musste ich unter den Schikanen der Nazikolleginnen leiden, weil sie wussten, wer ich war.« Und auch Polizei und Gestapo wissen es.»Meine Wohnung und der Betrieb, in dem ich arbeitete, wurden dauernd bespitzelt.« Sie hat beizeiten alle Walter und sie belastenden Papiere und Unterlagen verbrannt. Es gibt keine Briefe, keine Fotos, die auf eine aktive Verbindung schließen lassen. Der Brief des Wahlleiters an den Abgeordneten Walter Ulbricht – Leipzig ist schließlich sein Hauptwohnsitz – ist natürlich auch darunter. Er war unmittelbar nach der Reichstagswahl am 5. März 1933 bei ihr eingegangen:»Gemäß der Reichsstimmordnung teile ich Ihnen mit, dass Sie für den Wahlkreis 3 – Potsdam II – zum Abgeordneten gewählt worden sind. Ich bitte Sie, sofort nach Zustellung dieser Mitteilung beim Reichswahlleiter schriftlich die Annahme oder Ablehnung der Wahl zu erklären. Entstandene Kosten können bei mir liquidiert werden. Die Wahl gilt als angenommen, wenn innerhalb 3 Tagen keine Erklärung eingeht.« Dabei ist am Tag nach der Wahl die KPD, für die Walter das Mandat gewonnen hat, verboten worden …

Nebenbei ist Martha auch in der Sozialfürsorge tätig und nimmt ihre Tochter zu Hausbesuchen mit. Das entwickelt bei Dora einen Blick und ein Verständnis für bedürftige Menschen. Aber die Bespitzelungen, Hausdurchsuchungen und Vorsichtsmaßnahmen verfolgen Dora als Trauma ein Leben lang.

Um ihren schmalen Lohn aufzubessern, vermietet Martha seit August 1933 ein Zimmer ihrer kleinen Wohnung in der Geißlerstraße 2 an Sonja Habgab, die der pubertierenden Dora zur Freundin und »großen Schwester« wird. Sonja ist Jüdin und flieht 1938 außer Landes, »quasi mit dem letzten Donaudampfer«, heißt es. Sie geht nach Palästina. Dort, im Norden, hat die zehn Jahre zuvor von aus Deutschland geflüchteten jüdischen Jugendlichen in Prag gegründete Maccabi-Jugendbewegung einen Kibbuz ins Leben gerufen. Seit dem Sommer 1938 leben und arbeiten in Ma'ayan Tzvi deutschstämmige Juden, die dem Naziterror entkamen.

Ohne dass Walter jemals in Erwägung gezogen hat, nach Großbritannien zu emigrieren, wird ihm nach seiner Wiederwahl in den Reichstag die Einreise verweigert. Er »gehört nicht zum Fußvolk der Kommunistischen Partei in Deutschland, sondern zu den Führern der Bewegung«, heißt es in einem Papier vom 13. April 1933, das im britischen Nationalarchiv aufbewahrt wird. »Wir sind der Meinung, dass seine Aktivitäten nur unerwünschten Charakters sein können und viel Zeit und Geld aufgewendet werden muss, um ihn zu überwachen.«

In Berlin bieten ihm Freunde und Genossen eine konspirative Bleibe. Allerdings kann er nie lange verweilen, um nicht ihre und seine Sicherheit zu gefährden. Er lässt sich einen Vollbart wachsen und verändert sein Äußeres. Die Gestapo sucht nach ihm mit der Personenbeschreibung: »38 bis 40 Jahre, mittelgroß, untersetzte Gestalt, dunkelblondes Haar, keinen Bart, langes ovales Gesicht, hohe Stirn, dunkelbraune Augen, dunkelblonde Augenbrauen, gradlinige Nase, vollständige Zähne, aufrechter Gang.«

So übermittelt es die Dienststelle in Halle an die Kollegen in Breslau. Vermutlich weil die Häscher annehmen, Walter könne in Schlesien die Grenze überschreiten, um nach Russland zu gelangen.

Die Zentrale der Staatspolizei drängt auf eine Aktualisierung der Fahndungsunterlagen. Leipzig bedauert. Die vorliegenden »Akten enthalten keine Personenbeschreibung des Ulbricht. In den Karteien des Erkennungsdienstes kommt er nicht vor. Erkundigungen in seinem Wohngebiet haben ebenfalls zu keinem Ergebnis geführt. Er ist hier gänzlich unbekannt, weil er sich fast nie hier aufgehalten hat. Es wohnt nur seine Ehefrau mit ihrem Kinde hier. An diese ist nicht herangetreten worden. Beamte der Abt. IV haben wiederholt die Wohnung nachgesehen, Lichtbilder aber nicht vorgefunden.«

Walter und Rosa treffen sich heimlich in Berlin. Er weiß nicht, wo sie aktuell wohnt, sie nicht, wo er untergekommen ist. Es ist nicht üblich nachzufragen, Konspiration heißt auch: Was ich nicht weiß, macht mich nicht heiß. Das bedeutet: Man kann es auch nicht unter der Folter verraten. Rosa trägt den Decknamen »Anna Walter« und ist gleichfalls im Widerstand: Sie verfasst und vertreibt Flugblätter in Schöneweide, in denen zu Streiks und Sabotage aufgerufen wird, um das Naziregime zu treffen. Die beiden begegnen sich im Grunewald am Badestrand des Wannsees oder im stark frequentierten Café Möhring am Ku'damm, Ecke Uhlandstraße. Als er, trotz des Barts, dort von einer Leipzigerin erkannt wird, müssen sie sich einen anderen Treffpunkt suchen. Die Nazis erklären den 1. Mai 1933 zum Feiertag und beherrschen die Straße. SA marschiert, die Biersäle sind brechend voll. Walter trifft sich zur Mittagszeit mit Rosa. Kaum haben die beiden sich gesetzt, ertönt Hitlers Stimme aus dem Radio. Alle Gäste um sie herum springen auf, rechter Arm gestreckt und »Heil« rufend.

Walter reist viel im Land umher, um zerrissene Fäden zu knüpfen und die mitunter kopflos auseinandergelaufenen Genossen wieder einzusammeln. Er beschafft Informationen über die Lage im Lande und gibt sie weiter. Er nennt Aufgaben und beauftragt Personen, entwickelt heimliche Wege für Kuriere und was diese befördern sollen. Es ist mühsam, aber nötig. Und stets sind Furcht und Misstrauen seine Begleiter. Die Angst vor Entdeckung, vor den Spitzeln und Zuträgern der Gestapo ist allgegenwärtig. Nicht jeder, den man im Untergrund trifft, ist auch »sauber«. Wem kann man trauen? Wer ist übergelaufen? Wer ist zum Verrat bereit oder schon zum Judas geworden? Die alte Organisationsstruktur muss durch eine neue ersetzt werden. Dezentralisation und Zellen mit drei bis neun Leuten, die Arbeitsgruppen bilden, angeleitet durch Instrukteure, die die Verbindung halten – das scheint eine vernünftige Option zu sein. Die Partei lernt im Untergrund. Auch Walter lernt in der Illegalität.

Die Verfolgungsmaschinerie des Nazistaates läuft binnen weniger Monate auf Hochtouren. Die Effizienz des preußischen Verwaltungsapparats hat sich mit dem antikommunistischen, antisozialistischen Verfolgungswahn der Nazis vermählt. Schon bald werden der pathologische Antisemitismus und Rassenwahn hinzutreten. Im September fallen die Reichsleiter der Roten Gewerkschaftsopposition (RGO) und der Internationalen Roten Hilfe (IRH) den Nazis in die Hände, die gesamte Bezirksleitung Berlin-Brandenburg-Lausitz Grenzmarkt fliegt schließlich auf. Der Terror befördert die schmerzliche Erkenntnis, dass der erhoffte oder erwartete Zusammenbruch des Naziregimes mehr denn je eine Illusion ist. Die »proletarische Revolution« steht nicht auf der aktuellen Agenda, sondern antifaschistischer Widerstand unter den Bedingungen strengster Illegalität.

In September 1933 wird auch Walters Steckbrief in der Presse veröffentlicht, weshalb ihn nun seine Vermieterin erkennt, bei der er sich unter einem falschen Namen eingemietet hatte. »Am Tage der Veröffentlichung brachte meine Wirtin«, so wird er 1938 in seinem Lebenslauf schreiben, »die Zeitung und fragte mich, ob ich der Betreffende sei, denn sie war sich im Klaren, dass mein ihr bekannter Name nur ein Deckname war. Ich konnte nicht bestreiten, dass ich der Gesuchte bin und diskutierte mit der Frau, sodass sie sich etwas beruhigte.« Diese Entdeckung konnte nur eine Konsequenz haben: »Von dem damaligen Verbindungsmann der Komintern wurde mir vorgeschlagen, sofort das Land zu verlassen.« Doch Walter will den Platz auf der Barrikade nicht ohne Zustimmung der Auslandsleitung und der Komintern räumen. »Ich forderte ihn auf, zuerst in Moskau Weisungen einzuholen.«

Noch am Tag der Veröffentlichung kommt es zu einem Treffen mit Rosa Michel alias Anna Walter. Auf dem Weg kauft sie sich eine Zeitung und nimmt entsetzt den Steckbrief wahr. Sie fragt Walter, ob auch seine Vermieterin ... Er habe die Zeitung auf dem Frühstückstablett serviert bekommen, sagt er. »Also wissen wir Bescheid und sind darüber stumm wie Karpfen.«

Wenig später kommt Nachricht aus Moskau und die Aufforderung, Deutschland sofort zu verlassen. Da nun nichts mehr vor der Vermieterin geheim zu halten ist und die Stunden gezählt sind, gibt er Rosa die Adresse, um Abschied von ihr und seiner Tochter zu nehmen. Sie fährt mit Bahn und Bus durch die Stadt, um mögliche »Schatten« abzuschütteln, und erst als sie sich hundertprozentig sicher ist, steuert sie das Mietshaus in der Großbeerenstraße an und steigt mit Mimi die drei Treppen hinauf.

Erst auf wiederholtes Klingeln öffnet sich die Tür. Walter, so erinnert sich Rosa später, wirkt sichtlich angespannt und unruhig. Dennoch lässt er es seine Tochter nicht spüren, die will, dass Papi Pferdchen spielt. Walter geht auf die die Knie, »auf alle viere, auf seine kleine Reiterin wartend. Ein feines Pferdchen ist Papa: macht alles was man nur befiehlt. Man braucht nur ›Hü, Hü, Hü‹ zu rufen und schon springt er los, durch die ganze Wohnung, über die Teppiche, unter die Tische, auf die Betten. Das macht Spaß«, berichtet die Fama.

»Das drolligste ist, wenn man ihn füttern will. Die Krümel nimmt er entgegen, den Kopf schüttelnd, wie ein richtiges Pferd.

Dabei muss Mimi aufpassen, dass es die Fingerchen nicht anbeißt. Das macht Spaß.«

Der Spaß ist von kurzer Dauer. Als man sich trennt, wissen sie nicht, ob sie sich jemals wiedersehen – und falls ja: wann und wo und unter welchen Umständen? Die Zukunft ist ungewiss, ein großes schwarzes Loch.

Am 1. Oktober 1933 um sechs Uhr morgens bricht Walter mit Knickerbockerhosen, Rucksack und Vollbart auf. Er will zu Fuß über die tschechische Grenze. Seit mehreren Monaten besteht entlang der dortigen Grenze ein dichtes Netz von Stützpunkten, über die feste Verbindungen zu verschiedenen Parteibezirken in Deutschland existieren. Das sind die wichtigsten Kanäle, über die Menschen und Material hinüber- und herübergeschleust werden. Walter lässt sich von Genossen durchs Riesengebirge nach Prag leiten. In der Hauptstadt trifft er, wie vereinbart, in einem Café unweit des Hauptbahnhofs Genossen, die ihn unterbringen.

Es dauert etwa vier Wochen, bis die Gestapo in Berlin die Wohnung ausfindig gemacht hat, in der Walter zuletzt untergekommen war. Die Vermieterin wird verhaftet. Spätestens jetzt weiß Rosa, dass auch sie fort muss. Mit der Tochter macht sie sich auf nach Prag, wo sie auch Walter weiß. Sie sehen sich dort, schließen sich glücklich in die Arme – und packen gleich wieder die Koffer. Walter muss weiter nach Paris, wo es im Sommer eine Konferenz mit Bezirks- und Betriebsfunktionären aus Deutschland geben soll, die vorbereitet werden muss. Außerdem ist die Fortsetzung des »Braunbuchs« in der Produktion, in welchem der Reichstagsbrandprozess dokumentiert ist. In Leipzig hatte der Kominternpolitiker Dimitroff einen furiosen Auftritt vor dem Reichsgericht und die Nazis rhetorisch auf die Anklagebank gesetzt, er musste am 27. Februar 1934 freigelassen werden. Das erste »Braunbuch« war bereits im August des Vorjahres erschienen und inzwischen in siebzehn Ländern verlegt worden. Nach dem Prozess soll nun die Fortsetzung kommen: »Dimitroff contra Göring: Braunbuch II«. Wie schon beim ersten Buch, das als Reclam-Band unter dem Titel: »Goethe: Hermann und Dorothea« nach Deutschland geschmuggelt wurde, gilt es auch jetzt, großflächig den illegalen Vertrieb zu organisieren

Unter fremden Namen reisen Walter und Rosa mit der gemeinsam Tochter via Österreich und Schweiz nach Frankreich. Die Französin Rosa ist ihm auch deshalb Hilfe und Unterstützung, weil sie die Landessprache beherrscht. Sie finden ein Quartier an der Seine, die Adresse erfahren nur wenige Vertraute, denn nicht nur die Gestapo, sondern auch der französische und der britische Geheimdienst suchen sie. Sie alle eint die Furcht vor der »roten Gefahr«. Die drei leben von den Bezügen, die er als Mitglied der Parteiführung bezieht: Das sind alles in allem 450 Reichsmark im Monat.

Walter schreibt Texte über den faschistischen Terror, Konzentrationslager und den Reichstagsbrand, die als Broschüren verbreitet werden. Er organisiert Aktionen für inhaftierte Genossen, insbesondere für die Freilassung Thälmanns. Paris ist ohnehin inzwischen zu einem wichtigen Ort des internationalen antifaschistischen Kampfes geworden. Im Juni 1933 hatte an der Seine der Antifaschistische Arbeiterkongress Europas mit etwa dreieinhalbtausend Delegierten vom ganzen Kontinent stattgefunden, darunter auch 120 Antifaschisten aus Deutschland. Es war ein Antifaschistisches Zentralkomitee gewählt worden, dessen Sekretariat sich in Paris niederließ. Inzwischen hatte es sich mit dem Weltkomitee zum Kampf gegen den Krieg vereint, das 1932 in Amsterdam gegründet worden war, weil man inzwischen erkannt hatte, dass der Kampf gegen den Krieg nicht vom Kampf gegen den Faschismus zu trennen war. An der Spitze des »Weltkomitees gegen Krieg und Faschismus« stand Henri Barbusse ...

Im April 1934 trifft Herbert Wehner in Paris ein. Wehner war seit Sommer 1932 Technischer Sekretär des Politbüros in Berlin, d. h. er bereitete dessen Sitzungen vor und führte Protokoll. Seit dem Übergang in die Illegalität leitet er das Verbindungswesen zwischen der Inlandsführung und der Basis. Er ist, wie er später berichten wird, überrascht, dass Walter das einzige Politbüromitglied zu sein scheint, welches sich wirklich für die Probleme der Partei im Reich interessiert. Damit meint er auch Walters nüchternen Realismus. Während die meisten führenden Genossen noch Illusionen anhängen, hat Ulbricht einen unverstellten Blick auf die Lage, auch wenn sie nicht angenehm ist.

In quälenden Diskussionen und schmerzenden Auseinandersetzungen und nicht zuletzt durch die ungeschönten Einschätzungen des als Helden gefeierten Dimitroff beginnt die Führung der Komintern in Moskau – und in der Folge auch die der KPD – sich von den Überlegungen des VI. Weltkongresses langsam zu lösen. Nicht zufällig werden Walter und Wilhelm Pieck mit einer gründlichen Analyse der Lage in Deutschland und der Erarbeitung einer neuen Taktik für den illegalen Kampf beauftragt. Sie vertreten noch immer eine Minderheitensicht in der Führung. Ihre in der *Rundschau für Politik, Wirtschaft und Arbeiterbewegung* am 9. und am 30. August 1934 in Basel veröffentlichten Beiträge sind ein einziges Plädoyer für die antifaschistische Aktionseinheit.

Die Parteiorganisationen der KPD werden aufgefordert, die Nähe zu sozialdemokratischen Gruppen zu suchen, mit ihnen zu sprechen und sich mit ihnen für gemeinsame Aktionen zu verabreden. »Ein Feind – ein gemeinsamer Kampf aller Antifaschisten!«, heißt die Parole.

Eine von Schubert und Schulte geführte Mehrheit im Politbüro ist dagegen, verhindert die Verbreitung dieser Positionen in der

Partei. Für sie sind noch immer die »Sozialfaschisten« in der SPD der Hauptfeind, für sie steht noch immer die proletarische Revolution auf der Tagesordnung. Erst recht, nachdem Hitler die SA am 30. Juni 1934 als Machtfaktor ausgeschaltet hat. Dabei ist der sogenannte Röhm-Putsch nicht mehr als eine innerbetriebliche Revolte, mit der die etwas liberalere Strasser-Linie liquidiert worden ist.

Walter versucht, neben seiner ihn ausfüllenden politischen Arbeit Französisch zu lernen. Er besucht einen Kurs der Berlitz-Schule, muss aber einsehen, dass er daran ebenso scheitert wie beim Versuch in Moskau, Russisch zu lernen. Er ist in dieser Hinsicht absolut talentlos.

Regelmäßig begrüßt er Kuriere, die aus Deutschland kommen. Oft lässt er sich unter vier Augen berichten, auf welche Weise sich im Reich das Terrorregime der Nazis entwickelt, wie sie Gesetze abschaffen oder ändern, wie einerseits der Repressionsapparat ausgebaut und andererseits mit einer Fülle von Sozialmaßnahmen und einer cleveren Arbeitsmarktpolitik die Bevölkerung für das Regime gewonnen wird. Im Juli 1933 zählte man im Reich über sechs Millionen Arbeitslose, im Januar 1934 waren es bereits anderthalb Millionen weniger. Die verschwinden in zahlreichen neuen Ämtern und Institutionen, 1936 wird Vollbeschäftigung erreicht sein. Natürlich: auch mittels der allgemeinen zweijährigen Wehrpflicht, die im Frühjahr 1935 eingeführt werden wird. Damit verschwindet faktisch die gesamte männliche Bevölkerung zwischen 18 und 21 Jahren vom Arbeitsmarkt.

Hitler fördert massiv den Bau von Eigenheimsiedlungen und hebt die Kfz-Steuern auf, damit die Leute Autos kaufen und die Autoindustrie wächst. Mit »Kraft durch Freude«, einer Unterorganisation der Deutschen Arbeitsfront, wird für das soziale und mentale Wohlbefinden der »Volksgemeinschaft« gesorgt: Brot und

Walter ist politischer
Emigrant und sucht in
Paris im antifaschisti-
schen Kampf Verbün-
dete, was nicht leicht
ist: Die Demagogie der
Nazis wirkt im Inland
erheblich

Spiele; mit sozialer Demagogie soll das deutsche Volk für die ag-
gressiven Ziele der herrschenden Kreise gewonnen werden. Es
geht nicht um »nationalen Sozialismus«, sondern um die Weltherrschaft. In Versailles war die Reichswehr auf 100 000 Mann
begrenzt worden – im Oktober 1934 stehen bereits eine Viertelmillion unter Waffen.

Walter wird in der in Basel erscheinenden *Rundschau* Nr. 16/1935
auf den Bruch des Versailler Abkommens und die damit verbundene

Absicht hinweisen: »Die Vorbereitung des faschistischen Raub-
krieges, die den Massen des deutschen Volkes noch größere Lasten
auferlegt als die Erfüllungspolitik der Weimarer Kapitaldiktatur,
wird Deutschland zu noch einer größeren Niederlage als im letzten
Weltkriege, zur Katastrophe führen.«

Er ahnt gar nicht, wie recht er mit seiner Prognose hat. Aber er
will ja diese Katastrophe verhindern, indem er die Massen – eines
seiner Lieblingsworte – für den Kampf gegen die Nazidiktatur mobilisiert. Doch ernüchtert muss er sehen und von den Kurieren
hören, dass dies immer schwerer wird. Mit ein paar Flugblättern
und Transparenten an Fabrikschornsteinen ist der breiten Zustimmung, die sich das Hitlerregime sukzessive erkauft, nicht bei-
zukommen. Es sind doch nicht allein die Goebbelspropaganda und
die Angst für Repressalien, die die Deutschen reihenweise um-
fallen lassen. Die Masse ist nicht politisch organisiert, es geht nicht
an die Substanz, wenn die paar Kommunisten, Sozialisten, Berufs-
verbrecher, Homosexuelle und renitenten Intelligenzler aus dem
Verkehr gezogen, also weggesperrt, und die Juden aus ihrer vermeintlichen Vormachtstellung in der Gesellschaft verdrängt werden.

Der Theologe Martin Niemöller, in dieser Zeit wie die meisten
Kirchenmänner positiv zum Regime eingestellt, bis er 1938 ins KZ
Sachsenhausen kam und zum Widerstandskämpfer werden sollte,
beschrieb nach dem Krieg seine Entwicklung, die ziemlich präzise
die Haltung seiner Landsleute beschrieb »Als die Nazis die Kom
munisten holten, habe ich geschwiegen; ich war ja kein Kommunist.
Als sie die Sozialdemokraten einsperrten, habe ich geschwiegen; ich
war ja kein Sozialdemokrat. Als sie die Gewerkschafter holten, habe
ich geschwiegen; ich war ja kein Gewerkschafter. Als sie die Juden
holten, habe ich geschwiegen; ich war ja kein Jude. Als sie mich holten, gab es keinen mehr, der protestieren konnte.«

Walter ist angesichts der ungeschönten Nachrichten aus dem Reich ernüchtert. Seine empirisch gewonnenen Einsichten stehen im Gegensatz zu den utopischen, unrealistischen Wunschvorstellungen vieler seiner Genossen in Moskau, Prag und Paris. Als Erstes muss die Sozialfaschismustheorie revidiert werden, sie ist falsch. Es gibt nur einen Hauptfeind: Und der heißt Hitler und sein Regime. Und das hat ihn nicht vergessen. Im Januar 1934 hatte die Staatsanwaltschaft in Berlin Voruntersuchung gegen ihn begonnen. Der erhobene Vorwurf: Ulbricht habe die Verfassung des Reiches gewaltsam ändern wollen. Die Ermittlungen verliefen im Sande. Durch Spitzel und Informaten ist der Justiz jetzt aber bekannt, dass Walter sein Aussehen verändert hat und nunmehr einen Spitzbart und Brille trägt. Um an ihn heranzukommen, verhaftet die Gestapo seinen Vater.

Im Mai 1934 war mit der Vorbereitung auf den VII. Weltkongress der Kommunistischen Internationale begonnen worden; für den Rechenschaftsbericht und das Referat, das Dimitroff halten würde, wurden zwei Kommissionen gebildet. Pieck und Walter arbeiten Dimitroff zu. Walter verhandelt im Sommer mit Siegfried Aufhäuser, einem der führenden Köpfe des seit 1933 in Prag arbeitenden Vorstandes der SPD, genannt Sopade, und anderen Sozialdemokraten über gemeinsame Schritte im antifaschistischen Kampf. Aufhäuser berichtete darüber in der ebenfalls exilierten *Weltbühne*, worauf am 18. Oktober 1934 Walter mit einer offenen Antwort regiert: »Für die Aktionseinheit, gegen den Hitlerfaschismus« – ohne Vorbedingungen. Mit dieser Annäherung zog sich Walter die Kritik der ultralinken Sektierer und Dogmatiker in seinen Reihen und der jüdische Gewerkschaftsführer Aufhäuser den Ärger seiner Genossen zu – er wurde aus dem SPD-Vorstand ausgeschlossen. Die Sektierer – als gäbe es nichts Wichtigeres – eröffnen das Feuer auf Walter und organisieren Resolutionen im

Reich gegen ihn. Daraufhin zitiert das EKKI im Januar 1935 das Politbüro aus dem Exil nach Moskau, billigt Walters und Piecks Haltung und rüffelt mir einer scharfen Resolution die sektiererische Politik der Mehrheit des deutschen Politbüros.

Das ist eine Grundsatzentscheidung, jedoch nicht Ende des Ärgers und der Intrigen, denen Walter weiterhin ausgesetzt ist. Allerdings gelingt es ihm mit Pieck, Dahlem und Florin intern eine Kurskorrektur durchzusetzen. Am 30. Januar, am zweiten Jahrestag der Errichtung der Naziherrschaft, wird eine von ihm formulierte Resolution (»Proletarische Einheitsfront und antifaschistische Volksfront zum Sturz der faschistischen Diktatur«) ohne Gegenstimme vom Zentralkomitee angenommen. Adressaten sind die Kommunisten im Inland wie im Exil: Sie sollen mit allen sozialdemokratischen Gruppen und Leitungen zusammenarbeiten und sich von den alten Auffassungen verabschieden. Erstmals sind gänzlich neue Aspekte in den Vordergrund gerückt: Kampf für demokratische Rechte, für die Versammlungs- und Pressefreiheit, für die Unantastbarkeit der Person und der Wohnung, Schutz vor Denunziation und Verfolgung, Auflösung der Konzentrationslager, Aufhebung der Schutzhaft und Befreiung aller Opfer des Hitlerregimes ...

Die Januar-Resolution bedeutet einen Paradigmenwechsel in der KPD-Politik.

Dieser stößt nicht unbedingt auf positives Echo. Friedrich Stampfer vom SPD-Exilvorstand in Prag lehnt weiterhin jede Zusammenarbeit ab. Im von ihm herausgegebenen *Neuen Vorwärts* erklärt er pointiert: »Kommunismus und Faschismus sind feindliche Brüder. Ihrer beider Mutter ist die Demokratie – die liegt in Deutschland erschlagen.«

Im Juli 1935 kommt in Moskau schließlich der VII. Weltkongress zusammen. 65 der 76 in der Kommunistischen Internationale zusammengeschlossenen Parteien sind mit Delegierten präsent, die meisten von ihnen kämpfen in der Illegalität. Ursprünglich sollte das Welttreffen bereits im Vorjahr stattfinden. Die Verschiebung verrät, dass es heftige Auseinandersetzungen über die künftige Strategie und Taktik der internationalen kommunistischen Bewegung gegeben hat.

Das Hauptreferat hält Georgi Dimitroff. Etliche internationale Parteiführer haben ihm zugearbeitet. Auch Walter hat, wie schon erwähnt, dazu einiges beigetragen.

Es ist eine Generalabrechnung mit der Linie des VI. Weltkongresses und der nachfolgenden Plenartagungen des EKKI. Diese Politik wird ohne Wenn und Aber als falsch bezeichnet. Sie hat, ohne dass es so ausgesprochen wird, die Einheitsfront der Arbeiter verhindert und damit die Etablierung des faschistischen Regimes – als offene Diktatur der reaktionärsten Kreise des Monopolkapitals charakterisiert – ermöglicht. Der Bruderzwist, so wird er später genannt werden, hat nicht nur Kräfte gebunden, sondern auch in die falsche Richtung gelenkt. Natürlich war und ist der tiefsitzende Antikommunismus in der Sozialdemokratie daran mitschuldig, ihre Vorurteile und Ressentiments, der Opportunismus und der Wunsch nach Anerkennung durch die herrschende Klasse. Aber viele Erklärungen und Maßnahmen der Kommunisten haben die Sozialdemokraten in ihrer Ablehnung eher bestärkt denn umgestimmt. Dimitroff nennt es »linkes Sektierertum«, es habe aufgehört, eine bloße »Kinderkrankheit« zu sein. Damit spielt Dimitroff auf die Schrift von Lenin aus dem Jahr 1920 an: »Der ›Linke Radikalismus‹, die Kinderkrankheit im Kommunismus«. (Darin hatte Lenin ein Kapitel dem »linken« Kommunismus in Deutschland gewidmet, jener von ihm als »linke Kinderei« abgetane Haltung, einen Gegensatz zwischen angeblich revolutionären Massen und opportunistischen Parteiführungen zu konstruieren: »Sich ...

zur Gegenüberstellung der Diktatur der Massen und der Diktatur der Führer überhaupt zu versteigen ist lächerlicher Unsinn und dummes Zeug. Besonders komisch ist es, dass in Wirklichkeit an die Stelle der alten Führer, die allgemein menschliche Ansichten über einfache Dinge haben, nun praktisch (unter dem Deckmantel der Losung ›Nieder mit den Führern‹) neue Führer treten, die hirnverbrannten Unsinn und wirres Zeug verzapfen.«)

Dimitroff nennt dieses »linke Sektierertum« ein »tief eingewurzeltes Laster«, von dem sich die Parteien verabschieden müssten. Nun so könne eine weltweite Volksbewegung gegen Faschismus und Krieg entstehen. Am Ende des Kongresses wird der Bulgare Georgi Dimitroff zum neuen Generalsekretär des EKKI der Komintern gewählt, dem neuen Führungsgremium gehört auch Walter als Kandidat an. Er ist faktisch die Nummer 2 in der Partei. Walter hat bereits am ersten Tag des Kongresses sprechen und sein Prinzip des Trojanischen Pferdes erläutern können. Er fordert Mitarbeit in Massenorganisationen der Nazis, um sie zu unterwandern. Seine Rede »Für eine Volksregierung in Deutschland« ist eine Revolution. Er widerspricht scheinbar offen der Parteilinie: »Die KPD wird alle Mittel und Wege anwenden, um den Sturz des Hitlerfaschismus herbeizuführen«, ruft er in den Saal. Das aber sei »nur möglich, wenn wir den Kampf gegen die faschistische Diktatur von außen mit dem Kampf um die Sprengung von innen, von den faschistischen Massenorganisationen aus, verknüpfen, wenn wir alle legalen Möglichkeiten ausnützen.«

Dem VII. Weltkongress folgt eine Parteikonferenz der KPD, auf der der Kurswechsel der Komintern und die künftige Politik der Partei kommuniziert werden. Aus Gründen der Konspiration heißt sie »Brüsseler Parteikonferenz«, dabei tagen im Oktober 1935 die Genossen in der Nähe von Moskau, Kunzewo heißt der Ort. Sie kommen aus fast allen illegalen Bezirksorganisationen im

Reich, haben sich auf abenteuerlichen Wegen bis hierher durchgeschlagen. Nicht minder offen und selbstkritisch als Dimitroff referieren Pieck, Florin, Dahlem und Ackermann zu verschiedenen Aspekten, Walter behandelt »Die Arbeit in der ›Deutschen Arbeitsfront‹ und der Wiederaufbau der freien Gewerkschaften«.

Ernüchternd schätzen die Anwesenden ein, dass die große Mehrheit der Arbeiterklasse sich passiv gegenüber dem System verhalte, es gibt nur eine Minderheit in dieser Klasse wie auch bei den kleinbürgerlichen Schichten in den Städten und auf dem Lande, die potenzielle Verbündete seien und sich aktiv gegen das faschistische Regime stellten. Aber keineswegs für den Sozialismus kämpfen würden. Die Masse steht dem Sozialismus ablehnend bis feindlich gegenüber. Deshalb könne die strategische Option nur lauten: Kampf für ein neues, freies Deutschland! Mit der Wiederherstellung demokratischer Freiheiten und Rechte.

Damit haben sich Pieck und Walter auf der ganzen Linie durchgesetzt. Pieck präsidiert das in Moskau ansässige ZK der KPD für die Dauer von Thälmanns Inhaftierung, Walter bekommt Prokura und Personal für die Führung der Auslandsleitung in Paris.

Inzwischen ist eine dritte Frau in Walters Leben getreten. Im Januar 1935, als er zur Vorbereitung des VII. Weltkongresses in Moskau weilte, lernte er Lotte Kühn kennen. Die zehn Jahre jüngere Berlinerin hatte zu Beginn der zwanziger Jahre als Büroangestellte im ZK-Apparat gearbeitet, war dann bei der Kommunistischen Jugendinternationale in Moskau und für die Reichstagsfraktion in Berlin tätig gewesen. Nur ein einziges Mal will sie damals, das war 1929, im Karl-Liebknecht-Haus mit Walter gesprochen haben, woran sich dieser jedoch nicht erinnerte. 1931 emigrierte sie mit ihrem Lebensgefährten Erich Wendt nach Moskau, wo sie inzwischen als Oberreferentin für Deutschland in der Presseabteilung des EKKI beschäftigt ist. Sie wohnt im Hotel Lux

Walter und Lotte, seit
1935 die dritte Frau an
seiner Seite, offiziell
geheiratet wurde erst
nach der Scheidung
von Martha 1949

in der Gorkistraße 36 im Zimmer 269. Die beiden begegneten sich
im Speiseraum und verabredeten sich zum Eislaufen – beide sind
sportlich sehr aktiv. Sie drehten am Sonntag, dem 30. Januar, erstmals ihre Runden.

In ihren Erinnerungen berichtet Lotte später erstaunlich offen
über »das Zustandekommen unserer Ehe«: »Auf der Eisbahn ver-
liebten wir uns ineinander. Noch heute kann ich mir dieses Wunder nicht erklären! Begonnen hat es wahrscheinlich damit, dass ich
mit Walter ohne jede Hemmung umging. (Personenkult kannte
ich in der KPD nicht.) Ich zeigte ihm auch handgreiflich, warum
seine Haltung beim Bogenfahren falsch war, und was er verändern
müsse, so dass wir zum Schluss sehr schön zusammen Holländern

konnten. Ich spürte allmählich, dass er sich in mich verliebt hatte. Auf dem Heimweg, wir benutzten die Straßenbahn, gingen wir in den Gastronom Nr. 1, und Walter kaufte für unser Abendbrot ein. Nachdem wir zu Hause gegessen hatten, blieben wir die Nacht zusammen. Die nächsten zwei Tage trafen wir uns abends nach der Arbeit und verbrachten die Nächte zusammen. Am dritten Tag fuhr Walter zurück nach Paris.«

Walter regelt – wie er in einem Brief am 5. April 1935 Pieck wissen lässt – in Paris die »Familienangelegenheiten«. Die Trennung von Rosa Michel – die als »Anna Walter« im Zimmer 88 des Lux lebt, wenn sie in Moskau zu tun hat – erfolgt fair und anständig. Bis an ihr Lebensende besteht, über den Tod von Walter 1973 hinaus, ein vernünftiges, tolerantes Verhältnis zwischen Lotte und Walter sowie Rosa Michel, deren Tochter Rose (»Mimi«) und ihren beiden Kindern, die regelmäßig zu Besuch bei Opa und Oma in der DDR sein werden. Als Rosa 1990 mit 89 Jahren stirbt, wird sie in Berlin-Friedrichsfelde beigesetzt ...

Gleichwohl ist die Trennung 1935 für beide schmerzhaft, aber gegen Liebe ist bekanntlich kein Kraut gewachsen. Walter sagt, man sei freundschaftlich auseinandergegangen, er werde für Mimi sorgen (was er auch tatsächlich tut) und Rosa auch in ihrer »weiteren Entwicklung« unterstützen. (Pieck wird sie für die Aufnahme an der Leninschule empfehlen, wobei er von einem späteren Einsatz in Deutschland vorerst abrät, dem stünde »unter den gegenwärtigen Bedingungen« ihr »etwas fremder Akzent und ihr etwas jüdisches Aussehen« entgegen.)

Die emotionalere Rosa trifft die Trennung hingegen »wie ein Hammerschlag auf den Kopf«. Gegenüber Dritten sagt sie: »Hätte ich kein Kind von ihm gehabt, ich hätte wahrscheinlich diesen Schlag nicht überlebt.« Nun, wie immer im Leben, kommt auch sie über den Trennungsschmerz hinweg.

Lotte schreibt später zur Partnerschaft mit Walter, der formal noch mit Martha in Leipzig verheiratet ist:»Für uns war also der 30. Januar 1935 unser Hochzeitstag, der Beginn unserer Ehe. Dass wir sie im Januar 1950 auch amtlich bestätigen ließen, geschah aus Zweckmäßigkeit, da wir es nach 1945 auch mit vielen Leuten aus bürgerlichen Kreisen zu tun hatten.« Zuvor war, nicht minder amtlich, die Ehe mit Martha geschieden worden.

»Obgleich wir uns als Unbekannte gefunden hatten, wurde unsere Ehe mit der Zeit immer fester und harmonischer«, erinnert sich später Lotte Ulbricht.»Das beruhte meines Erachtens vor allem auf unserer gleichartigen sozialen und politischen Entwicklung. Beide waren wir in einem Arbeiterhaushalt aufgewachsen. Während allerdings Walters Eltern bereits der SPD angehörten (die Mutter sogar früher als der Vater), waren meine Eltern politisch völlig neutral und der Einfluss der Schule nationalistisch. Nach der Schulentlassung begann bei uns beiden die politische Tätigkeit in der Jugendorganisation. Beide sind wir sehr jung zur aktiven Parteiarbeit übergegangen. Uns beiden war der Kampf um eine kommunistische Gesellschaft Lebensinhalt, wobei die persönlichen Interessen eine untergeordnete Rolle spielten. Beide waren wir es gewöhnt, die Parteiarbeit mit Initiative und Verantwortungsgefühl zu leisten und unser Wissen ständig zu erweitern.« Und Lotte weiter:»Hinzu kam beiderseitig die Freude an sportlicher Betätigung und kulturellen Erlebnissen, so dass es von Anfang an keine wesentlichen Differenzen gab. Das erklärt die dauerhafte Festigkeit unseres Zusammenlebens.« Die Trennung Walters von Rosa war nicht spontan erfolgt. Die Verbindung hatte in den letzten Jahren unter den in der Illegalität, der Konspiration und den Parteiauseinandersetzungen herrschenden Bedingungen gelitten. Zudem war Mimi oft krank, das führte auch zu Auseinandersetzungen zwischen ihren Eltern.»Das kranke Kind ist dem Berufsrevolutionär im Wege«, denkt Rosa. Drei Tage vor seiner Abreise nach Paris ziehen beide einen Schlussstrich. Du wirst schon einen anderen, guten Kameraden finden, sagt er. Rosa und Mimi bleiben in der Mansarde Nr. 88 im Lux wohnen. Rosa nimmt aber bald wieder zu Walter Verbindung auf.

Lotte begleitet Walter nach Paris, wo sie von 1936 bis 1938, bis zur Verlegung der Auslandsleitung nach Moskau, tätig sein wird. Walter erzählt ihr nichts von den heftigen internen Auseinandersetzungen sowohl in der KPD-Führung wie auch in der Komintern. Er trägt sein Herz nicht auf der Zunge. Vielleicht ist die Verschwiegenheit Selbstschutz, vielleicht auch Ausdruck von Loyalität und Rücksichtnahme, die nicht jedem Funktionär zueigen ist. Lotte bekommt nur die Folgen gelegentlich zu spüren. »Nach der Parteikonferenz der KPD im Herbst 1935 musste ich an der Reise der deutschen Delegation nach Gorki teilnehmen. Da ich von den konkreten Auseinandersetzungen in der KPD-Führung keine Ahnung hatte, begriff ich beim Eintreffen der Delegation in Gorki nicht, warum der mir damals unbekannte Herbert Wehner mich vor der ganzen Delegation als ›Frau von Ulbricht‹ anpöbelte und behauptete, dass ich die Delegation überwachen solle.«

Ein andermal – im Mai 1945 –, als Lotte Ulbricht mit der zweiten deutschen Gruppe nach Berlin kommt, sagt Walter, sie müsse heute mit zu Shukow kommen, um zu dolmetschen. Eigentlich war dafür Wolfgang Leonhard vorgesehen, erinnerte sich Lotte. Warum sie? Darauf habe Ulbricht lediglich erklärt: »Den will ich nicht.« Das, so lässt sich aus dem weiteren Gang der Dinge schließen, deutete bereits auf Probleme in der Mannschaft hin, über die Walter nichts nach außen trug. So sei sie »ungewollt zum Verbindungsglied Ulbrichts zur sowjetischen Besatzungsbehörde« geworden.

In einer Quelle heißt es, Ulbricht habe diese Mitteilung »geknurrt«, um seinen Unmut herauszustellen. Das ist zu bezweifeln.

Selten genug lässt sich das Notwendige mit dem Angenehmen verbinden.
Um zu den Grenzstützpunkten an der deutsch-tschechischen Grenze zu
kommen, fährt Walter Ski

Seine hohe Kopfstimme, der Fachmann nennt sie Falsett, hätte
dies kaum erlaubt. Sie war vermutlich Folge einer Erkrankung in
den zwanziger Jahren. Darüber gibt weder er noch eine seiner drei
Frauen Auskunft. Ein einziger Hinweis findet sich in einem um-
fangreichen Brief der deutschen Delegation zum VI. Weltkongress,
mit dem diese am 26. August 1928 Berlin informiert, warum der

Kongress so lange dauert. Auf Seite vier steht dort: »Welche Genossen hier mit an den Exkursionen teilnehmen und welche Genossen der Führung in Urlaub fahren, darüber werden wir erst heute oder morgen Beschluss fassen.« Dem war ein Antrag an die Kleine Kommission der Komintern vorausgegangen. Zur Kur sollten geschickt werden: »Walter Ulbricht (kehlkopfleidend), Hermann Duncker (astmaleidend) und Philipp Dengel (magenleidend).«

Daraus lässt sich schließen, dass Walters Fistelstimme ganz offenkundig Folge einer Kehlkopferkrankung ist. Die Schädigungen an den Stimmbändern waren vermutlich irreparabel. Das Training beim Logopäden blieb ohne hörbare Wirkung wie auch jede andere rhetorische Übung. Denn obgleich Walter bereits in jungen Jahren Leipzig verlassen hatte, hielt sich hartnäckig die ihm mitgegebene Lautfärbung. Die jüngere Schwester Hildegard, so berichtete deren Tochter Luise, habe Rundfunkansprachen ihres Bruders in den fünfziger, sechziger Jahren mit einigem Kopfschütteln quittiert: »Ich verstehe das nicht, dass er noch so fürchterlich sächselt nach all den Jahren.«

Diese Aversion teilte sie mit vielen. Nur wenige kommen damit gut klar. Der Dichter Peter Hacks begründete dies logisch. So müsse man genauer hinhören und verstünde darum auch den Inhalt des Gesagten besser, wohingegen sich das schon damals in Mode gekommene rundgelutschte, wohlgefällige Politikersprech nicht im Kopf der Zuhörer festsetze und verrausche. Doch in der Politik käme es auf den Inhalt an, nicht auf den Wohlklang der Worte.

Beschlüsse und Instruktionen des VII. Weltkongresses und der »Brüsseler Parteikonferenz« ins Reich zu bringen ist nicht ganz einfach. Zwar gibt es den Moskauer Rundfunk, und seit Ende 1935 kann man auch über französische Sender die Antifaschisten in

Deutschland informieren, aber die ausführlichen Materialien gibt es traditionell gedruckt. Die deutschen Außengrenzen werden allerdings zunehmend stärker überwacht. Darum muss die Grenzarbeit neu organisiert werden. In allen Nachbarstaaten werden Abschnittsleitungen eingerichtet, die in der Regel von Mitgliedern des Zentralkomitees geführt werden. Rund ein halbes Hundert Parteibeauftragte starten von dort mit Direktiven ins Reich. Regelmäßig und natürlich konspirativ. So soll der dezentrale antifaschistische Widerstand im Land geführt und aktiv unterstützt werden. Doch die Gestapo ist bei der Ausspähung der Illegalen erfolgreich. Im Januar 1936 ergreifen die Schergen Wilhelm Flirl, der die Fäden von Berlin aus seit drei Monaten zieht – im August wird er hingerichtet. Ende März 1936 fällt ihnen Otto Kropp in Köln in die Hände, der von Amsterdam aus seit dem Herbst des Vorjahres den Widerstand im Ruhrgebiet organisiert – im Mai 1937 stirbt er unter dem Fallbeil. Seit Januar 1936 operiert Ewald Funke von Stuttgart aus – im Mai ergreift ihn die Gestapo, im März 1938 wird er hingerichtet ... So fällt ein Brückenkopf nach dem anderen.

Die Verbindung über die tschechisch-deutsche Grenze hält neben anderen Antifaschisten die nach Prag emigrierte Minna Fritsch, eine Berliner Putzfrau und alleinerziehende Mutter zweier Kinder. Zwischen 1936 und 1938 geht sie als Kurier vierzigmal über die Grenze. Als die Wehrmacht nach dem Münchner Abkommen in die Tschechoslowakei einrückt, flieht sie nach England, wo sie als feindliche Ausländerin bis zum Herbst 1941 auf der Isle of Man interniert wird. 1946 starb sie in Großbritannien kurz vor ihrer geplanten Rückreise nach Berlin, keine 57 Jahre alt. Minna Fritsch wurde in der Gedenkstätte der Sozialisten in Berlin-Lichtenberg beigesetzt, an ihrem Wohnhaus in der Kreuzberger Wassertorstraße erinnert seit 1987 eine Tafel an diese tapfere Widerständlerin.

Die Grenzkontakte finden meist an Wochenenden oder Feiertagen statt, damit die Abwesenheit der Illegalen in ihren Heimatorten oder auf den Arbeitsstellen nicht bemerkt wird. In den Grenzgebieten sind sie einzeln oder in Gruppen als »Ausflügler« unterwegs. Der am stärksten frequentierte Abschnitt ist der zwischen der ČSR und Deutschland – und für diesen ist Walter zuständig. Bis zum Herbst 1937 bestehen in diesem Grenzabschnitt Sudentenland etwa 2600 feste Verbindungen.

Zwei Wochen nach der Brüsseler Konferenz waren Walter und Lotte per Bahn nach Prag gereist. Lotte fuhr als »Charlotte Schultchen« und zur Sicherheit in einem anderen Wagen. Walter hat auch einen Brief von Dimitroff an den SPD Exil-Vorstand in Prag bei sich, um Verhandlungen zur Volksfront aufzunehmen. In Prag bezieht er mit Lotte in einer kleinen Einzimmerwohnung. Weihnachten 1936 inspiziert Walter den Abschnitt im Riesengebirge – das Notwendige mit dem Nützlichen verbindend. Er ist leidenschaftlicher Wintersportler. In Hohenelbe (tschechisch: Vrchlabi) schnallt er sich die Bretter unter und fährt mit seiner Begleitung hinüber nach Pommerndorf (tschechisch: Strážné). Dort trifft er sich in einem Berghäuschen mit den Kurieren aus Schlesien von jenseits der Grenze. Klaus Lehmann, einer der deutschen Kuriere, erinnert sich später an ein solches Treffen mit dem Grenzabschnittsleiter Walter. »Nach einer gründlichen politischen Instruktion legte er größten Wert auf genaue Einteilung aller Genossen, jede Möglichkeit musste beachtet und jeder Treff genau festgelegt werden. Die Anweisungen von Walter Ulbricht zeigten seine große Kenntnis der illegalen Arbeit, aber auch seine große Sorge um die Sicherheit der Genossen.«

Deutschland auf Kriegskurs

Während das Naziregime mit Brot und
olympischen Spielen das eigene Volk und
auch das Ausland für sich einzunehmen
versucht, laufen die Kriegsvorbereitungen an.
In Spanien findet die Generalprobe statt.
Walter ist dort bei den internationalen
Verteidigern der Republik und versucht
unverändert, auf europäischer Bühne eine
antifaschistische Allianz zu bilden

Inzwischen sind drei Jahre seit der Installation des Terrorregimes
in Deutschland vergangen, die blutige Mordmaschinerie läuft,
der SS-Apparat ist mit der Polizei zu einem grauenhaften Unter-
drückungsinstrument verschmolzen. Zur Scheinwahl eines Reichstages im März 1936 ist nur die NSDAP zugelassen, Juden und
sogenannte »jüdische Mischlinge« sind nach dem Reichsbürger-
gesetz von 1935 von dieser Wahl explizit ausgeschlossen. Angeblich stimmen 98,8 Prozent der Wähler für die »Einheitsliste der
NSDAP«, der fehlende Rest zu den hundert Prozent wird wegen
»abweichender Markierungen« als ungültig gewertet. Gegenstimmen gibt es angeblich keine.

Die Kriegsvorbereitung läuft bereits seit Anbeginn, wird nun
aber forciert. In einer Denkschrift im August 1936 befiehlt Hitler,

dass die Armee in vier Jahren »einsatzfähig« und die Wirtschaft »kriegsfähig« sein müsse. Denn Expansion ist das eigentliche Ziel der Nazis und der Kreise, die sie an die Macht gebracht haben. Dazu dient auch die außenpolitische Absicherung. Im November 1936 schließen Berlin und Tokio den Antikominternpakt, einen völkerrechtlichen Vertrag, dem sich auch das faschistische Italien anschließt. Und nachdem mit massiver Unterstützung der deutschen Legion Condor die Spanische Republik zerschlagen sein wird, tritt auch das faschistische Franco-Spanien dem antikommunistischen Bündnis bei.

Der Welt präsentierte sich Nazideutschland mit den Olympischen Spielen im Winter und im Sommer 1936 als friedfertiger, kultivierter, scheinbar normaler Staat im Herzen Europas. Die westliche Welt ignoriert Berlins Bruch der Mitte der zwanziger Jahre geschlossenen völkerrechtlichen Verträge von Locarno, in denen die deutschen Westgrenzen als verbindlich festgelegt worden waren. Der Einmarsch der Wehrmacht ins entmilitarisierte Rheinland bleibt ohne jegliche politische und militärische Folgen. Stattdessen überall Beifall für den Diktator und Bewunderung für die von den Nazis forcierte dynamische Entwicklung der deutschen Gesellschaft. »In frühen Tagen sprach man von Amerika als dem Land der Wunderwerke – nun ist es Deutschland. Auch ich sage jetzt ›Heil Hitler!‹«, schreibt begeistert der britische Ex-Premier David Lloyd George, nachdem er im September 1936 von Hitler auf dem Berghof von Berchtesgaden empfangen worden ist. Hitler nennt er bewundernd »greatest living German«, den »größten lebenden Deutschen«.

Auch die britischen Windsors schwärmen für Hitler, es gilt in den adligen Kreisen als schick, zu den Nazi-Parteitagen in Nürnberg eingeladen zu werden. Was Wunder, die Royals sind mit dem deutschen Adel verbandelt, und der gehört – bis auf wenige Aus-

Zwei Monate zum
Jahreswechsel 1936/37
ist Walter bei den
Verteidigern der
Spanischen Republik,
spricht über den
Deutschen Freiheits-
sender 29,8 und Radio
Barcelona und sucht
die Internationalen
Brigaden auf

nahmen – zu den Förderern und Nutznießern das Regimes. Sieb-
zig Mitglieder des deutschen Hochadels waren schon vor 1933 der
NSDAP beigetreten. (Russlands Präsident Putin hat also keines-
wegs unrecht, wenn er in einem Beitrag für die konservative US-
Zeitschrift *The National Interest* zum 75. Jahrestag der Befreiung
Europas vom Faschismus feststellt, dass die westlichen Staaten,
»vor allem Großbritannien und die USA, direkt oder indirekt«
Deutschland gestärkt und auf den Krieg vorbereitet hätten. »Ihre
Finanz- und Industriekreise investierten durchaus aktiv in deut-
sche Fabriken und Werke, die Rüstungserzeugnisse produzierten.
Und unter der Aristokratie und dem politischen Establishment gab

es viele Anhänger radikaler, rechtsextremer, nationalistischer Bewegungen, die sowohl in Deutschland als auch in Europa an Stärke gewannen.«

Auf die eigene Verantwortung eingehend, schrieb Russlands Präsident aber auch:»Stalin und sein Umfeld verdienen viele gerechte Vorwürfe. Wir erinnern uns an die Verbrechen des Regimes gegen das eigene Volk und an die Entsetzlichkeit der Massenrepressionen. Ich wiederhole, man kann den sowjetischen Führern vieles vorwerfen, aber nicht das, dass es ihnen an Verständnis für den Charakter der äußeren Bedrohungen mangelte.« Und an anderer Stelle erinnert Putin an eben jene kritiklose Bewunderung im Westen für Hitler und die Erwartung, er werde sich ausschließlich nach Osten wenden:»Ich möchte in diesem Zusammenhang betonen, dass sich Stalin im Unterschied zu vielen damaligen europäischen Führern nicht mit einem persönlichen Treffen mit Hitler befleckte, der damals in westlichen Kreisen als ein durchaus respektabler Politiker galt, und ein willkommener Gast in den europäischen Hauptstädten war.«)

Die deutschen Antifaschisten, auch die im westlichen Exil, haben es angesichts eines solchen Zeitgeistes schwer. In Paris findet sich nach dem Kurswechsel der Komintern und der KPD erstmals eine Gruppe von kommunistischen, sozialdemokratischen und bürgerlichen Hitlergegnern zusammen. Im September 1935 kommt man im Hotel Lutetia am Boulevard Raspali zusammen, deshalb nennt sich der dort gebildete»Ausschuss zur Vorbereitung einer deutschen Volksfront« Lutetia-Kreis. Im Februar 1936 treffen sich – auf Einladung des Schriftstellers Heinrich Mann – 118 Antifaschisten aus allen Lagern und halten eine»Volksfrontkonferenz« ab. Die ideologischen Risse gehen jedoch tief und lassen sich nicht mit Parteibeschlüssen kitten. Am Ende wird man nach kontroversen Diskussionen und der Verabschiedung von

Das vor dem Ersten Weltkrieg errichtete Jugendstil-Hotel beherbergte 1935/36 den »Lutetia-Kreis«, den Ausschuss zur Vorbereitung einer deutschen Volksfront

Protesterklärungen, Flugblättern und Programmen nach Jahresfrist auseinandergehen. Am Ende bleibt es bei einem »Aufruf an das deutsche Volk«, mit dem die etwa siebzig unterzeichnenden Intellektuellen – von Lion Feuchtwanger über Ernst Bloch bis zu Willy Brandt – zum Sturz des Naziregimes durch die »deutsche Volksfront« aufrufen.

Der Lutetia-Kreis ist Episode. Walter muss nüchtern konstatieren, dass die dort versammelten deutschen Emigranten keine Massenbasis haben, dass sie sich mehrheitlich in ihrem Denken und Handeln vom Leben und den Empfindungen ihrer Landsleute unterscheiden. Das ändert die Tatsache nicht, dass sie Zugang zu mehr als hundert Redaktionen im Ausland haben.

Heinrich Mann resümiert später in seiner Autobiografie, dass es dem Lutetia-Kreis auch nicht annähernd gelungen sei, das ganze Volk zu vertreten, zu abgehoben und fern sei man den Lebensumständen der einfachen Landsleute im Reich gewesen. Und er bekennt sich auch zu seinem Misstrauen und dem Argwohn gegenüber kommunistischen Funktionären, die nun eine andere Auffassung vertraten als noch vor Jahren. Walter beispielsweise nennt er einen »Mann, der plötzlich sagt, dass der Tisch, an dem Sie sitzen, kein Tisch ist, sondern ein Ententeich, und versucht Sie zu zwingen, das zu akzeptieren«.

Auch unter den deutschen Teilnehmern mit KPD-Parteibuch bestehen Differenzen. Willi Münzenberg, einer der maßgeblichen Organisatoren des Kreises, bezeichnete die zwischen dem VI. und VII. Weltkongress verfolgte Linie als falsch, was Herbert Wehner, der als Kandidat des Politbüros zum Führungszirkel der KPD gehört, als »opportunistische Prinzipienlosigkeit« zurückwies. Walter stritt, wenngleich aus anderen Gründen, mit Münzenberg, was dazu führte, dass Moskau ihn, Münzenberg und Franz Dahlem einbestellte. Als »Albert Huber« reiste Walter mit einem luxemburgischen Pass in die sowjetische Hauptstadt. Die Beratungen stellen »Mängel« in der Arbeit der deutschen Parteiführung fest, Münzenberg erhält eine Parteirüge und wird aus dem Volksfrontausschuss entlassen. Walter kehrte mit der Order wieder, den Platz Münzenbergs in den Lutetia-Gesprächen zu übernehmen. Er verfügt über ausreichende Verbindungen, ist erfahren im Umgang mit Sozialdemokraten, Gewerkschaftern und anderen Antifaschisten.

Die Bedeutung des Ausschusses zur Vorbereitung einer deutschen Volksfront ist später kaum gewürdigt worden, zumal er nur wenige Monate existierte. Das überrascht nicht vor dem Hintergrund des spanischen Bürgerkrieges von 1936 bis 1939 und der in der Sowjetunion geführten »politischen Säuberung« (»Tschistka«)

von Juli 1937 bis November 1938, angesichts des im September 1938 in München getroffenen völkerrechtswidrigen Abkommens zwischen Frankreich, Großbritannien, Italien und Deutschland, mit dem die Tschechoslowakei zerschlagen wird, und dem Anschluss Österreichs ans »Großdeutsche Reich« im März 1938. All diese Vorgänge besitzen ein anderes politischen Gewicht als die Debatten intellektueller Emigranten in Paris, die mit Worten und Appellen die Faschisten auf ihrem Weg in den Krieg stoppen wollen.

Dennoch: Der Aufruf dieses Kreises zum vierten Jahrestag der Errichtung der Nazidiktatur (»Bildet die deutsche Volksfront! Für Frieden, Freiheit und Brot!«) ist das erste programmatische Dokument mit den Unterschriften führender Vertreter der KPD, der SPD und namhafter Vertreter der deutschen Intelligenz. Das Papier trägt Walters Handschrift, er hat zuvor mit allen exponierten SPD-Führern gesprochen: mit Karl Böchel, Friedrich Stampfer, Otto Wels, Rudolf Hilferding, Paul Hertz, Gustav Ferl, auch mit Heinrich Imbusch von der Zentrumspartei. Er hat Gemeinsamkeiten und Trennendes ausgelotet. Und das bestehende Misstrauen Schritt um Schritt abgebaut. Noch vor kurzem hatte die SPD-Führung eine Zusammenarbeit mit dem Argument abgelehnt, »die kommunistische Emigration« sei angeblich »so sehr von Spitzeln und Verrätern durchsetzt [...], dass eine Einheitsfront der Emigranten mehr Gefahren als Vorteile mit sich bringen würde«. Als wären die Zuträger und Spione der Gestapo nur auf die Antifaschisten der KPD angesetzt ...

Diese Auseinandersetzungen bewältigt Walter erfolgreich, und auch die in Moskau geführten Untersuchungen – gespeist aus willkürlichen Anschuldigungen und absurden Unterstellungen, grundlosen Mutmaßungen und hypertrophiertem Sicherheitsbedürfnis – steht Walter durch. Es wird viel »dreckige Wäsche«

gewaschen, selbst seine Beziehungen zu Rosa Michel und Lotte Kühn kommen aufs Tapet. Doch er übersteht alle Intrigen. Von den meisten Gerüchten wird er erst sehr viel später Kenntnis erhalten. Nichtwissen erweist sich mitunter als nützlich.

Die Schauprozesse in Moskau wirken sich nachhaltig auf die Volksfrontpolitik der Partei aus, Walter bekommt es als einer der Ersten zu spüren – er ist schließlich in der Auslandsleitung in Paris dafür zuständig. Sie beeinflussen auch die internen Auseinandersetzungen innerhalb der sozialdemokratischen Bewegung. Antikommunistische Kräfte bekommen Oberwasser und gehen wieder auf Distanz.

An der geringen Resonanz im Reich ändert auch der *Deutsche Freiheitssender 29,8* in Spanien wenig, der seit Januar 1937 von der KPD betrieben wird. Er sendet auf Kurzwelle und kann in Deutschland und in Übersee empfangen werden. Einige andere spanische Sender strahlen zudem deutsche Sendungen aus. So appelliert Walter am 20. Dezember 1936 an alle Antifaschisten über *Radio Barcelona*, die spanische Republik im Kampf gegen die spanischen Putschisten und die faschistischen Interventen aus Deutschland und Italien solidarisch zu unterstützen.

Walter hatte kurz zuvor im Hotel Colón in Barcelona Quartier bezogen, um dann weiter an die Aragon-Front zu reisen. Von dort geht es weiter nach Valencia und schließlich nach Albacete. Antifaschisten aus der ganzen Welt sind nach dem Franco-Putsch gekommen und haben Internationale Brigaden gebildet. Immer mehr eilen zur Unterstützung der Spanischen Republik auf die Iberische Halbinsel, die – durch die »Nichteinmischungspolitik« Großbritanniens und Frankreichs isoliert, während Deutschland und Italien interveniert – einzig von der Sowjetunion Hilfe erhält.

Die Freiwilligen aus 23 Staaten kämpfen mit und neben regulären spanischen Einheiten, und so verschieden ihre Herkunft, so unterschiedlich ist auch ihre politische Qualifikation. Alle eint jedoch die Entschlossenheit, mit der Waffe den spanischen, deutschen und italienischen Faschisten entgegenzutreten.

Walter reist im Auftrag seiner Partei wie auch der Komintern. Er soll sich ein Bild machen, analysieren, bei der Organisation und bei Kaderfragen helfen und den Internationalisten moralisch den Rücken stärken, das heißt politische Propaganda betreiben.

»In Bezug auf die Radiopropaganda benutzen wir regelmäßig den Langwellensender Barcelona und den Kurzwellensender der Vereinigten Sozialistischen Partei in Barcelona. Über den letzteren Sender können wir alles senden, aber er wird nur von einem Teil der deutschen Arbeiter gehört«, berichtet er nach seiner Rückkehr.

»Gegenwärtig wurden die technischen Vorbereitungen getroffen, damit ein spezieller Langwellensender für die KPD aufgestellt wird. Wir hatten zu diesem Zweck aus unserem Reservefonds 70 000 fr. angefordert.«

Sein Blick auf die Freiwilligen ist unauffällig, aber kritisch. Er beobachtet offen und unvoreingenommen. So bemerkt er ein ungutes »Verhältnis der von uns entsandten Funktionäre zur spanischen Partei«. Er will Tendenzen gesehen haben, dass Genossen in der Führung der internationalen Verbände »neben der spanischen Partei« arbeiteten. »Wir halten es für unbedingt notwendig, dass unsere Funktionäre unter der direkten Leitung der spanischen Partei arbeiten.« Außerdem müsse man besser aufs eigene Personal achten. »Da wir unsere politisch qualifiziertesten Kader nach Spanien geschickt haben, besteht die Gefahr, dass in kurzer Zeit diese Kader völlig aufgerieben sind und politische Kommissare oder militärische Leiter fehlen. Gleichzeitig ist es notwendig, in die spanischen Formationen Kader von Internationalen zu entsenden.«

Bemerkungen wie diese haben stets einen konkreten Anlass. Am 1. Dezember ist Hans Beimler als Politkommissar des Thälmann-Bataillons vor Madrid gefallen. Walter saß mit ihm im Deutschen Reichstag in einer Fraktion. Beimler war aus dem KZ Dachau geflohen, hatte in Prag und schließlich in Paris antifaschistisch gearbeitet. Im Sommer war er von der Auslandsleitung in Paris als einer der ersten Deutschen zur Unterstützung der Republikaner nach Barcelona geschickt worden. Beimler baute die ersten internationalen Einheiten und den deutschsprachigen Sender in Barcelona auf. Nun ist dieser wichtige Mann tot. Wie so viele andere.

In Barcelona beantwortet Walter vier Tage vor Weihnachten die Frage: »Wofür kämpft das spanische Volk?« Es ist der Auffassung, »dass vor allem in Deutschland ausführlicher den Massen erklärt wird, was die Volksfront den Werktätigen bringt, und was Franco ihnen bringt«. Und er sagt: »Tiefe Scham muss im Herzen jedes ehrlichen Deutschen brennen, der erfährt, dass deutsche Bomben und deutsche Flugzeuge unschuldige Frauen und Kinder morden, dass deutsches Giftgas die Lungen der spanischen Freiheitskämpfer zerfrisst!«

Am 23. Januar 1937 leitet das Zentralkomitee den Bericht über seine zweimonatige Untersuchung mit dem Hinweis »Streng vertraulich!« an die Führung der Komintern weiter. Er ist überschrieben mit »Beschlüsse und Maßnahmen der KPD in Bezug auf Spanien«. Er selbst reist nach seiner Rückkehr mit einem Schweizer Pass als Emil Rudolf Wagner von Paris nach Moskau. Es besteht kein Zweifel, dass Nazideutschland in Spanien die Generalprobe für einen großen Krieg abhält.

Im November 1936 waren etwa zwölftausend Soldaten der Legion Condor eingetroffen, Hitler entsandte militärische Berater in den Stab von Franco. Am Ende werden es mehr als sechzehntausend Deutsche sein, die auf Seiten der Putschisten kämpfen. Das Hitlerreich investiert in den Bürgerkrieg 215 Millionen US-

Dollar, wovon etwa zwei Drittel die Legion Condor kostet. Die IG Farben spendet wiederholt 100 000 Peseten und zahlt bei militärischen Erfolgen Sonderprämien, der Konzern unterstützt mit Siemens und anderen deutschen Unternehmen die Legion Vidal. Die IG Farben liefert auch die Elektron-Thermit-Stabbrandbombe B1E, mit der im April 1937 Guernica in Schutt und Asche gelegt wird. Der Terrorangriff richtet sich gegen die Zivilbevölkerung und ist der erste dokumentierte Verstoß der deutschen Luftwaffe gegen Kriegsvölkerrecht. Er liefert die Vorlage für Picassos wohl berühmtestes Gemälde.

Experten kommen später zu dem Befund, dass ohne die Unterstützung Hitlerdeutschlands der Militärputsch schon in den ersten Tagen gescheitert wäre. So aber richtete die Lufthansa eine Luftbrücke zwischen Spanisch-Marokko und dem Festland ein und transportierte in mehr als achthundert Flügen rund 14 000 Franco-Putschisten und Fremdenlegionäre übers Mittelmeer, zudem sicherten die deutschen Panzerschiffe »Deutschland« und »Admiral Scheer« die Passage der spanischen Boote in der Straße von Gibraltar. Deutsche U-Boote blockieren republikanische Häfen.

1937 wird in Miranda de Ebro ein Konzentrationslager nach deutschem Vorbild eingerichtet, das SS-Sturmbannführer Paul Winzer leitet. (Es sollten bis 1947 weitere 190 Lager folgen, in denen bis zu einer halben Million Verteidiger der Republik und Regimegegner inhaftiert sind.) In KZ Miranda de Ebro vernehmen Gestapo-Beamte die Gefangenen – 1940 wird der Reichsführer SS Heinrich Himmler die Folterhölle in der Provinz Burgos besuchen …

Ende Januar 1939 kommen in Draveil südlich von Paris knapp zwei Dutzend Führungskader der Partei zusammen. Um die Spione aus dem Reich zu täuschen, war das Treffen in die Schweiz verlegt worden, deshalb wird es als »Berner Parteikonferenz« in die Geschichte eingehen. Aufgrund der politischen Entwicklung in Europa ist die Kriegsgefahr rasant gewachsen, es ist fünf Minuten vor zwölf. Der Kampf um die Erhaltung des Friedens ist inzwischen zur vordringlichsten nationalen Aufgabe aller ehrlichen und patriotischen Deutschen geworden, wie es heißt. »Die Nation vor dem Untergang retten, heißt also, ihre Verräter und Verderber, den Hitlerfaschismus und das Trustkapital, stürzen«, fordert der amtierende Parteivorsitzende Pieck. Und in einem als »Berner Resolution« bezeichneten Papier wird auch erstmals eine vernünftige Perspektive für Deutschland aufgemacht. An die Stelle des gemeinschaftlich gestürzten Hitlerregimes soll »eine vom ganzen Volk frei gewählte Volksregierung in einer neuen demokratischen Republik« treten. »Die neue demokratische Republik wird aber, im Gegensatz zur Weimarer Republik, den Faschismus mit der Wurzel ausrotten, ihm seine materielle Basis durch die Enteignung des faschistischen Trustkapitals entziehen«, heißt es dort. »In der neuen demokratischen Republik wird, im Gegensatz zu Weimar, nicht die Großbourgeoisie, gedeckt durch eine Koalition mit einer Arbeiterpartei, ihre wirtschaftlichen und politischen Anschläge gegen das Volk richten können, sondern die einige Arbeiterklasse, vereint mit den Bauern, dem Mittelstand und der Intelligenz in der Volksfront, wird das Schicksal des Landes bestimmen.«

Dieses Dokument korrespondierte erkennbar mit dem Prager Manifest der Sozialdemokratie vom Januar 1934.

Walter ist seit dem 14. April 1937 kein deutscher Staatsbürger mehr – die Begründung ist im *Reichsanzeiger* nachzulesen: Er habe »durch sein Verhalten, dass gegen die Pflicht zur Treue gegen Reich und Volk verstößt, die deutschen Belange geschädigt«. Der britische Geheimdienst MI5 meint, er sei »momentan einer der wichtigsten Agenten der deutschen Kommunistischen Partei und kontrolliert die Pariser und Prager Zentren, welche die Komintern-Arbeit mit deutschen Emigranten und KPD-Mitgliedern im Exil leiten.« Und auch der sowjetische Nachrichtendienst interessiert sich für den umtriebigen Kader, wenn er denn in Moskau zu Gesprächen weilt und im Lux absteigt. Es geht das treffende Bonmot – egal, ob damals oder erst später erfunden: Was die Gestapo übrig ließ, sammelt das NKW, das Volkskommissariat für innere Angelegenheiten.

Lotte arbeitet in drei Schichten in der Druckerei »Iskra Revoluzii« und unterrichtet Deutsch, die Komintern hat ihre Anstellung abgelehnt. Die harte Arbeit und Mehrfachbelastung hinterlassen Spuren. Bald wird Lotte als »Invalide dritter Stufe« geführt und ist nur eingeschränkt arbeitsfähig. Walter spricht einmal im Monat vor Mitarbeitern des deutschen Programms beim Moskauer Rundfunk über die Entwicklung in Deutschland. Er möchte, dass die Sendungen nicht aus kommentarlos aus der *Prawda* übernommenen Beiträgen bestehen. Sie sind zu allgemein, zu abstrakt, unverständlich für normale Menschen im Reich, die man doch zu erreichen hofft.

Die Lage der beiden in Moskau ist prekär. Aber das meint weniger die materielle Seite. »Die jetzige Lage wird immer unerträglicher. Seit fast einem dreiviertel Jahr«, klagt Lotte 1938, »ohne Beschäftigung, d. h. von jedem gesellschaftlichen und parteilichen Leben durch eine unübersteigbare Mauer getrennt. Da ich fast 20 Jahre ununterbrochen beruflich tätig bin und außerdem weder Lust noch Talent zur Hausfrau habe, bedeutet dieser Zustand nicht nur geistigen Stillstand, d. h. Rückschritt, sondern auch schwere gesundheitliche Schädigung.«

Walter schreibt, analysiert, referiert. Es herrscht Stillstand, die Ruhe vor dem Sturm. Die Volksfront kam nicht zustande, die

Dorle am Gipfelkreuz 1939, heißt es zu diesem Foto im Familienalbum.
Es soll der Watzmann sein. Es ist aber erkennbar Sommer und noch Frieden

266

Spanische Republik ist gemeuchelt, der Westen paktiert in München mit den Nazis, in Deutschland brennen die Synagogen, die Wehrmacht rückt in die Tschechoslowakei und in Österreich ein, in Asien führt Japan Krieg in China und sein Marionettenstaat Mandschukuo kämpft gegen sowjetische Truppen ... Ein System kollektiver Sicherheit, das die Sowjetunion anstrebt, will einfach nicht zustande kommen. Aus Moskauer Sicht sind die Kapitalisten bereit, mit Hitler zu kooperieren und ihn zum offenen Krieg gegen die Sowjetunion zu ermuntern.

Im Rundfunk bezeichnet Walter das Münchner Abkommen als »ein Versailles für die tschechoslowakischen Völker«, in der *Deutschen Zeitung* »die Judenpogrome – eine Waffe der faschistischen Kriegspolitik«. Er meint, »bei allen bisherigen Pogromen hätten die Massen der Arbeiter und des deutschen Volkes sich mit Abscheu von diesen barbarischen Verbrechen abgewandt und in vielen Fällen die Juden beschützt«.

In der *Baseler Rundschau* wirbt er für Verständnis für die UdSSR und deren ernsthafte Bemühungen, zur Sicherung des Friedens Kompromisse zu schließen. Er schreibt, dazu sei die Sowjetunion bereit. Sie wolle »die Festigung sachlicher Beziehungen mit allen Ländern«. Soweit diese Länder »nicht versuchen, die Interessen der Sowjetunion zu verletzen«. Unter schwierigen Verhältnissen versuche sie den Frieden und die »Unversehrtheit und Unantastbarkeit der Grenzen des Sowjetstaates« zu sichern.

Zugleich ficht er einen persönlichen Kampf gegen Anschuldigungen und Intrigen. Münzenberg bezichtigt Walter, durch ihn sei die theoretische Arbeit der Partei auf den Hund gekommen. Mal kommen die denunziatorischen Gerüchte aus der linken, dann wieder aus der rechten Ecke, sie treffen ihn und auch seine Lebensgefährtin. Im April 1939 wird sie vom zuständigen Parteigremium unter Vorsitz von Wilhelm Florin befragt. Walter springt ihr wiederholt bei. »Das ist mit meiner Zustimmung passiert«, sagt er, und »ich war einverstanden«.

Florin resümiert, »es ist hier der Eindruck entstanden, dass du (dein Verhalten) nicht ganz ehrlich darlegst«. Und als möglichen Grund für diese Behauptung führt er Lottes »soziale Herkunft« an. Sie käme schließlich aus einem »kleinbürgerlichen Milieu«. Dann wird sie vor die Tür geschickt, man müsse sich beraten.

Walter explodiert geradezu – was selten geschieht. Er weiß sonst seine Gefühle sehr gut zu beherrschen, weshalb der Eindruck vorherrscht, er sei ohne Empfindungen und menschliche Regungen. Er kann nicht nur für Überzeugungen kämpfen, sondern auch um Menschen. Insbesondere, die er liebt.

Vor zwei Jahren sei die Frage aufgeworfen worden, dass »meine Frau« die frühere Frau des verhafteten Erich Wendt sei. »Damals habe ich verlangt, dass man die Sache untersucht. Nach zwei Jahren ist man endlich soweit, solche Fragen, die man schon längst hätte untersuchen müssen, zu prüfen.« In diesen zwei Jahren habe sie keine Arbeit bekommen, das Parteibuch habe man ihr abgenommen, sie hänge seither »in der Luft«, bricht es aus ihm heraus. »Auch der beste Genosse kann zuletzt zersetzt werden.«

Dann wird Lotte hereingerufen und aufgefordert, alles noch einmal schriftlich zu wiederholen. Am Ende erteilt ihr die Kontrollkommission eine Rüge wegen »Abstumpfung der Parteiwachsamkeit«. Worin soll diese bestanden haben? Erich Wendt, gottlob, ist schon lange aus der Haft entlassen.

Florin moniert nun Walters Auftritt vor der Kontrollkommission. »So gibt es auch Fälle, wo Genosse Ulbricht leichtfertige Rekommandationen gegeben hat.« Und ein wenig intrigant fragt der Genosse: »Woraus erkläre ich mir die mangelnde Wachsamkeit, die Sorglosigkeit bei Genossen Ulbricht?«, um sich gleich selbst die Antwort zu erteilen: »Starrheit, bürokratische Tendenzen, Kommandeursmethoden, krankhafter Ehrgeiz sind wohl die Grundursachen.«

Solche perfiden Etikettierungen werden später gern von Walters Gegnern kolportiert. Den zweiten Teil der Denunziation lassen sie aber weg. »Genosse Ulbricht hatte absolut kein richtiges Verständnis für eine bolschewistische Kaderpolitik, für eine Erziehung oder Umerziehung von Kadern, und er war, wie das erwiesen ist, sehr blind gegenüber der Tätigkeit der Feinde.«

Die tendenziöse Vorhaltung bleibt ohne Folgen. Drei Tage später wird Walter rehabilitiert. Nach fast zwei Jahren wird Lottes Antrag auf die Aufhebung ihrer Parteistrafe 1941 endlich von der Kontrollkommission aufgerollt. Handgeschrieben steht in ihrer Akte nach der Untersuchung: »Damit ist die Anschuldigung gegen die Gen. Kühn, enge Beziehungen mit einem Parteifeind unterhalten zu haben, haltlos geworden.« Dennoch weigert sich auch dann noch die Kommission, sie zu rehabilitieren. Anstatt die Strafe aufzuheben, wird eine weitere Kommission beauftragt, die Parteistrafe zu untersuchen und Empfehlungen vorzulegen. Erst auf Walters Druck verhandelt die Kontrollkommission »das Gesuch der Genossin Kühn alias Schultchen« und entscheidet sich wegen »der Rehabilitierung ihres Exmannes und ihrer guten Arbeit« die Rüge zu streichen.

Wilhelm Florin, seit 1935 Mitglied des Exekutivkomitees der Kommunistischen Internationale und der Internationalen Kontrollkommission der Komintern, wird Jahre später mit Walter zu den Gründungsmitgliedern des antifaschistischen Nationalkomitees »Freies Deutschland« gehören. Er stirbt im Juli 1944, noch vor Ende des Krieges.

An der Front

Mit dem Überfall auf Polen 1939 wird der
Krieg zur militärischen Neuaufteilung der
Welt und zur Eroberung der Weltherrschaft
fortgesetzt. Er endet nach sechs Jahren mit
einer nationalen Katastrophe. Deutschland
liegt am Boden, ist besetzt und wird geteilt.
Walter kämpft in der Antihitlerkoalition und
leistet Vorarbeit für eine antifaschistisch-
demokratische Republik

Der neue Krieg ist zunächst eine Fortsetzung des alten und soll
die Ungerechtigkeit des Versailler Unfriedens revidieren. Und
andererseits und insbesondere geht es, wie Hitler schon in »Mein
Kampf« geschrieben hat, um Lebensraum im Osten, um Rohstoffe
und Ressourcen. Das will die Kapitalistenklasse in Deutschland
auch. Deshalb lassen sie Hitler & Co. nicht nur machen. Sie prote-
gieren die Nazis auch, weil sie sich fürs Geschäft etwas erwarten,
nämlich Maximalprofite.

Der Krieg beginnt mit einer Niederlage. Die Antifaschisten in
Deutschland und die Antifaschisten im Ausland haben es nicht
vermocht, demokratische Mehrheiten zu gewinnen, um die Nazis
zu stoppen. Sie haben sich in ideologischen Intrigen zerrieben
und im Bruderkrieg blockiert. Teil und Ursache der Niederlage

Trotz »Nichtangriffs-
vertrages« steht Walter
auf der »Sonder-
fahndungsliste UdSSR«
des Naziregimes, die
über fünftausend
Deutsche umfasst

ist aber auch die Tatsache, dass die Staaten auf dem Kontinent unfähig waren, ein System kollektiver Sicherheit zu entwickeln, einen
Damm gegen Aggression und Expansion zu errichten. Frankreich
und Großbritannien hofften, durch Nachsicht und Nachgeben sich
ihren Frieden erhalten zu können; dafür opferten sie in München
selbst die Tschechoslowakei. Zu politischer Kurzsichtigkeit und
Arroganz kam noch der Antikommunismus. Sie verweigerten sich
jeder Art von Bündnis mit der Sowjetunion, zumal die Regieren-
den in London, Paris und anderenorts davon überzeugt sind, Hitler

werde nur Richtung Osten marschieren und das erledigen, was man zu Beginn der zwanziger Jahre bei den Interventionskriegen in Sowjetrussland selbst nicht erreicht hat. Schließlich heißt das Bündnis, welches Deutschland, Japan und Italien geschlossen hatten, »Antikominternpakt«. Die Angriffsrichtung ist damit klar vorgegeben.

Darum reagierte man abschlägig auf alle diplomatischen Bemühungen Moskaus, einen Antihitlerpakt zu schmieden. Trat auf die Bremse bei Verhandlungen, verzögerte, hielt hin. Im August 1939, als britische, französische und sowjetische Militärs in Moskau konferierten, hatten die Sowjets das Placet ihrer politischen Führung, eine gemeinsame Militärkonvention zur militärischen Verteidigung Englands, Frankreichs und der UdSSR gegen eine Aggression Deutschlands zu unterzeichnen. Ihre Kollegen aus Westeuropa hatten die Order ihrer Regierungen, die Verhandlungen sehr langsam zu führen. Man war nicht bereit, Verpflichtungen einzugehen, die die eigene Handlungsfreiheit einschränken würden, besagen Zeugenberichte. Die von der Sowjetunion angestrebte politische oder militärische Dreierallianz kommt nicht zustande.

Die Weltöffentlichkeit durchschaut das verlogene Gerangel nicht, wird aber aufgeschreckt durch einen unerwarteten Schachzug: Am 23. August 1939 ist Deutschlands höchster Diplomat in Moskau und unterzeichnet mit seinem sowjetischen Außenministerkollegen einen Nichtangriffsvertrag. Moskau ist überzeugt, dass Berlin auch diesen Vertrag – wie andere bilaterale und internationale Abkommen zuvor – eines Tages zerreißen wird. Doch so hofft man Zeit zu gewinnen, um seine Verteidigungspositionen ausbauen zu können. Dazu gehören auch geheime Vereinbarungen, die so völkerrechtswidrig sind wie viele imperialistische Vereinbarungen in der Vergangenheit, denn sie gehen auf Kosten der sowjetischen Nachbarn.

Die verständliche Entrüstung aller Antifaschisten in der Welt wäre noch größer gewesen, als sie ohnehin schon ist, wenn auch noch dieser Teil der Vereinbarung publik geworden wäre. Wieso schließt ausgerechnet die Sowjetunion einen Pakt mit dem Teufel, empört man sich. Hat sie bisher nicht Nazigegnern Asyl gewährt und den antifaschistischen Kampf unterstützt? Schickte sie nicht über zweitausend Fachleute, mehr als dreihundert Flugzeuge, hunderte Panzer und hunderttausende Gewehre, dazu anderthalb Millionen Granaten sowie Munition und Treibstoff nach Spanien, um die Faschisten niederzuringen?

Ein solcher Vertrag unterläuft die Überlegungen zur Volksfront-Politik, ist Wasser auf die Mühlen der Skeptiker und scheint die Behauptung zu bestätigen, dass es letztlich keinen Unterschied zwischen rot und braun gibt. Trotz unterschiedlicher Kappen sind sich Rechte und Linke im Wesen gleich. Sie sind Antidemokraten ... Die seit Jahrzehnten gepflegten Vorurteile, von Walter und anderen in mühsamer Aufklärungsarbeit auszuräumen versucht, brechen in diesem Spätsommer wieder auf. Die führenden Köpfe der SPD erklären Walters Partei als nicht bündnisfähig und lehnen jede Verbindung zu ihr ab.

Und sie erhalten weiter propagandistische Nahrung, als nach dem Überfall und dem Sieg der Wehrmacht über Polen die Sowjetarmee auf polnisches Territorium bis zur Curzon-Linie vorrückt. Was interessiert da noch, dass diese nach dem britischen Außenminister benannte Demarkationslinie in Versailles als Westgrenze Sowjetrusslands völkerrechtlich festgelegt worden, aber im Polnisch-Sowjetischen Krieg 1919/21 um einige hundert Kilometer von Polen nach Osten verschoben worden war? Dieses ihr geraubte Territorium holte sich die Sowjetunion zurück und schloss am Tag der polnischen Kapitulation am 28. September 1939 einen Grenz- und Freundschaftsvertrag mit Hitlerdeutschland.

In der von Walter mitformulierten und prinzipiell zustimmenden Erklärung zum Nichtangriffsvertrag schwingen Zweifel und Distanz mit. »Nur wenn das deutsche Volk selbst das Schicksal der deutschen Nation in seine Hände nimmt, wird der Frieden gesichert sein. Vertraut nur auf eure eigene Kraft!«

Dass der Westen Polen gleichsam verraten hat, offenbart die Reaktion in Paris und London. Dort hatte man zwar im März, Mai und August 1939 Garantieversprechen für Warschau abgegeben – doch außer einer formalen Kriegserklärung am 3. September 1939 geschieht nichts. Die USA erklären zwei Tage später sogar ihre Neutralität im deutsch-polnischen Krieg.

Paris untersagt der britischen Luftwaffe Angriffe auf Deutschland, weil Gegenangriffe auf französische Ziele befürchtet werden. Und die Kommunistische Partei Frankreichs (PCF) wird am 26. September verboten. Dieser »Sitzkrieg« endet erst am 10. Mai 1940, als die Wehrmacht in Frankreich einfällt.

In Deutschland selbst verschärft das Terrorregime seinen Kampf gegen die Gegner. Mit dem Erlass über die »Grundsätze der inneren Staatssicherheit während des Krieges« wird rücksichtsloses Vorgehen unter Ausschaltung der Gerichte festgelegt. Erstes Opfer ist der bei Junkers in Dessau tätige Hans Heinen, er wird wegen »Sabotage des Verteidigungswillens« auf Befehl Himmlers am 8. September 1939 exekutiert. Bereits in den ersten Kriegstagen werden mehrere tausend Regimegegner, die schon einmal im KZ oder im Gefängnis waren, neuerlich inhaftiert. Die Zahl der »Vergehen«, die mit der Todesstrafe geahndet werden, steigt von bislang drei auf 46. Die Grenzen sind absolut dicht, praktisch bricht die Kommunikation zwischen der Auslandsleitung und den Parteiorganisationen im Inland zusammen. Die Behörden erhalten Sonderfahndungslisten mit der Aufschrift »Geheim«, in denen Namen von Personen alphabetisch aufgeführt sind, die ergriffen werden sollen. Die »Sonderfahndungsliste UdSSR« ist gebunden und 316 Seiten dick. Das rote Büchlein enthält 5254 Frauen und Männer, die »vom sicherheitspolizeilichen Standpunkt aus als gefährlich betrachtet werden«. Nicht überraschend findet sich unter U der ausgebürgerte »Ulbricht, Walter Ernst Paul, 30. 6. 93 Leipzig, Parteisekretär, ehem. Reichstagsabgeordneter der KPD.«

In Moskau brütet die KP-Führung den ganzen Herbst über fieberhaft an einer neuen Linie, an einer Politischen Plattform. Maßgeblich an dieser theoretischen Arbeit beteiligt sind Walter und Pieck. Es geht um Aufklärung, Aufklärung, Aufklärung. Über den imperialistischen Charakter des von Deutschland entfesselten Krieges und über die Haltung der Sowjetunion sowie deren legitime nationale Interessen. Als Staat unter den anderen kapitalistischen Staaten muss die UdSSR zunächst an sich denken. Sie ist nicht Organ der Komintern – auch wenn die Sowjetführung selbst die Komintern gern als ihr Instrument betrachtet, um nationale Interessen international durchzusetzen. Was ja auch verständlich ist. Im Sinne des proletarischen Internationalismus ...

Die soziale Lage der Emigranten aus Deutschland ist nicht leicht, selbst den führenden Genossen geht es nicht gut. Hinzugekommen ist ihr Bedeutungsverlust. Wegen des Vertrages mit Berlin hält Moskau, wie man im Fußball sagt, den Ball flach. Alles, was Deutschland reizen oder verärgern könnte, wird vermieden. Selbst die deutschsprachigen Sendungen im Moskauer Rundfunk erhalten einen anderen, eher folkloristischen Charak-ter. Hinzu kommt das unterschwellig spürbare Gefühl von Geringschätzung: Ihr deutschen Genossen habt die Nazis siegen lassen und damit uns die Suppe eingebrockt. Die österreichischen und tschechischen Genossen weigern sich, Hinweise oder gar Vorschläge der Deutschen anzunehmen. Und Stalin, der Generalsekretär der KPdSU, meidet jeden persönlichen Kontakt – die ersten Gespräche mit den deutschen Genossen finden erst wieder 1945 statt.

Der SPD-Exilvorstand höhnt. Was aus der »Gruppe Pieck-Ulbricht« geworden sei, wisse kein Mensch, heißt es in einem Schreiben im Januar 1940. »Seit Kriegsbeginn sind sie verstummt und verschwunden.« Ähnlich sieht es wohl auch Dimitroff, seit fünf Jahren Generalsekretär der Komintern. Seit Spanien, so erklärt er Walter bedauernd, spielten er und die Partei kaum noch eine Rolle.

Um den antifaschistischen Kampf im Inland zu stärken, meint man, dass ihn vielleicht deutsche Politemigranten aus der Sowjetunion unterstützen sollten. Vielleicht schwingt bei dieser Idee der Köhlerglaube mit, Rückkehrer aus dem Land, mit dem Deutschland einen »Grenz- und Freundschaftsvertrag« unterzeichnet hat, würden von Verfolgung der Nazis freigestellt. Eventuell gibt es auch Hinweise der sowjetischen Regierung, das man nicht traurig sei, zögen einige Tausend Emigranten wieder zurück nach Deutschland. Am Ende sieht es jedoch so aus, als habe Moskau, um in Berlin um Gunst zu buhlen, seit Jahresbeginn über vierhundert Flüchtlinge abgeschoben, ausgewiesen, sie gleichsam den faschistischen Löwen zum Fraß vorgeworfen. Es habe, so wollen es später Historiker aus den Unterlagen herausgelesen haben, ein »enges Zusammenspiel des Auswärtiges Amtes in Berlin, der deutschen Botschaft in Moskau und des Volkskommissariats für Auswärtige Angelegenheiten« gegeben. Vermutlich hat man, wie immer bei Passangelegenheiten üblich, miteinander gesprochen. Das lässt sich, angesichts der Folgen, auch scharf interpretieren. Die »Russlandrückkehrer« wurden in Deutschland »staatspolizeilich erfasst« und verhört, jeder war »politisch verdächtig«. Nur jene habe man laufen lassen, so heißt es in den Unterlagen, die als von der »bolschewistischen Lehre restlos geheilt« galten. Das waren gewiss die wenigsten. Die meisten kamen in Haft oder legten selbst Hand an sich. Genaueres ist nicht bekannt. Das öffnet Raum für Interpretation und Spekulation.

Dieses Kapitel gehört wahrlich nicht zu den rühmenswerten, was sich auch daran erkennen lässt, dass darüber in den später in Walters Verantwortung entstandenen Geschichtsdarstellungen nichts erwähnt ist. Vermutlich hatte die deutsche Kommunistin Susanne Leonhard mit ihrem Kommentar recht. Die Mutter Wolfgang Leonards war in den zwanziger Jahren eine Zeitlang mit dem sowjetischen Botschafter in Wien verheiratet und Mitte der dreißiger Jahre in die Sowjetunion gegangen. »Wir deutschen Politemigranten sind in Stalins Augen alle ein gefährlicher Ballast; man will uns loswerden.«

Walter unterstützt das 1939 zwischen Moskau und Berlin geschlossene Abkommen. Im Oktober 1939 legt er erstmals dem Exekutivkomitee der Komintern Stimmungsberichte aus Berlin vor. Es folgen regelmäßig detaillierte Berichte aus dem Reich. Und auch über das Verhalten von Intellektuellen im Exil. Er lässt Dimitroff wissen: »Es hat sich erwiesen, dass einige Schriftsteller in der Emigration, die als fortschrittlich galten, sich mehr oder weniger auf die Seite der englisch-französischen Reaktion gestellt haben, während andererseits in Deutschland manche Schriftsteller tätig sind, die als fortschrittlich bezeichnet werden können, oder die sich in fortschrittlichem Sinne entwickeln können.« Er fordert auch, das Wort »Nazi« aus dem Wortschatz der Partei zu streichen. »Ich halte diese Terminologie für falsch, weil dadurch eine Gleichsetzung der faschistischen Führer und der nationalsozialistischen Werktätigen erfolgt.«

Und er schreibt einen Aufsehen erregenden Artikel, in dem er argumentiert, dass Stalin versucht habe, den Frieden zu erhalten und die »Unversehrtheit und Unantastbarkeit der Grenzen des

Sowjetstaates« zu garantieren. Hitler »erklärte sich zu friedlichen Beziehungen zur Sowjetunion bereit, während der englisch-französische Kriegsblock den Krieg gegen die sozialistische Sowjetunion will. Wer gegen die Freundschaft des deutschen und des Sowjetvolkes intrigiert, ist ein Feind des deutschen Volkes und wird als Helfershelfer des englischen Imperialismus gebrandmarkt.« Walter mag mit dem Artikel viele Genossen vor den Kopf gestoßen haben, der Aufmerksamkeit der Deutschen im Exil von London bis Moskau konnte er sich jedoch sicher sein. »Jeder Exilant mit dem geringsten Interesse an Politik diskutiert den Artikel«, melden verschiedene Quellen. Im gleichen Ton verdammt die Komintern in ihrem Mai-Aufruf den Krieg als imperialistisch und geht mit England und Frankreich, nicht aber mit Deutschland scharf ins Gericht.

Von seiner in Leipzig lebenden Familie hört Walter nichts. Von wem auch? Seine Tochter Dora hat nach dem Besuch der Realschule eine kaufmännische Lehre beim Leipziger Fachbuchverlag Quelle & Meyer beendet. Dort arbeitet sie nun in der Buchhaltung. Und ist verlobt mit Jürgen Heyden, der bei der Wehrmacht und in Jüterbog stationiert ist. Die Verbindung ist arrangiert worden: Tante Anne hat den Sohn von Walters Wanderfreund Otto Heyden mit ihrer Nichte bekannt gemacht. Jürgen Heyden trifft Dora auf Sonntagsurlaub. Gemeinsame Interessen an Kunst, Musik und Blumen kommen dazu und tun das Übrige. Für Jürgen ist Dora »eine richtige Soldatenbraut«. Er weiß zwar von dem »Ulbricht, da in Moskau«, kann sich aber kaum vorstellen, »dass Dorles Vater der Ulbricht ist«. Man spricht über Walter nicht. Die Schmellinskys leben in Familie und das Leben, wie es die meisten Deutschen zu jener Zeit leben. Nach außen apolitisch, unauffällig, aufs Private bedacht. Noch ist der Krieg weit weg und erfolgreich: Im ersten Halbjahr 1940 werden Dänemark und Norwegen besetzt, die Benelux-Staaten und Frankreich besiegt. Jetzt endlich, so glauben die meisten Deutschen, sei der Frieden da.

Doch der deutsche Generalstab plant auch die Invasion der britischen Inseln (»Unternehmen Seelöwe«) und den Eroberungs- und Vernichtungskrieg gegen die Sowjetunion. Das »Unternehmen Barbarossa« ist unmittelbar nach dem Frankreichfeldzug ins Auge gefasst und das Oberkommando der Wehrmacht mit Weisung Nr. 21 mit der detaillierten Ausarbeitung des Ostfeldzuges beauftragt worden. Die Generalität ist der Überzeugung, man könne in vier bis sechs Wochen mit achtzig bis hundert Divisionen die Rote Armee schlagen. Hitler lässt sie wissen, er werde »zum frühestmöglichen Zeitpunkt, das heißt im Mai 1941, durch einen überraschenden Angriff auf Sowjetrussland die Gefahr des Bolschewismus ein für allemal aus der Welt schaffen«.

Das alles läuft geheim, allenfalls Reichspropagandaminister Goebbels verrät die keineswegs überraschende Absicht. Am 9. August 1940 erklärte er, die Sowjetunion ist und bleibe »Weltfeind Nr. 1«, mit dem ein Krieg unausweichlich sei.

Obgleich Stalin seit dem 29. Dezember 1940 von der Weisung Nr. 21 Kenntnis hat und Hitlers Entscheidung feststand, wird am 10. Januar 1941 ein weiteres deutsch-sowjetisches Wirtschaftsabkommen über die Lieferung großer Mengen Öl, Metallerze und Getreide aus der Sowjetunion geschlossen. Sechs Tage nach Vertragsschluss bekräftigt Hitler gegenüber dem Oberkommando des Heeres seinen »Entschluss: Russland so früh wie möglich zu Boden zu zwingen«.

Die Nachricht vom Überfall auf die Sowjetunion erreicht Walter in Kunzewo, wo er mit seinen drei Frauen – Lotte, Rosa und Mimi – in der Sommerfrische weilt. Er ist seit dem 23. Mai in der Komintern-Kolonie. Obgleich man doch glaubt, dass mit Stalins »Befreiungsschlag« im Westen Frieden gewonnen habe, werden in Moskau unterirdischen Räume ausgebaut und befestigt und an den Fenstern im Lux Verdunklungen angebracht. Die Prawda tritt allen Spekulationen von einem bevorstehenden Krieg entgegen. Alles Gerüchte, die mit provokatorischer Absicht verbreitet würden. »Nach Auffassung sowjetischer Kreise entbehren die Gerüchte über die Absichten Deutschlands, den Pakt zu brechen und einen Angriff gegen die UdSSR zu führen, jeder Grundlage.«

Friedl Fürnberg, ein österreichischer Genosse, der in der Presseabteilung der Komintern arbeitet und wie alle im Lux wohnt, überbringt am Sonntag die Nachricht. Friedl heißt eigentlich Siegfried und ist fast zehn Jahre jünger als Walter, er gilt als notorischer Optimist und Haudegen. (Drei Jahre später wird er über Slowenien abspringen und in der jugoslawischen Partisanenarmee das erste österreichische Freiheitsbataillon gründen, das am 12. Mai 1945 in die Wiener Hofburg einziehen wird. Auf einer Festsitzung des ZK der KPÖ im Mai 1972 sagte er mit Blick auf die Gegenwart: »Wir kämpfen gegen die verlogene, heuchlerische Humanismusargumentation, die von Leuten betrieben wird, die die Grausamkeiten des Imperialismus verteidigen und ermöglichen. Humanismus verlangt zuallererst den Sturz des Kapitalismus, das Ende der Herrschaft des Imperialismus. Im Kampf für dieses Hauptziel des Humanismus in der Gegenwart brauchen wir die Kameradschaft, ja Freundschaft zwischen uns und mit allen, die mit uns gehen wollen.« Fürnberg starb im April 1978 in Moskau, fünf Jahre nach Walter.)

Um zwölf Uhr am 22. Juni 1941 erklärt der Vorsitzende des Ministerrates Molotow über alle Rundfunksender der Sowjetunion: »Heute morgen um 5 Uhr haben deutsche Truppen unsere Grenze von Murmansk bis zum Schwarzen Meer ohne Kriegserklärung überschritten. Kiew, Minsk, Sewastopol, Brest wurden bombardiert.«

Die Kader fahren stumm zum Gebäudekomplex in Rostokino, zum Sitz der Komintern. Krisensitzung mit dem Generalsekretär Dimitroff. Die Aufgaben werden neu gefasst. Walter soll, wie gewohnt, propagandistisch tätig werden. Für die Rote Armee und für das deutschsprachige Programm von Radio Moskau. Das hat er schon immer gemacht. Nun aber mit anderen Themen und mit einer anderen Zielrichtung. Die Verteidiger brauchen Informationen über die Angreifer. Was müssen sie über den Aggressor wissen? Was können sie von ihm erwarten? Auf jeden Fall: kein Erbarmen. Das ist eine prinzipielle Einschätzung, denn den sogenannten Kommissarbefehl, den Hitler fünf Wochen vor der Invasion erlassen hat, kennt zu diesem Zeitpunkt noch niemand hier. Politische Kommissare seien nicht als Kriegsgefangene zu behandeln, sondern »zu erledigen«, heißt es in der Mord-Anweisung. Wenige militärische Befehlshaber melden Bedenken an, als der Befehl ihnen mündlich mitgeteilt wird. Die aber werden vom Chef des Oberkommandos der Wehrmacht, Wilhelm Keitel, zerstreut – von jenem Keitel, der am 8. Mai 1945 in Berlin-Karlshorst die bedingungslose Kapitulation Deutschlands unterzeichnen werden wird. Es handele sich hier nicht um einen ritterlichen Krieg, sondern »um die Vernichtung einer Weltanschauung«.

Walter nimmt den Krieg seiner Landsleute nicht hin wie jede andere Nachricht. Und er fragt sich nicht zum ersten Mal, was mit ihnen geschehen ist, dass sie bereitwillig einem Massenmörder folgen? »Freiheit das Ziel, Sieg das Panier! Führer befiehl, wir folgen dir!« – so die Schlusszeile des »Russlandliedes«, das Goebbels vor dem Krieg gegen die Sowjetunion in Auftrag gegeben hat und das nun bei jeder Sondermeldung von der »Ostfront« gespielt wird. Angekündigt wird die Meldung mit der »Russlandfanfare«, einer Sequenz aus einem Stück von Franz Liszt. Die Demagogen der Nazipartei beherrschen die Klaviatur der Massenpsychologie,

Obgleich die Wehrmacht scheinbar unaufhörlich vorwärtsrückt, gibt es auch
deutsche Kriegsgefangene. Im August 1941 besucht Walter erstmals ein Lager
und spricht mit seinen Landsleuten

die Mechanismen der Verblendung und Manipulation. Sie bringen
Menschen dazu, gegen ihre eigenen Empfindungen und gegen alle
Vernunft zu handeln. Walter referiert an der Militärakademie und
berichtet anschließend, dass ihm noch kein Vortrag so schwer-
gefallen sei wie dieser. Er habe keine überzeugenden Argumente
gefunden, um den Sowjetoffizieren zu erklären, warum die Partei, warum die Arbeiterklasse es in Deutschland nicht vermocht
hatte, Hitler am Krieg zu hindern. Er empfindet diese Niederlage
als persönliches Versagen.

Täglich muss er nun von den Verlusten erfahren, wie die
Panzerspitzen der Hitlerwehrmacht nach Osten stürmen und in

ihrem Windschatten die SS-Einsatzgruppen im Blutrausch wüten. Eine Stadt fällt nach der nächsten, Hunderttausende Rotarmisten geraten in Kriegsgefangenschaft. Doch trotz der von der Nazi-propaganda frenetisch bejubelten Siege ist der Blitzkrieg de facto nach vier Wochen gescheitert – obwohl es noch immer weiter und weiter geht. Nachdem Franz Halder, Chef des Generalstabes des Heeres, bereits Anfang Juli schrieb:»Der Russe hat den Krieg in den ersten acht Tagen verloren. Seine Verluste sind unvorstellbar«, erreicht die Wehrmacht tatsächlich erst nach Monaten Moskau. Halder ernüchtert:»Die Truppe ist hier am Ende.«

Mit der Versicherung, der Sturm auf Moskau werde den Krieg beenden, hatte man die längst erschöpften und von der Gegen-wehr zermürbten deutschen Armeen im Herbst noch einmal mo-bilisieren und motivieren können. Doch am Stadtrand der sowjeti-schen Hauptstadt stoppt die Rote Armee den Vormarsch endgültig und geht erstmals zum Gegenangriff über.

Seit dem 26. Juni 1941 ist Walter bei *Radio Moskau* auf Sen-dung. Der Auslandssender war 1929 gegründet worden, drei Jahre vor *BBC World Service*. Zunächst wandte man sich an deutsch-sprachige Hörer, dann folgten Englisch und Französisch, seit eini-gen Jahren sendet *Radio Moskau* in acht Sprachen. Bekannte Leute melden sich: Egon Erwin Kisch, Lotte Loebinger, Johannes R. Be-cher, Friedrich Wolf, Erich Weinert, Hedda Zinner ... Seit Beginn des Krieges gilt *Radio Moskau* in Deutschland als Feindsender, wer erwischt wird oder dort gehörte Nachrichten verbreitet, wird mit dem Tode bestraft.

Zur Verstärkung der Propaganda im Reich geht am 10. Sep-tember 1941 der *Deutsche Volkssender* ans Netz. Er versteht sich als Nachfolger des *Deutschen Freiheitssenders 29,8*, der damals in Barcelona stand. Neben der Entsendung von Beauftragten an die Front, die dort mit Grabenlautsprechern zu den deutschen Soldaten sprechen, wird der Sender zunehmend zum wichtigsten Informationsmedium der Partei und zum Hauptinstrument ihrer politischen und organisatorischen Führungstätigkeit. Über den Äther erreicht sie Hitlergegner in der Heimat, und sie ermutigt auch jene, die nicht zu den Parteigängern der Nazis gehören. Die SPD teilt in ihren *News for German Socialists* in England jedoch mit, dass sie unverändert »keine Veranlassung« sehe, »auf die jetzige Einheitsfrontaktion der deutschen Kommunisten« einzugehen. Als Partei verfolge sie keine deutsche Politik. Mit anderen Worten: Die KPD ist in der Wahrnehmung der SPD lediglich ein Werkzeug der Russen.

Die Widerstandskämpfer in Deutschland, in den Lagern und in der Illegalität, interessieren solche ideologischen Vorurteile jetzt kaum noch: Es gibt nur eine Aufgabe – den gemeinsamen Gegner gemeinsam zu schlagen. Die Wirklichkeit ist ein überzeugender Lehrmeister.

Viele der Redner und Sprecher aus Spanien sind auch jetzt wieder mit dabei, darunter etwa Walter, der den Sender in Moskau inhaltlich leitet. Er organisiert, strukturiert, führt. Walter ist wieder in seinem Element. Vorbei das unerträgliche Warten, das unproduktive und eigentlich wirkungslose Debattieren, die Abwehr von Intrigen und unsinniger Profilierungskämpfe. Es gibt eine klar definierte Aufgabe.

Er baut sich eine Mannschaft zusammen, bildet Arbeitsgruppen, etwa eine für die Jugend- und Soldatensendungen. Die Sendemanuskripte kommen, wie Walter dies stets zu halten pflegt, ins Archiv, und liegen bis heute unentdeckt im Bundesarchiv in der Finckensteinallee zu Berlin. Seine Lebensgefährtin kümmert sich um die Frauensendungen. Es wird ein breites Themenspektrum abgedeckt, quasi eine Volksfront im Äther. Selbst religiöse Feierstunden und Grüße deutscher Kriegsgefangener werden übertragen. Oft erfahren Angehörige im Reich auf diesem Wege, dass ihr Vater, Sohn, Bruder, Cousin noch lebt. Und es wird für Kultur gesorgt. Von den Nazis verschmähte, verbrannte und vertriebene Autoren bis hin zu deutschen Klassikern werden gelesen. Propaganda der intelligenten Art und tatsächliche Volksaufklärung, kein Parteilehrjahr.

Zu Walters Leidwesen muss er jeden Text bei der Kominternführung vorlegen. Ja, es findet Zensur statt. Die Genossen achten peinlich darauf, dass er keine sozialistische Agitation betreibt, kein abfälliges Wort gegen Reaktionäre, Krautjunker und Konzernherren. Die Nazis darf er attackieren, nicht aber jene, die sie an die Macht brachten. Man wird sie vielleicht für die Zeit nach dem Krieg noch gebrauchen. Keine Anspielungen auf die Defizite der Demokratie in der Weimarer Republik, kein Hinweis auf die internationalistische Zusammenarbeit der deutschen und der sowjetischen Kommunisten. Da sind enge Grenzen gezogen. Statt dessen gibt es viele Berichte und Nachrichten von der »Heimatfront«: von Luftangriffen. Versorgungsmängeln, Zerstörungen von Wohnungen, Brücken und Betrieben. So wird den Zuhörern bewusst gemacht, wie grausam und sinnlos dieser Krieg ist, der sich nun gegen die Verursacher kehrt. Das ist dann schon später, nachdem sich Großbritannien, die USA und die Sowjetunion auf eine Zusammenarbeit, auf eine Antihitlerkoalition, verständigt haben. Der eingefleischte Antikommunist Churchill hatte am Tag des Überfalls auf die Sowjetunion erklärt, im Interesse des Kampfes gegen den nunmehr gemeinsamen Feind müssten alle Gegensätze zurückgestellt werden. Am 1. Oktober 1941 – die Wehrmachtverbände rollten weiter unaufhörlich gen Osten – verständigen sich in Moskau erstmals die Vertreter der drei Staaten über militärische und wirtschaftliche Hilfslieferungen. Im Verlaufe des inzwischen zum Vaterländischen Krieg erklärten Kampfes gegen die faschisti-

schen Okkupanten wird die Sowjetunion von den USA und Großbritannien etwa eine halbe Millionen Lastkraftwagen und vierein-
halb Millionen Tonnen Fleischkonserven erhalten.

Walter sucht den Kontakt zu deutschen Kriegsgefangenen. Er
will sich ein Bild davon machen, wie diese Soldaten denken, was sie
bewegt, wie die Stimmung in der Wehrmacht ist. Ihn interessieren
weniger die militärischen Details, Technik oder Pläne. Er möchte
in Erfahrung bringen, wie die Nazis es vermochten, so viele Hirne
zu vernebeln, warum Millionen sich in einen Angriffskrieg und
damit in den voraussichtlichen Tod schicken lassen.

Im August 1941, zwei Monate nach dem Überfall, besucht Walter erstmals mit einer Kommission Kriegsgefangene in Temnikow.
Der Gruppe gehören die Dichter Becher, Bredel und Weinert an,
dazu noch einige Funktionäre aus der Parteiführung sowie sowjetische Militärs. Das Kriegsgefangenlager trägt die Nummer 58,
es ist das erste in der Sowjetunion überhaupt und befindet sich
südöstlich von Moskau, etwas mehr als sechshundert Kilometer
von der Hauptstadt entfernt. Die Gespräche sind mehr als ernüchternd. Das also ist der Feind, denkt Walter. Dass die jahre-
lange Nazipropaganda derart nachhaltige Wirkung erzeugt hat, erschüttert ihn geradezu. Selbst hier, in Gefangenschaft, geben sich
die meist jungen Leute siegessicher und selbstbewusst, geradezu
überheblich. Sie wähnen sich als Teil der Herrenrasse und darum
den Russen überlegen. Slawen sind für sie Untermenschen. Warum
sie überhaupt hier sind, auf sowjetischem Territorium? Um den
Bolschewismus zu besiegen, bevor er uns besiegt, antworten sie ...
Es sind die bekannten faschistischen Propagandalügen, die sie verinnerlicht haben.

Es gibt aber auch einige nachdenkliche Soldaten in der Masse
der Verblendeten. Mit ihnen, da ist sich Walter mit seinen Be-
gleitern einig, müsse man »arbeiten«. Seine, ihre Weltanschauung

glaubt an die Veränderbarkeit, an die Erziehbarkeit von Menschen. Der Mensch ist nicht von Geburt an des Menschen Wolf, er wird dazu gemacht. Dieser Prozess kann auch in die andere Richtung gehen. Das funktioniert nicht mittels Nürnberger Trichters, sondern mit Geduld und Fingerspitzengefühl.

Walter entwickelt ein Konzept für eine politische Erziehung unter deutschen Kriegsgefangenen. Einzelne sollen gewonnen werden, um unter ihren Kameraden zu wirken. Es geht zunächst darum, ihnen die Augen zu öffnen, ihnen bewusst zu machen, dass dieser Krieg Deutschland in die Katastrophe führt, auch wenn es noch nicht danach aussieht. Er hofft, sie auf diese Weise aufzuschließen und für den Kampf gegen das Hitlerregime zu gewinnen. Nicht alle, aber einige.

Seine Überlegungen diskutiert er mit etwa drei Dutzend Soldaten im Lager Nr. 58, die er für aufgeschlossen hält. Sie sind nicht so reserviert und abweisend wie die meisten, die er trifft. Er hört ihnen aufmerksam zu, wirft diesen und jenen Gedanken in die Runde. Sein Bericht über die Gespräche mit Kriegsgefangenen geht auch an Dimitroff und Manuilski. Walter weiß, was er will. Ein Plan beginnt sich in ihm zu formen. Er überarbeitet seine »Taktik des Trojanischen Pferdes«: »Arbeiter, die nicht Nazis sind, aber politisch noch unterentwickelt sind, sollen in einem speziellen Kursus im Lager besonders geschult werden«, schlägt er vor. »Die wichtigste Aufgabe in den Gefangenenlagern besteht darin, die deutschen Kriegsgefangenen von der Naziideologie zu befreien und sie zu Antifaschisten und Freunden der Sowjetunion zu erziehen.«

Er weiß, dass er sich auf einem schmalen Grat bewegt. Schon im August hatte er sich gegenüber Dimitroff rechtfertigen müssen, weil die dort eingegangene »pessimistische Beurteilung« nicht von ihm käme. »Was die verschiedenen pessimistischen Auffassungen von Mitarbeitern in Bezug auf die Lage in der deutschen Armee betrifft, so hat das mit Mitteilungen von mir nichts zu tun. Zwei Genossen haben mich gefragt, ob ich auch eine solche pessimistische Beurteilung habe, worauf ich antwortete, ich habe keine Veranlassung dazu.«

Angesichts der Situation an der Front sehen viele Walters Überlegungen skeptisch, aber Walter glaubt daran. Er wertet Gefangenenverhöre aus. Akribisch fasst er jedes seiner mehreren hundert Gespräche zusammen. Immer wieder unterstreicht er in seinen Notizen Gesprächsfetzen: »unsere Kompanie hat die Hälfte ihres Bestandes verloren«, »die Lage in Deutschland hat sich sehr verschlechtert«, »keiner von uns glaubt, dass er mit dem Leben davonkommt«.

Anfang Oktober ist er wieder in Temnikow. Zwei Tage lang diskutiert er mit den Gefangenen. Er hat ein vorbereitetes Papier in der Tasche, den Extrakt seiner individuellen und kollektiven Gespräche mit Soldaten. Der Text, den eine von ihm geleitete Redaktionskommission in diese endgültige Fassung gebracht hat, beginnt mit zwei wuchtigen Ansagen: »Hitlers Niederlage ist unvermeidlich! Hitlers Sturz ist des deutschen Volkes Rettung!«

Zu einer solchen Aussage gehören sehr viel Optimismus und Zuversicht. Aktuell eröffnet nämlich die deutsche Heeresgruppe Mitte die Schlacht um Moskau, Leningrad wird bereits von deutschen Einheiten belagert, und die Heeresgruppe Süd hat Odessa erobert und bedrängt die Krim.

Und es gehört viel Beredsamkeit und Überzeugungskraft dazu, um gefangenen Soldaten diesen Optimismus glaubhaft zu vermitteln. Die Mehrheit glaubt nicht an einen Triumph der Russen und ist überzeugt, demnächst von den vorwärtsstürmenden deutschen Truppen befreit zu werden. Das bekunden sie deutlich mit Murren und Füßescharren, als ihnen das Papier vorgelesen wird, um dessen Zustimmung Walter bittet.

»Kameraden an der Front! Deutsche Männer und Frauen!«, hebt er an. »Wir sind deutsche Soldaten Arbeiter, Bauern und Angestellte wie Ihr. Jetzt befinden wir uns in Kriegsgefangenschaft in der Sowjetunion. Wir haben viel über den Krieg und das Schicksal Deutschlands nachgedacht. Wir sind überzeugt, das auszusprechen, was Millionen von Euch denken. Wir lieben unsere Heimat und unser Volk wie Ihr. Wir wollen die Knechtschaft und den Untergang unseres Landes ebensowenig wie Ihr. Und weil wir unser Volk lieben, weil wir unsere Heimat frei sehen wollen und das Glück unseres Volkes leidenschaftlich wünschen, darum hassen wir Hitler.«

Walter trägt ruhig vor, die meisten hören aufmerksam zu. Der Unmut setzt erst ein, als er im Weiteren vorträgt, wie das nach dem notwendigen Sturz Hitlers zu formende neue Deutschland ausschauen soll. Es geht von Demokratie und Gerechtigkeit die Rede, von der »wahren Einheit des Volkes« und der Absicht, »die Kriegsgewinnler die Kosten des Krieges zahlen zu lassen«. Er zeichnet die Vision einer idealen Republik, in der »weder Herkunft noch Besitz noch Parteiprivilegien« für den Aufstieg ausschlaggebend sein werden, »sondern einzig und allein die persönlichen Fähigkeiten, die eigene Tatkraft und Leistung«.

Am Ende ruft Walter mit ungewohntem Pathos aus: »Nieder mit dem Krieg! Nieder mit Hitler! Es lebe das freie, unabhängige Deutschland!«

Und tatsächlich: Am Ende stimmt fast jeder zehnte Lagerinsasse zu, 158 Soldaten unterzeichnen den Appell, der über den Rundfunk und auf Flugblättern an der Front verbreitet werden wird. Es ist die erste kollektive Willensbekundung deutscher Soldaten gegen Hitler in diesem seit dem 1. September 1939 geführten Krieg gegen die Völker Europas – und für die Schaffung eines freien, unabhängigen Deutschlands.

Der Appell liefert die Initialzündung für einen tiefgreifenden und langwierigen Klärungsprozess unter den deutschen Kriegsgefangenen, deren Zahl stetig wächst. Zur Unterstützung dieser Diskussionen und der Auseinandersetzung mit der Naziideologie erscheint seit November 1941 eine Zeitung für die deutschen Kriegsgefangenen: *Das freie Wort.*

In Moskau jedoch ist die Evakuierung beschlossen, das Verteidigungskomitee verlegt Bewohner und Betriebe tief ins Hinterland. Auch die Bewohner des Lux müssen mit Bussen ihr Quartier verlassen. Nach etwa zwei Wochen erreicht der fünfte Transport mit Walter und Lotte Ufa kurz vorm Ural. Die Führungen der Komintern und der Partei werden im Hotel Baschkirija untergenbracht. Die Rundfunkredaktion setzt ihre Arbeit im Haus der Pioniere fort, Moskau muss senden. Walter verarbeitet seine Gespräche in Temnikow, studiert erbeutete deutsche Dokumente und Feldpostbriefe, will den Soldaten »in die Seele« schauen. Gegenüber Dimitroff erklärt er, damit auch seine Arbeitsmethoden rechtfertigend:»Wenn es uns gelang, 158 Unterschriften zustandezubringen, so deshalb, weil im ideologischen Kampf im Lager ein Aktiv von Antifaschisten geschaffen worden war.« Und er leitet daraus die Idee ab, überall in den Lagern solche Aktivs zu bilden.

Kurz vor Weihnachten fliegt er nach Karaganga, dort befindet sich das Lager Nr. 99. Es liegt in der kasachischen Steppe, und tief darunter liegen Steinkohlenflöze. Die Kriegsgefangenen werden im Kohlebergbau eingesetzt. Sie sind müde, reagieren ablehnend auf den deutschen Besucher. Nur wenige sind bereit, mit ihm über den Krieg und die Nazis zu sprechen. Zu seinen Vorträgen erscheinen keine zwei Dutzend Zuhörer, ob seine Ansprachen über das Lagerradio gehört werden, ist ungewiss. Zwei Wochen bleibt er dort, selbst zu Weihnachten sucht er den individuellen Gedankenaustausch. Er ist Seelsorger, Psychologe und Parteifunktionär in einem. Walter weiß, dass an solchen Tagen Menschen fern der Heimat besonders sentimental sind. Und er versucht zu trösten, zu beruhigen, Mut zu machen. In diesen beiden Wochen sollen er und seine Begleiter 2281 Gespräche geführt haben, faktisch fast mit jedem Lagerinsassen. Viele Bilder werden gemacht, an die hundertvierzig Gruppenfotos und Porträts, und es entstehen Filmaufnahmen über das Lagerleben. Natürlich soll alles für die Propaganda eingesetzt werden.

Und Walters Plan ist es, eine Antifa-Schule für Kriegsgefangene aufzubauen, um jene Soldaten, die sich in den Lagern aufgeschlossen und interessiert zeigen, zu gewinnen – für die Aufklärung unter den Kameraden und für die Zeit nach dem Krieg. Die Schule soll am April 1942 mit viermonatigen Kursen beginnen, in seinem Konzept setzt er sich selbst als Leiter ein. Er weiß, dass vor ihnen schwere Arbeit liegt.

Die meisten Gefangenen gehen davon aus, dass noch in diesem Jahr der Krieg zu Ende gehen wird – mit einem deutschen Sieg. Und nicht nur deshalb reagieren viele aggressiv auf die einladenden Worte. Die faschistische Indoktrination hat spürbare Spuren hinterlassen. Die Leute, die hier im Lager agitieren, »die Kommissare«, seien »Juden«. Man werde ihnen die Knochen brechen ...

Dem Appell aus Temnikow folgt ein ähnlicher Aufruf von sechzig Politikern, Gewerkschaftsfunktionären und Schriftstellern im Exil. Er wird am 25. Januar 1942 publiziert. Die antifaschistische Bewegung von Deutschen im Ausland gewinnt erkennbar an Breite und Öffentlichkeit.

Gleichzeitig jedoch forciert die Naziführung im Reich ihre antijüdische Politik. Zur gleichen Stunde, am 20. Januar 1942, besprechen und beschließen hohe Beamte und SS-Führer in einer Villa am Berliner Wannsee Maßnahmen zur »Endlösung der Judenfrage«. Elf Millionen Menschen aus 27 europäischen Staaten

Im Winter liegt Walter bei Stalingrad im Schützengraben und versucht, mit Lautsprecheransprachen Wehrmachtsoldaten zur Aufgabe zu zwingen, rechts Erich Weinert

sollen ermordet werden. Nazis und ihre Kollaborateure werden sie systematisch aufspüren, in die Vernichtungslager deportieren und dort umbringen, dabei ihr Hab und Gut stehlen und alles »verwerten«, was sie am Körper tragen: Kleidung, Haare, Goldzähne … Ein widerliches Verbrechen mit industriemäßigen Abläufen, das in der Geschichte ohne jedes Beispiel ist.

Dieser Massenvernichtungsplan, von dem niemand in Moskau wissen kann, korrespondiert mit einem nicht minder verbrecherischen Konzept: dem Generalplan Ost. Er fußt ebenfalls auf der Rassendoktrin der Nazis und sieht die Kolonisierung und Germanisierung des Ostens vor – weshalb etwa fünfzig Millionen Osteuropäer ermordet oder vertrieben werden sollen. Die Faschisten nennen es Ausrottung minderwertigen Lebens: 80

bis 85 Prozent der Polen, 50 bis 75 Prozent der Tschechen, 50 bis 60 Prozent der Russen im europäischen Teil der Sowjetunion, 25 Prozent der Ukrainer und Belorussen … Tatsächlich werden etwa dreißig Millionen Militärangehörige und Zivilisten osteuropäischer Staaten dem Nazikrieg und -terror zum Opfer fallen.

Walter leitet die Kommission für die politische Arbeit unter den Gefangenen. Er administriert nicht, sondern sucht das Gespräch mit den Soldaten, für die als Gefangene eigentlich der Krieg vorbei ist, obwohl an der Front unverändert gekämpft und gestorben wird. Ihn beschäftigt die Frage: Wie kann dieser Irrsinn gestoppt werden? Er ist kein Militär, er kann auch nicht in die Zukunft schauen. Vor Moskau ist die Wehrmacht gestoppt worden, aber im Süden rollen die Panzer unablässig weiter und weiter, sie rollen zur Wolga und zu den Erdölquellen am Kaukasus. Im Laufe des Jahres 1942 haben sie ein Gebiet besetzt, auf dem vor dem Krieg fast die Hälfte der gesamten Bevölkerung der UdSSR lebte. Dort erfolgte ein Drittel der Industrieproduktion des Landes, befand sich fast die Hälfte der gesamten landwirtschaftlichen Nutzfläche. Würde unter diesen Umständen das Land nicht doch in die Knie gehen? Konnte es sich noch ohne Hilfe von außen retten?

Seit Jahresbeginn verhandeln die Sowjetunion und Großbritannien über ein »Bündnis im Krieg gegen Hitlerdeutschland und seine Verbündeten«, das am 26. Mai 1942 geschlossen wird, zwei Wochen später unterzeichnen die Sowjetunion und die USA ein ähnliches Dokument. Die Großen Drei bilden den Kern einer Antihitlerkoalition.

Für die sowjetische Führung ist es ausgemachte Sache, dass die – nicht gering geschätzte – beachtliche materielle Unterstützung der Angloamerikaner auch deshalb erfolgt, damit die Hauptlast bei der Vernichtung der deutschen Armeen der sowjetischen Seite zufällt. Vornehmlich aus diesem Grunde bleibt die von

Moskau wieder und wieder geforderte Zweite Front im Westen aus. Was damals niemand wissen kann: Die Landung in der Normandie wird erst im Sommer 1944 erfolgen. Da steht die Rote Armee bereits vor Warschau und hat in einer grandiosen Sommeroffensive – die Militärhistoriker sprechen vom »Sowjetischen Blitzkrieg« – 28 Divisionen der Wehrmacht zerschlagen. Die Heeresgruppe Mitte existiert danach praktisch nicht mehr. Das wird deutsche Militärs am 20. Juli 1944 zu einem Staatsstreich ermutigen, der jedoch nach wenigen Stunden scheitert.

Das alles liegt Anfang 1942, im dritten Jahr des Weltkrieges, noch in ungewisser Zukunft. Das aggressive Naziregime übt unbehindert im In- wie im besetzten Ausland seine Terrorherrschaft aus. Es raubt und mordet, unterdrückt und besorgt europaweit Arbeitssklaven für die deutsche Industrie und die Landwirtschaft. Sie müssen die deutschen Arbeiter und Bauern an der Front ersetzen und halten die landwirtschaftliche Versorgung und die Rüstungsproduktion aufrecht – zu weitaus günstigeren Konditionen für die Unternehmen. Insgesamt werden mehr als zwanzig Millionen Europäer für die deutsche Wirtschaft schuften. Hauptprofiteure sind Daimler-Benz, Quandt (BMW), Krupp, Flick, IG Farben, Hugo Boss. Das schwäbische Textilunternehmen warb schon 1930 mit dem Slogan: »Parteiausrüster bereits seit 1924« und beliefert Wehrmacht, SS und SA mit Uniformen; für Boss schneiderten Zwangsarbeiter aus Ost- und Westeuropa ...

Deshalb behandelt die Parteiführung am 3. April 1942 in einem Papier über die nächsten Schritte für eine antifaschistische Einheits- und Volksfrontpolitik auch soziale und wirtschaftliche Fragen im Widerstand, darunter auch die Zusammenarbeit von Illegalen und Zwangsarbeitern in deutschen Unternehmen. Im Zentrum jedoch steht unverändert der Sturz Hitlers als Voraussetzung für die Beendigung des Krieges.

Walter ist ständig in den Kriegsgefangenenlagern unterwegs. Ende Mai besucht er erneut das Lager Nr. 95 südlich von Lipezk, wo er bereits im Februar mit Mannschaftsdienstgraden und Unteroffizieren gesprochen und fast zweihundert zur Unterzeichnung eines Aufrufs »An die deutsche Armee und an das deutsche Volk« bewegt hat. Dieser folgt dem Text des Dokuments von Temnikow. Nun will er sich vornehmlich mit Offizieren im Lager unterhalten. Am Ende der zweitägigen Beratungen richten diese an die Wehrmacht den Appell, »das deutsche Volk vor der ungeheuersten Katastrophe seiner Geschichte zu retten durch den Sturz Hitlers, die Wiederherstellung der Freiheit des deutschen Volkes, den Abschluss eines rechtzeitigen, ehrenvollen Friedens«.

Am 28. Juni 1942 kommen an die zweitausend Kriegsgefangene im Lager 27 in Krasnogorsk zu einer Kundgebung zusammen. Die Initiative dazu hat vermutlich Walter ergriffen, nicht zufällig wird die Manifestation live im *Moskauer Rundfunk* übertragen. Zum Meeting kommen auch Vertreter aus den Lagern Nr. 58 (Temnikow) und Nr. 95 (Usman). Sie verabschieden einen Aufruf an die deutschen Frontsoldaten. Sie, die Absender, hätten mit dem Hitlerregime gebrochen und fordern, ihrem Beispiel zu folgen. Der Krieg werde »unvermeidlich« mit einer Niederlage enden.

Trotz aller Schwierigkeiten und Probleme in den Lagern, die es zweifellos gibt, gelingt es, in beharrlicher Überzeugungs- und Aufklärungsarbeit immer mehr kriegsgefangene Soldaten und Offiziere für antifaschistische Haltungen zu gewinnen. Walter kämpft dabei im Wort- wie im übertragenen Sinne in der ersten Linie. Dabei stellt er das Nationale heraus, appelliert an die nationale Verantwortung seiner Landsleute, an ihre patriotischen Gefühle. Bis zum Ende seiner Tage ist er Deutscher, kein Werkzeug einer anderen Macht. Legendär wie bezeichnend Walters Äußerung gegenüber dem KPdSU-Generalsekretär Breshnew im Kreml am

Nach dem wochen-
langen Einsatz an der
Front in Stalingrad ist
Walter müde, aus-
gelaugt, physisch und
psychisch erschöpft.
Walter ist merklich
gealtert, der Krieg hat
Spuren hinterlassen.
Sein Gesicht ist
eingefallen und tief
zerfurcht, unter seinen
Augen sitzen tiefe,
dunkle Ringe. Sein
Freund Max Lingner
bittet ihn aus Paris,
sich zu schonen:
»Old friend, man
braucht uns noch.«

21. August 1970: »Leonid Iljitsch, wir sind nicht Belorussland, wir
sind keine Sowjetrepublik. Wir sind die DDR.«

Dieser Aufstand des Gewissens unter den Kriegsgefangenen
wird durch den militärischen Umschwung forciert. Im Sommer
1942 läuft »Fall Blau« an – so heißt die Offensive der Wehrmacht
zur Eroberung der Erdölfelder am Kaukasus. Im Herbst wird die
Wolga erreicht, im November die völlig zerstörte Stadt Stalingrad
zu großen Teilen erobert. Danach beginnt die Gegenoffensive.
Nach ihrer Einkesselung muss im Januar 1943 die 6. Armee kapitu-

Wieder und wieder geht es an die Front, um das Blutvergießen zu beenden,
Walter rechts außen

lieren. Mehr als hunderttausend deutsche Soldaten kommen in
Gefangenschaft, etwa zehntausend versprengte Fanatiker kämpfen in den Ruinen bis Anfang März weiter. Über siebenhundert-
tausend Menschen sterben in Stalingrad, die meisten in der Uniform der Roten Armee. Doch dieser Sieg, so wird man bald wissen,
markiert die Wende des Krieges.

Walter wird an die Front nach Stalingrad geschickt. Er will die
eingekesselten Soldaten mit Flugblättern und per Lautsprecher
davon überzeugen, dass der Krieg verloren sei und nur eine Kapitulation sie noch retten könne. Nach einer Woche Vorbereitung
bricht er mit Weinert, Bredel und anderen auf. Sie nehmen den
beschwerlichen Weg mit der Eisenbahn. Eigentlich hätten sie flie-

gen sollen, aber der Schnee verhindert den Start. Auf der Fahrt diskutiert Walter im Abteil mit Weinert und Bredel laut und erregt auf Deutsch. Im Gang sammelt sich eine wütende Menschenmenge. »Was machen die Fritzen hier?« Als die Situation außer Kontrolle zu geraten droht, greift Walters Politoffizier ein, um die Mitreisenden zu beruhigen: »Ja, es sind Deutsche, aber von den Unseren.« Am 30. November 1942 läuft der Zug in Saratow in den Bahnhof ein. Auf dem Bahnsteig warten im starken Schneetreiben eine Gruppe von Offizieren und ein Sekretär der Gebietsorganisation. Sie werden Walter zum Stab gebracht, um mit ihnen die Lage an der Front und ihre weitere Mission zu besprechen. Die Armeeführung vor Ort ist schon über Walters Auftrag informiert, ist skeptisch: »Versuchen Sie Ihr Glück!«

Am nächsten Morgen kommt schon beim Frühstück die Meldung, dass der Start wegen schlechtem Wetter verschoben wird. Walter muss abwarten und sich mit dem Lesen von Beutepost zufriedengeben. Auch am folgenden Tag ist der Start unmöglich. Walter beschäftigt sich damit, Flugblätter zu schreiben. Er notiert, dass es darauf ankomme, den Soldaten »das Wesen des Krieges und die Kräfte im Hintergrund« zu zeigen. Gemeinsam mit anderen deutschen Antifaschisten liegt er schließlich bei Eiseskälte im Schützengraben. Seine Waffe ist der Lautsprecher, Worte seine Munition. Er versucht, die Soldaten auf der anderen Seite zur Aufgabe zu bewegen. Um ihrer selbst Willen sollen sie die Waffen strecken. Um nicht im Feuer der Roten Armee zu sterben, um nicht zu erfrieren, um nicht zu verhungern, um nicht an Verletzungen oder Krankheiten zugrunde zu gehen. Er kann ihnen weder das Paradies noch ein sorgenfreies Leben in der Gefangenschaft versprechen. Sein einziges Angebot lautet: Frieden.

Wieder und wieder kriecht er nach vorn in die Granattrichter und richtet die Lautsprecher in Richtung seiner Landsleute. Die antworten oft mit wütendem Feuer. Der Lärm verschließt den Schützen die Ohren, der Pulverdampf vernebelt ihnen die Sinne, die Vernunft ist verabschiedet. Sie wollen die Wahrheit nicht hören: Die Schlacht ist verloren und auch der Krieg. Jeder Schuss verlängert ihn nur unnötig. Die Anstrengungen sind vornehmlich darauf gerichtet, wie Walter schreibt,»den deutschen Frontsoldaten die Angst vor der Gefangenschaft« zu nehmen. Gegenüber Weinert, der ihn bei der Mission oft begleitet und auch an den Vernehmungen Gefangener teilnimmt, sagt Walter einmal resignativ:»Sie haben jedes Denken verlernt.«

Stets beginnt er mit der Ansage:»Achtung, Achtung, es spricht zu Ihnen ein ehemaliger Abgeordneter des Berliner Reichstages.« Es folgt Walters Erklärung, warum er sich an die Soldaten wendet: »Wir wollen euch nichts als die Wahrheit sagen, die eure Offiziere euch gewissenlos verschweigen.« Er wolle das Leben von Landsleuten retten. Die aber wollen ihm das seine nehmen, indem sie die Waffen sprechen lassen ...

Das Ultimatum, das die Rote Armee an die Führung der in Stalingrad eingekesselten Paulus-Armee stellt, läuft am 9. Januar 1943 ab. Damit ist deren Schicksal besiegelt. Als Walter nach der Kapitulation ins Stadtzentrum kommt, sieht er neben dem deutschen Hauptquartier einen Berg Pferdeknochen. Die Generäle und Offiziere haben vermutlich längere Zeit nur von Pferdefleisch gelebt ...

Er kehrt nach Moskau zurück.

Walter möchte auch die umgesiedelten sogenannten Russlanddeutschen und die Exilanten für die Aufklärungsarbeit gewinnen. Ende August 1941, nach dem Überfall vor zwei Monaten, hatte der Oberste Sowjet verfügt, dass die im europäischen Teil der Sowjetunion lebenden Deutschen umgesiedelt würden. Die Sowjetführung fürchtete eine Kollaboration mit den faschistischen Okkupanten. So wurden binnen weniger Monate weit über eine Million Menschen vorwiegend nach Kasachstan, Sibirien und an den Ural deportiert, mehr als vier Fünftel der in der UdSSR lebenden Deutschen. Sie werden in die »Arbeitsarmee« eingegliedert und oft in Lagern interniert, viele sterben unter den meist schweren Arbeits- und Lebensbedingungen. Diese Verbannung sollte erst Mitte der fünfziger Jahre aufgehoben werden, zehn Jahre später wurden die Russlanddeutschen offiziell rehabilitiert. Sie konnten, wenn sie wollten, in eines der beiden Deutschländer ausreisen.

Trotz des begründeten Unverständnisses darüber, von der Sowjetführung wie Feinde betrachtet und behandelt zu werden, trotz ihrer mehr als widrigen Lebensumstände stehen die meisten »Fritzen« den »Iwans« keinesfalls feindlich und ablehnend gegenüber. Nicht wenige würden mit der Waffe in der Hand ihre Heimat gegen die faschistischen Eindringlinge verteidigen.

Walter will, wenn denn seine Landsleute schon nicht kämpfen dürfen, zumindest einige als Lehrer an die Antifa-Schulen holen. Die erste Schule ist im Mai 1942 in Oranki im Oblast Nishni Nowgorod gegründet worden, nach Jahresfrist wird sie nach Krasnogorsk umziehen. Nach und nach entstehen in vielen Lagern und an verschiedenen Frontabschnitten solche Einrichtungen. Sie bilden bereits Kader für die Nachkriegszeit aus.

Walter ist als Leiter der Operativ-Abteilung in der KP-Leitung unermüdlich. Er plädiert bei der Partei- wie bei der Kominternführung für die Entlassung von Exilanten aus den Arbeitslagern und kritisiert, dass sie »dort den sowjetfeindlichen Elementen gleichgestellt werden«. Sie gehen als Verbündete verloren, »wenn es nicht bald gelingt, sie aus dem Lager herauszuholen«. Man brauche sie dringend für die Frontpropaganda.

Er interveniert und bürgt für ihm bekannte Genossen, die unter falschen Anschuldigungen schon vor Jahren verhaftet und verurteilt wurden. Nun hat er ein gewichtiges Argument, ihre Freilassung zu fordern: Der Widerstand braucht qualifiziertes Personal, um bei der Überzeugungsarbeit in den Lagern voranzukommen. Das, was bisher passiert, befriedigt ihn nicht. Die meisten zugearbeiteten und in den Lagern verbreiteten Texte »wenden sich meist nicht an die deutschen Soldaten, sondern könnten ebenso für Sowjetleser geschrieben sein«, moniert er. Den von einzelnen Soldaten abgegebenen Erklärungen merke man an, »dass das Meiste der Polit-Kommissar geschrieben oder zumindest vorgeschrieben hat«. Für eine wirksame, überzeugende Propaganda ist das wertlos. Walter besteht darauf, »dass die Kriegsgefangenen ihre Erklärungen selbst schreiben«.

Im frühen Herbst 1942 reist er erneut nach Oranki. Am Ende des ersten viermonatigen Kurses zieht er Bilanz. Sie ist, wie befürchtet, niederschmetternd. »Von 108 Schülern 25 bis 30 Untüchtige, das ist zu viel«, notiert er. Und er hört sich auch die Klagen der Lehrer an. Es mangelt an Büchern, Papier und Tinte. Und an Informationen. »Der Unterricht habe gelitten, denn man sei sehr schlecht mit Nachrichten über Deutschland und über den Kampf in den besetzten Gebieten versorgt worden.«

Hinzu kommt der nur mäßig verlangsamte Vormarsch der Deutschen. Zwar ist die Wehrmacht vor Moskau gestoppt worden, aber ihr erfolgreicher Vorstoß im Süden Richtung Wolga und Kaukasus spricht sich auch in den Lagern herum, in denen Walter unterwegs ist. Fakten mischen sich mit Fiktionen und Wünschen, Siegesstimmung breitet sich aus, wie Walter notiert. »Fast alle erklären, der Sieg werde jetzt errungen, die Front sei bereits durchstoßen, die Ölversorgung sei abgeschnitten, die Wolga sei schon überschritten, in 14 Tagen gehe es zu Ende«, berichtet er in einem Brief an Georgi Dimitroff über die Äußerungen von Kriegsgefangenen.

Mit nahezu stoischem Gleichmut macht Walter weiter, er weiß, dass er recht hat und am Ende recht behalten wird: Hitlerdeutschland wird diesen Krieg verlieren. Die entscheidenden Fragen sind jedoch: wann und unter welchen Bedingungen? Was wiederum die nächsten Fragen nach sich zieht: Was kommt danach? Wie wird das neue Deutschland aussehen? Dafür, das weiß der Stratege Walter, stellt man jetzt die Weichen, nicht erst, wenn die Kanonen schweigen. Die Antifaschisten, die man heute erzieht und formt, werden die Kader von morgen sein – in der Verwaltung, in der Justiz, in der Volksbildung, in der Polizei ...

Nach seiner Rückkehr von der Wolga, im ausklingenden Winter 1943, ist er müde, ausgelaugt, erschöpft. Physisch und psychisch. Er versucht sich bei einem kurzen Ski-Urlaub mit Lotte zu regenerieren. Die Fähigkeit zur selbstkritischen Analyse besitzt er noch immer. Hat die Frontpropaganda viel oder wenig gebracht? Immerhin haben nicht alle deutschen Einheiten in Stalingrad bis zur letzten Patrone gekämpft. Die Kapitulation der 297. Division führt er auch auf die Wirkung der Frontpropaganda zurück. »Selbstverständlich hat die Sowjetartillerie wirkungsvollere Argumente«, lässt er Dimitroff wissen.

Die sowjetischen Militärs schätzen Walters Engagement sehr. Generalmajor Sergei Galadschew, Chef der Politischen Abteilung der Don-Front vor Stalingrad, urteilt über ihn nach der Schlacht. (Galadschew hatte im Jahr zuvor vor Moskau gekämpft, und wird auch bei der Befreiung Berlins dabei sein; er befiehlt dort 1945 die Herausgabe der *Berliner Zeitung* und der *Täglichen Rundschau*.) Als höchster Politfunktionär an diesem Frontabschnitt notiert Galadschew: »Die meiste Zeit verbrachte Kamerad Ulbricht direkt an der Front, wo er die Propaganda organisierte, Lautsprechereinsätze durchführte, Gefangene zur Infiltration hinter den feindlichen Linien vorbereitete und die Herstellung von Flugblättern für

Walter ist sommers wie winters in den Kriegsgefangenenlagern unterwegs, um für die Bewegung zu werben. Doch die Resonanz ist geringer als erhofft

die feindliche Soldaten leitete.« Und der Generalmajor schließt: »Durch seine unmittelbare Arbeit hat Kamerad Ulbricht große Verdienste für die Zerstörung der eingekesselten feindlichen Truppen im Gebiet Stalingrad.«

Walter wird für seinen Einsatz geehrt. In seinem Fragebogen für Mitglieder der SED vom 17. März 1951 wird er in der Spalte »Auszeichnungen« nur eine einzige angeben: »Orden des Vaterländischen Krieges der Sowjetunion, II. Klasse«,

Unmittelbar nach dem – aus deutscher Sicht – militärischen Desaster von Stalingrad, zehn Jahre nach der Machtübertragung an die Nazipartei, lädt der Reichspropagandaminister getreues Parteivolk in den Berliner Sportpalast. Die zweistündige Rede ist präzise choreografiert, das Publikum instruiert. Es weiß, wann es welche Sprechchöre brüllen, wann es applaudieren soll und wie lange. Der »Propamin« erklärt den Krieg gegen die Sowjetunion als Präventivmaßnahme des Führers. »Das Ziel des Bolschewismus ist die Weltrevolution der Juden. Sie wollen das Chaos über das Reich und über Europa hereinführen, um in der daraus entstehenden Hoffnungslosigkeit und Verzweiflung der Völker ihre internationale, bolschewistisch verschleierte kapitalistische Tyrannei aufzurichten. (Die Menge gibt ihrer Entrüstung durch laute Pfui-Rufe Ausdruck.) Was das für das deutsche Volk bedeuten würde, braucht nicht näher erläutert zu werden«, heißt es in den Zeitungsberichten. Am Ende schließlich ruft Goebbels zur Intensivierung des Krieges auf. Die Masse, offenkundig ihres Verstandes völlig verlustig gegangen, brüllt auf seine rhetorische Frage: »Wollt ihr den totalen Krieg?« Ja und Siegheil. Die Weichen in den kollektiven Untergang sind endgültig gestellt.

In Moskau hingegen stellen die Sowjetführer andere Weichen. Trotz des militärischen Erfolges in Stalingrad ist die UdSSR keineswegs gerettet. Unverändert ist das Land in seiner Existenz bedroht. Um die Voraussetzungen für ein außenpolitisches Bündnis zu verbessern, müssen Probleme aus dem Weg geräumt werden. Das nationale Hemd sitzt näher als der internationalistische Rock. Insofern ist es legitim für einen Staat zu fragen: Was nützt mir, was schadet uns? Die Kommunistische Internationale mit ihren 31 Sektionen, deren Führung seit über einem Jahr in Ufa arbeitet, könnte, so die Überlegung, von USA und Großbritannien als Belastung empfunden werden. So schlägt denn, nach entsprechenden Hinweisen aus dem Kreml, das Präsidium des Exekutivkomitees am 15. Mai 1943 den Mitgliedern die Selbstauflösung der Komintern vor. Auch das ZK der KPD stimmt zu – der Weg für das Gipfeltreffen von Stalin, Roosevelt und Churchill in Teheran ist frei. Am 28. Mai kann Stalin in einem Interview mit der britischen Nachrichtenagentur Reuters erklären, dass mit

Sitzung der Führungsgremien von NKFD und BDO: General Walther von
Seydlitz, BDO-Präsident, Erich Weinert, NKFD-Präsident, Walter Ulbricht,
Unteroffizier Gerhard Klement, Generalmajor Martin Lattmann,
Major Karl Notz, Vizepräsident NKFD, und Soldat Max Emendörfer (v. r. n. l.)

diesem Schritt Moskau unterstreiche, dass es sich erstens nicht
»in das Leben anderer Staaten« einmische und zweitens, dass die
kommunistischen Parteien »im Interesse ihres eigenen Volkes«
und nicht »auf Befehl von außen« handelten

Ganz in diesem Sinne initiiert die deutsche Partei, im Wesentlichen auf Betreiben von Walter und Wilhelm Pieck, ein Nationalkomitee »Freies Deutschland« (NKFD). Am 12./13. Juli 1943 kommen kriegsgefangene deutsche Soldaten und Offiziere und aus
dem Reich emigrierte Antifaschisten in Krasnogorsk bei Moskau zusammen und bilden ein politisches und organisierendes

Zentrum für eine breite nationale Befreiungsbewegung. Dieses wendet sich mit einem Manifest an die Wehrmacht und an das deutsche Volk. »Es geht jetzt um Sein oder Nichtsein unseres Vaterlandes.« Und zugleich weist es über das Kriegsende hinaus. Das Manifest enthält das Konzept für das Nachkriegsdeutschland.

Die Versammlung wählt ein 38-köpfiges nationales Komitee, das dem gesellschaftlichen Querschnitt entspricht. Der Dichter Erich Weinert wird Präsident, Walter Chef der Operativen Abteilung. Diese verantwortet die Arbeit der Zeitung *Freies Deutschland*, die Redaktion des Rundfunksenders *Freies Deutschland* und einige Kommissionen, die sich mit Fragen des demokratischen Neuaufbaus des Landes beschäftigen.

Dem Geschäftsführenden Ausschuss gehören – neben Walter und Weinert – zwei kriegsgefangene Soldaten an.

Im August 1943 zieht die Führung in ein ehemaliges Erholungsheim der Eisenbahnergewerkschaft in Krasnogorsk, außerhalb des Kriegsgefangenenlagers Nr. 27. Diesem ist ein kleines Sonderlager zugeordnet, genannt Lunjowo, in welchem sich auch die Antifa-Schule befindet. Ein »Büro des Komitees zur Erledigung der laufenden Arbeiten« wird im Sommer 1943 in der Mitte Moskaus angemietet, das »Stadtkomitee«. Offiziell nennt sich die Einrichtung in der Nähe des Arbat »Institut Nr. 99«, es wird von der deutschen Partei unterhalten und soll die politische Aufklärungsarbeit unter den deutschen Offizieren und Soldaten an der Front und in den Lagern unterstützen. Schwerpunkt sind die Herausgabe der Zeitung *Freies Deutschland*, Flugblätter, Broschüren, Rundfunk- und Lautsprecherpropaganda. Walter hat dort auch ein Zimmer, bei ihm liegt die politische Federführung – die organisatorische Verantwortung seit August 1943 beim Sohn des amtierenden Parteivorsitzenden. Artur Pieck ist Hauptmann der Roten Armee und Mitarbeiter der Politischen Hauptverwaltung der sowjetischen

Streitkräfte. Fortan erfolgt erstmals eine Koordinierung der Arbeit mit den deutschen Kriegsgefangenen zwischen dem sowjetischen Innenministerium, der Politischen Hauptverwaltung der Roten Armee und der deutschen Partei resp. der Führung des Nationalkomitees »Freies Deutschland«.

Dort, im »Stadtkomitee«, arbeitet das Zentrum der antifaschistischen Sammlungsbewegung deutscher Patrioten. Und Walter ist zweifellos ihr politischer und strategischer Kopf. Er hat durchgesetzt, das die Farben der Bewegung nicht Schwarz, Rot und Gold sind – die Trikolore der Weimarer Republik –, sondern Schwarz, Weiß und Rot. Er weiß um die Nazipropaganda gegen die Weimarer Republik und deren Wirkung bei den vornehmlich jungen Soldaten. Die älteren Militärs, insbesondere die höheren Offiziere, stehen aus anderen Motiven kritisch zur bürgerlich-parlamentarischen Republik und ihren Symbolen. Schwarz-Weiß-Rot waren die Farben auf der Reichskriegsflagge des Heiligen Römischen Reiches deutscher Nation, die Trikolore war die Flagge des Kaiserreichs von 1871 bis 1919, und es sind die Farben des »Dritten Reiches« seit 1933. Walter setzt sich mit überzeugenden Argumenten gegen alle Kritiker durch, die den Bruch mit Schwarz-Weiß-Rot fordern. Nein, sagt Walter, wir müssen die Soldaten und Offiziere dort abholen, wo sie sich als vermeintliche Vaterlandsverteidiger und Patrioten geistig befinden.

Das NKFD schickt alsbald Gruppen von Antifaschisten zur Frontpropaganda in die vordersten Linien. Sie arbeiten unter der Anleitung von Frontbevollmächtigten des Nationalkomitees, und ihre Aufgabe ist es dort, Wehrmachtangehörige zum Überlaufen zu bewegen. Natürlich sind sie bei den Verhören von Gefangenen mit dabei, unter anderem um die Wirkung des Einsatzes von Lautsprecherwagen, Flugblättern und Rundfunksendungen zu erfahren. Aber auch, um Material für die weitere Arbeit zu gewinnen.

In den Kriegsgefangenenlagern, deren Zahl wie auch die Menge der Internierten zunehmend wächst, werden antifaschistische Lagergruppen der Bewegung »Freies Deutschland« ins Leben gerufen. Walter sorgt dafür, dass dieser Impuls auch über die Front ins Reich und in andere Exilländer überspringt. Es ist eine nationale, keine pro-sowjetische Bewegung, das NKFD versteht sich als Teil der internationalen Antihitlerkoalition. Mehrmals am Tag wendet sich der Rundfunksender *Freies Deutschland* an die Zuhörer im Reich. Mit seinen Informationen hilft er den Widerstandsgruppen, den Illegalen, den Mutlosen.

Als besonders schwierig erweist sich die Arbeit mit den höheren Offizieren und Generalen. »Sie wollen nicht, dass die deutsche Armee zersetzt wird. Sie wollen, dass ein anderer Führer, ein General oder Wirtschaftsführer, an Stelle Hitlers tritt«, resümiert Walter seine Gespräche mit höheren Offizieren in einem Schreiben an Dimitroff. »Wenn die Rote Armee mit Freikorps deutscher Kriegsgefangener nach Deutschland einmarschiert, dann würden die Rheinlande abfallen«, hatten ihm viele geantwortet auf seinen Vorschlag, an der Seite der Roten Armee Hitlerdeutschland zu zerschlagen. »Die Wehrmacht sei die einzige Kraft, die Deutschland zusammenhalten könne.«

Dennoch gelingt es, genügen Unterstützer im Offizierskorps für den Gründungsaufruf eines »Bundes Deutscher Offiziere« (BDO) zu gewinnen. Walter hatte in einem Offizierslager in Gorki an der Wolga, etwa vierhundert Kilometer östlich von Moskau, mit vielen Offizieren geduldig gesprochen, ihnen zugehört und auf ihre Argumente mit Fingerspitzengefühl und Wissen reagiert. Mit seinem ersten Entwurf hatte er wütende Proteste ausgelöst. Der Entwurf passe besser in eine Soldatenratssitzung oder eine KPD-Versammlung, bekommt er zu hören. Im Lager Nr. 117 stimmen schließlich hundertdreißig Offiziere dem Manifest des Nationalkomitee »Freies Deutschland« zu, fünfundzwanzig werden zu dem im Juli geplanten Gründungskongress des BDO nach Lunjowo delegiert.

Insgesamt heben dort mehr als hundert kriegsgefangene deutsche Generäle, Offiziere und Wehrmachtsbeamte aus fünf Lagern eine Organisation aus der Taufe, die sich zu den Zielen der Nationalkomitees »Freies Deutschland« bekennt. Der BDO fordert den sofortigen Rücktritt der Hitlerregierung. Die Delegierten wählen General Walther von Seydlitz-Kurzbach zum Präsidenten (er wird Monate später auch Vize-Präsident des NKFD werden). Der General der Artillerie hatte bereits im Ersten Weltkrieg an der Ostfront gekämpft und war am 31. Januar 1943 in Stalingrad in Gefangenschaft gekommen. Er ist einer der elf Generäle (von insgesamt 22, die dort kriegsgefangen wurden), die dem BDO beitreten und für die rasche Beendigung des Krieges werben. (Seydlitz geht sogar soweit, am 4. Februar 1944 in einem Schreiben der sowjetischen Führung vorzuschlagen, eine Freiwilligenarmee mit etwa vierzigtausend Deutschen aufzustellen, die eigenständig an der Seite der Roten Armee gegen Hitlerdeutschland kämpfen soll. Die Idee einer »Seydlitz-Armee« findet so wenig Zustimmung wie die Überlegung der ranghöchsten deutschen Militärs, die Führung des Nationalkomitees zu einer Art Schattenkabinett zu machen, das nach dem Sturz Hitlers die Führung im Reich übernehmen soll.

Walter ist ein entschiedener Gegner solcher Gedankenspiele. Und zwar nicht nur, weil darin weder die legitimen Interessen seiner Partei noch der antifaschistischen Einheitsfront berücksichtigt sind. Vor allem wird die Sowjetführung keine Militärjunta akzeptieren, deren Personal die faschistische Diktatur bis zu ihrer Gefangennahme uneingeschränkt stützte. Die den Vernichtungs- und Eroberungskrieg der Hitlerclique ohne Skrupel führte. Wenn man mit diesen Generälen jetzt kooperierte, geschah es aus temporären taktischen Erwägungen. Der Ritterkreuzträger von Seydlitz beispielsweise war, wie 1950 ein sowjetisches Militärtribunal befand, des Mordes an sowjetischen Zivilisten und gefangenen Rotarmisten schuldig, weshalb man ihn zum Tode verurteilte, diese Strafe aber – mit Verweis auf seine Rolle im NKFD – in 25 Jahre Lagerhaft verwandelte. Von Seydlitz kam Mitte der fünfziger Jahre mit den letzten deutschen Kriegsgefangenen frei – übrigens nach wiederholter Intervention von Ulbricht und Pieck. Das Engagement Walther von Seydlitz' beim BDO veranlasst Berlin, ihn – in Abwesenheit – wegen »Hochverrats« zum Tode zu verurteilen und seine Familie in Deutschland in Sippenhaft zu nehmen.

Auf die Frontpropaganda der deutschen Antifaschisten, von Walter maßgeblich befeuert, reagiert die Wehrmacht mit der »Aktion Silberstreif«. Von Mai bis September 1943 werden eine Milliarde Flugblätter über den sowjetischen Linien abgeworfen, mit denen Rotarmisten zum Überlaufen aufgefordert werden. Es wird ihnen eine gute Behandlung und die Möglichkeit offeriert, in eine »Russische Befreiungsarmee« einzutreten.

Die größte deutsche Propaganda-Aktion während des Zweiten Weltkries erweist sich als völliger Fehlschlag. Sie ist die Begleitmusik zum »Unternehmen Zitadelle«. Anfang Juli, als der BDO sich konstituiert, tritt bei Kursk die Wehrmacht zur Großoffensive an – es soll die letzte werden, zu der Hitlerdeutschland noch in der Lage ist. Die größte Panzerschlacht der Weltgeschichte, als die sie in die Geschichte eingehen wird, endet schon nach wenigen Tagen, dann geht die Rote Armee zum Gegenangriff über.

Und auf Sizilien landen britische, amerikanische und kanadische Truppen, was keineswegs die Zweite Front darstellt. Dazu sehen sich die Alliierten noch nicht in der Lage – zumal ihre

Kräfte in Nordafrika gebunden sind. Es ist praktisch ein Entlastungsangriff, mehr nicht. Der führt allerdings am 25. Juli 1943 zur Absetzung des Faschistenführers Mussolini und dessen Verhaftung auf Befehl des italienischen Königs, was wiederum Hitlerdeutschland veranlasst, nunmehr auch noch Italien militärisch zu besetzen. Mitte Oktober wird Rom Hitlerdeutschland den Krieg erklären, die mehr als eine Viertelmillion Mann starke Partisanenarmee bindet zehn Divisionen der Wehrmacht ...

1943 forcieren die Luftstreitkräfte Großbritanniens und der USA ihre Angriffe auf deutsche Städte. Bereits im Vorjahr haben sie mit Angriffen auf Flächenziele begonnen. Einerseits sollen auf diese Weise Infrastruktur und kriegswichtige Industrie zerstört, zugleich aber auch die Bevölkerung demoralisiert werden. Die Zerstörung der Innenstädte nutzt die Nazipropaganda jedoch, um den Durchhaltewillen der »Heimatfront« und der kämpfenden Truppe zu stärken: Wir müssen siegen, damit Deutschland nicht in Trümmern fällt! (»Unsere Mauern brechen, nicht aber unsere Herzen!«)

Bereits im August 1940 sollte Leipzig erstmals bombardiert werden, zum Auftakt der Messe, gedacht als eine Demonstration für die aus ganz Europa angereisten Messegäste. Allerdings fanden die britischen Bomberpiloten die Reichsmessestadt nicht. Am 20. Oktober 1943 erfolgt nun das erste Flächenbombardement auf Leipzig. Da jedoch die Bomben keine fünfzig Häuser zerstören, wertet die Royal Air Force den Angriff als Misserfolg und wiederholt ihn am Morgen des 4. Dezember. Von 3.39 bis 4.25 Uhr werfen 442 Bomber 1400 Tonnen Spreng- und Brandbomben ab. In der Innenstadt rast ein Feuersturm. Die Wasserversorgung bricht zusammen, die Feuerwehr kann die Brände nicht bekämpfen, 114 000 Menschen werden obdachlos. Unter den fast sechstausend Bombenopfern – darunter fast zweitausend Tote – ist auch Walters

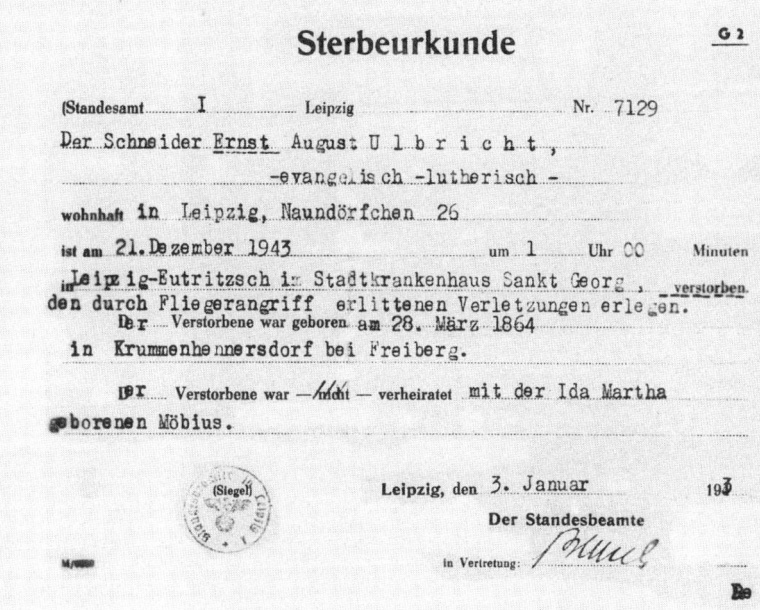

Sterbeurkunde G 2

(Standesamt......I............ Leipzig .... Nr. 7129

Der Schneider Ernst August U l b r i c h t ,
.............................-evangelisch -lutherisch -.............
wohnhaft in Leipzig, Naundörfchen 26

ist am 21. Dezember 1943 .... um 1 .... Uhr 00 ..... Minuten

in Leipzig-Eutritzsch in Stadtkrankenhaus Sankt Georg , verstorben.
den durch Fliegerangriff erlittenen Verletzungen erlegen.
Der Verstorbene war geboren am 28. März 1864
in Krummenhennersdorf bei Freiberg.

Der Verstorbene war —nicht — verheiratet mit der Ida Martha
geborenen Möbius .

(Siegel)   Leipzig, den 3. Januar   193
        Der Standesbeamte

M/   in Vertretung: /Schmel

Be

Beim Bombenangriff auf Leipzig am 4. Dezember 1943 wird Vater Ernst
Ulbricht lebensgefährlich verletzt, er verstirbt drei Tage vor Heiligabend

Vater. Ernst Ulbricht wird nach dem verheerenden Angriff zwar
lebend aus dem Luftschutzraum geborgen, doch drei Tage vor
Heiligabend erliegt er seinen Verletzungen. Walter wird dies erst
nach dem Krieg erfahren.

Von Ulbrichts drei Kindern ist nur Tochter Hildegard noch
im Reich. Sie wird in Hamburg über den Zustand des Vaters informiert, sie reist umgehend nach Leipzig und kann ihn letztmalig sehen. Ida, ihre Stiefmutter, veranlasst, dass seine Urne auf
dem Grab von Erichs 1926 verstorbener erster Ehefrau Pauline
Ulbricht, der Mutter seiner Kinder, beigesetzt wird. Das Grab liegt

Auf dem Leipziger
Südfriedhof finden
Ernst Ulbricht und
seine Frau Pauline in
einem gemeinsamen
Grab ihre letzte Ruhe

im Urnengarten des Leipziger Südfriedhofs unweit des Völker-
schlachtdenkmals, einem der schönsten und größten Parkfriedhöfe
Europas, fast achtzig Hektar groß. Walter veranlasst 1959, dass die
Urnen in eine sogenannte Wahlgrabstelle umgebettet werden. Er
entwirft den aus Löbejüner Porphyr gehauenen Stein, er wählt auch
den Spruch: »Edel sei der Mensch, hilfreich und gut.« Mit diesen
Worten begann Goethe sein Gedicht »Das Göttliche«.

Während des Krieges hat Walter keine Verbindung zu seiner
Familie, nicht zuletzt aus Gründen ihrer Sicherheit. Er will weder
seine Frau noch Tochter Dora gefährden, das gilt gleichermaßen
für die Schwester in Hamburg und den Vater sowie dessen zweite
Frau, die er kaum kennt.

314

Walter ist unverändert in den Kriegsgefangenenlagern unterwegs und wirbt für die antifaschistische Einheitsfront. Und auch an der sowjetisch-deutschen Front agitiert er und sorgt für eine systematische Aufklärung. Er will eine breite nationale Front aller Hitler- und Kriegsgegner schaffen mit Menschen aus allen gesellschaftlichen Kreisen, die aktuell die Wehrmachtuniform tragen. Bis zum Frühjahr 1945 gelingt es, ungefähr viertausend Generäle und Offiziere zu gewinnen. Darum lässt sich sagen, dass das Nationalkomitee »Freies Deutschland« und der Bund der Offiziere einen bedeutenden Beitrag zur Beschleunigung der Niederlage leisten. Nazideutschland wäre gewiss auch ohne NKFD und BDO militärisch bezwungen worden. Aber ohne ihren Einsatz wäre möglicherweise noch mehr Blut vergossen worden.

In diesem Kontext ist auch das Attentat auf Hitler am 20. Juli 1944 zu sehen. Es ist der Versuch eines Staatsstreichs durch deutsche Militärs. Mit der gewaltsamen Ausschaltung des obersten Kriegsherrn im Hauptquartier in Ostpreußen soll versucht werden, die drohende militärische Niederlage abzuwenden. Wenige Wochen zuvor waren die westlichen Alliierten in der Normandie gelandet und hatten endlich die zweite Front errichtet, die Spitze der sowjetischen Armeen steht vor Warschau. Die Verschwörer, so mutig und rühmenswert im Einzelnen ihr Einsatz ist, besitzen kein Konzept, wie es nach dem Sturz weitergehen soll. Die einen wollen eine Militärdiktatur ohne Hitler und die Nazis, ohne jedoch die bestehende gesellschaftliche Ordnung infrage zu stellen. Dazu will man die Antihitlerkoalition sprengen, sich mit den Westmächten verbünden und den Krieg im Osten fortführen. Die anderen treten für einen sofortigen Friedensschluss im Osten wie im Westen ein.

Sowohl der reaktionäre Plan als auch der antifaschistisch-demokratische Ansatz erledigt sich, da die »Operation Walküre« schon nach wenigen Stunden scheitert. Die Hauptursache liegt darin, dass sie nur von einer Minderheit von Militärs und Angehörigen der hohen Staatsbürokratie getragen wurde. Deren Mehrheit hingegen folgt dem mit dem Leben davongekommenen Obersten Befehlshaber weiter. Der Krieg, das ist damit entschieden, würde, wie Hitler mehrfach drohend angekündigt hat, nun nicht fünf Minuten vor, sondern erst die sprichwörtlichen fünf Minuten nach zwölf enden.

Hitler schlägt wütend zurück. Mehr als zweihundert direkt und indirekt Beteiligte am Staatsstreichversuch werden hingerichtet. Jedoch geht der Rachefeldzug weiter. Die Gestapo verhaftet noch im Juli einen großen Teil der in Berlin-Brandenburg und Sachsen, in Sachsen-Anhalt und Thüringen aktiven Widerstandskämpfer. Der Volksgerichtshof unter Vorsitz von Roland Freisler führt einen Prozess nach dem nächsten. Weit über tausend Antifaschisten kommen in Konzentrationslager und Zuchthäuser, mehr als vierhundert enden am Galgen. Der Blutorgie fallen auch Ernst Thälmann und Rudolf Breitscheid zum Opfer, sie sterben im August 1944 im KZ Buchenwald bei Weimar.

Aufgrund dieser Entwicklung ist auch Friedrich Paulus bereit, einen von Walter formulierten Appell zu unterzeichnen. Paulus war von Hitler im Kessel von Stalingrad zum Generalfeldmarschall befördert und noch am 15. Januar 1943 mit dem Eichenlaub zum Ritterkreuz ausgezeichnet worden, worauf dieser vierzehn Tage später mit einer Ergebenheitsadresse über Funk antwortete: »An den Führer! Zum Jahrestage Ihrer Machtubernahme grüßt die 6. Armee ihren Führer. Noch weht die Hakenkreuzfahne über Stalingrad. Unser Kampf möge den lebenden und kommenden Generationen ein Beispiel dafür sein, auch in der hoffnungslosesten Lage nie zu kapitulieren, dann wird Deutschland siegen. Heil mein Führer! Paulus, Generaloberst.« Am 31. Januar ist er Kriegs-

Beratung über die nächsten Schritte mit der antifaschistischen Bewegung
»Freies Deutschland«, links Walter

gefangener der Roten Armee und lässt sich ins Lager Nr. 160 in
Susdal die Insignien des Generalfeldmarschalls über die deutsche
Botschaft in Ankara aus Berlin nachkommen. Er rechnet damit,
gegen einen gefangenen sowjetischen General ausgetauscht zu
werden, weshalb er nicht mit dem NKFD und dem BDO kooperiert
und im Lager seine Offiziere weiter mit »Heil Hitler!« grüßt.

Walter sind solche zwielichtigen, wankelmütigen Charaktere
hochgradig zuwider. Doch selbst sie braucht er in der Front gegen
Hitler, und darum ist er froh, als Paulus im August 1944 seinen
Beitritt zum BDO erklärt. Am 8. August gibt dieser eine Erklärung
ab, die »an die kriegsgefangenen deutschen Offiziere und Soldaten der UdSSR und an das deutsche Volk« gerichtet ist. Davon
ist von »feindlicher Überlegenheit« die Rede, sie mache die Lage
aussichtslos: »Der Krieg ist für Deutschland verloren.« Und das
»trotz des Heldentums seiner Wehrmacht und des ganzen Volkes«.

Neben den harten Einsätzen an der Front und den politischen und publizisti-
schen Führungseinsätzen arbeitet Walter an der Nachkriegsplanung

Schuld an allem ist Hitler. Darum: »Deutschland muss sich von
Adolf Hitler lossagen und sich eine neue Staatsführung geben, die
den Krieg beendet.«

Walter setzt auf die Wirkung dieser Erklärung des ranghöchsten deutschen Militärs in der Gefangenschaft, wohl wissend,
dass Paulus von vielen Offizieren aus unterschiedlichen Gründen
verachtet wird. Und auch wenn der Text von Nazifloskeln durch-
zogen ist, glaubt er an die Signalwirkung. Er lässt sie auf Druck-

schriften und in der Zeitung veröffentlichen, jagt sie in den Äther und mit Lautsprecherwagen über die Frontlinie verbreiten. Flugzeuge werfen über den Schützengräben mehrere Millionen Flugblätter mit der Erklärung von Paulus ab.

Dennoch bleibt der Wirkradius der Bewegung »Freies Deutschland« begrenzt. Walter ist Realist und lässt sich von keinerlei Siegestaumel infizieren. »25 % bis 30 % der deutschen Offiziere und Soldaten« wissen von der Existenz des NKFD, »und nur 5 % haben bewusst den Gedanken des Nationalkomitees erfasst«.

Im August und September scheiden die Verbündeten Rumänien, Bulgarien und Finnland aus dem Krieg aus. Die beiden Balkanstaaten wechseln sogleich zur Allianz der Gegner des Reiches. Mit äußerstem Misstrauen wird in der deutschen Bevölkerung schon seit längerem die Haltung Ungarns gesehen. Auf dessen Territorium toben Kämpfe, deren Ausgang über den Vorstoß der sowjetischen Armeen nach Wien und ins Innere Österreichs entscheiden wird.

Im Oktober 1944 überfahren sowjetische Panzer erstmals die Reichsgrenze, dringen Rotarmisten in Ostpreußen ein. Im Westen sind bereits im September nordwestlich von Trier amerikanische Truppen in deutsches Reichsgebiet einmarschiert, im Oktober wird Aachen als erste deutsche Großstadt befreit – nach drei Wochen erbitterten Kampfes. Tag um Tag, Nacht um Nacht fallen Bomben auf deutsche Städte. Die Luftherrschaft der Alliierten ist nicht mehr zu bestreiten.

Seit dem 8. September fliegt die »deutsche Wunderwaffe« V 2 nach London. Das V steht für »Vergeltung«. Und acht Tage später wird das Reichsgesetz über die Bildung des »Volkssturms« erlassen: Alle Männer von 16 bis 60 werden zu den Waffen gerufen. Hitler wird zu Beginn des neuen Jahres erklären: »Wir können untergehen, aber wir werden eine Welt mitnehmen.«

Was plant die Sowjetführung, was planen die Verbündeten für die Zeit nach dem Krieg? Es gibt seit Jahren schon keine Kontakte der deutschen Parteispitze mit Stalin. Walter ist so uninformiert wie alle anderen Genossen, nicht zu reden vom NKFD und dem BDO. Jedoch setzt die Parteiführung ihre theoretische Arbeit fort. Im Oktober 1944 berät man im kleinen Kreis das »Kampfprogramm für Beendigung des Krieges, Frieden und Schaffung eines neuen, freien Deutschlands« und ein »Aktionsprogramm des Blocks der kämpferischen Demokratie«. Die Überlegungen dienen der internen Verständigung und werden als Arbeitspapiere betrachtet. Darum werden sie auch nicht publiziert. Man möchte die Großen Drei, insbesondere nicht den einen, dessen Gastrecht man genießt, verärgern, falls dieser ganz andere Überlegungen hat. Das Aktionsprogramm umfasst vierzehn Punkte und ist als Handlungsoption »unter den Bedingungen der militärischen Besetzung« zu lesen. Denn daran herrscht inzwischen kein Zweifel: Der Krieg wird mit der vollständigen Zerschlagung des faschistischen Staates und seiner Militärmaschinerie zu Ende gehen.

Darauf wird auch die Ausbildung an den Antifa-Schulen abgestellt. Walter schreibt am 4. Oktober 1944 an Dimitroff: Nachdem bisher »die Schüler hauptsächlich für die Frontpropaganda vorbereitet wurden, müssen sie jetzt für die Arbeit in Deutschland vorbereitet werden. Die Schüler müssen für leitende Funktionen, vor allem in Städten, geeignet sein.« Die Kurse müssen der Entwicklung Rechnung tragen, »Die bisherige antifaschistische Schulung reichte für die Erziehung für Propagandisten für die Front aus, aber sie reicht nicht aus für die Arbeit in Deutschland«, notiert Walter nach dem Besuch der Schule Nr. 165 am 2. Oktober 1944.

Für alle Bezirke im östlichen Deutschland sollen zunächst je zwanzig Kriegsgefangene vorbereitet werden, die so schnell wie

Die vielseitige
Beanspruchung und
die permanente
Anspannung aller
Sinne hinterlässt
sichtbare Spuren

möglich in Deutschland arbeiten sollen. Aber, und das ist das qualitativ Neue an jenem Aktionsprogramm: Die Umwälzung der gesellschaftlichen Verhältnisse, die man unbedingt anstrebt, soll auf breiter antifaschistisch-demokratischer Grundlage erfolgen. Keine Parteiendiktatur, keine verschleierten Klassenverhältnisse, die sich nur demokratisch drapieren, aber in Wirklichkeit die kapitalisti-

Und immer wieder Beratungen und Sitzungen mit den Führungsgremien der Bewegung »Freies Deutschland«, die sich als Teil der Antihitlerkoalition versteht. Vorn rechts Wilhelm Pieck, im Hintergrund Walter, der im Wesentlichen die theoretische Arbeit leistet

sche Herrschaft sichern wie etwa in der Weimarer Republik. Denn daraus ist schließlich die Nazidiktatur hervorgegangen. Am 9. Oktober beauftragt die Führung des NKFD Walter mit der Bildung einer Kommission für die politische Erziehung. Jede Woche berichtet er über den Fortgang der Arbeit.

Im Reich selbst verändert sich auch die Lage. Je näher die Niederlage rückt, umso mehr zeigten sich, wie der Sicherheitsdienst meldet, unter sowjetischen Kriegsgefangenen und »Ostarbeitern« nicht nur Freude wegen der nahenden Befreiung, sondern auch Arbeitsunlust und Arbeitsverweigerung. Manche fliehen und suchen sich zu den Ihren durchzuschlagen. Die Zahl der Bestraften wächst von Monat zu Monat. In mehreren Fällen verhaftet die Gestapo Kriegsgefangene, die angeblich Aufstände vorbereiteten.

Und bei den Deutschen selbst wächst die Angst vor der Rache der Sieger. Nicht vor denen aus dem Westen. In Großbritannien, schon gar nicht in den USA, haben weder Wehrmacht noch SS und Gestapo gewütet – sie waren nur im Osten unterwegs. Die Zahl der dort verübten Kriegsverbrechen ist Legion, und Goebbels Propaganda greift dankbar die Gräuel auf, die Soldaten der Roten Armee in den kurzzeitig besetzten ostpreußischen Dörfern verübten. Die geschändeten Leichen von Nemmersdorf werden in Szene gesetzt, den Berichten von Überlebenden erfundene zweckdienlich hinzugefügt. Die Fotos werden mit der Botschaft verbreitet: Seht her, das widerfährt uns allen, wenn wir nicht standhalten und die Russen ins Land lassen!

Als die Front 1944/45 Ostpreußen und dann weitere ostdeutsche Provinzen erreicht, müssen die dortigen NSDAP-Funktionäre, anders als im Westen, keine besonderen Anstrengungen unternehmen, um die Frauen zu bewegen, mit ihren Kindern Haus und Hof zu verlassen und sich bei bitterster Kälte auf den Weg gen Westen zu machen. Im Treck oder über die Ostsee. Dies wird – ungeachtet der vielen Toten, Erfrorenen und Ertrunkenen – als Rettungsaktion der Wehrmacht und der Marine bezeichnet, während es ihren Befehlshabern und Kommandeuren vielfach nur darum geht, freies Kampf- und Schussfeld zu gewinnen und die Einheiten umzugruppieren.

Über Stimmungen in Berlin heißt es in einem Bericht des faschistischen SD von Ende März 1945: »Die Nachrichten über Gräueltaten der Bolschewisten werden von einem Teil der Berliner doch immer noch nicht ernst genug genommen. Es sei vieles Propaganda, um das Volk bange zu machen und bei der Stange zu halten.« Einem Propagandisten des Schreckenbildes im Fall

»russischer Besetzung« wird entgegnet, »dass das schon ›nicht so schlimm‹ sein werde«. Dennoch wünscht man sich auch hier, dass »die Anglo-Amerikaner vor den Sowjets nach Berlin kommen«. Und in einer Berliner Markthalle wollen die Spitzel die Prognose mitgehört haben: »Uns Arbeitern tut ja der Iwan nichts, aber die braunen Eierkuchen werden alle gehängt.« Mehrfach berichten die Nazizuträger von Gesprächen, in denen man an die Misshandlungen der Juden und die Rolle »unserer SS in den besetzten Gebieten«, von der doch jeder gewusst habe, erinnert. An sie sei die Bemerkung geknüpft worden: »Wir brauchten uns nicht zu wundern, wenn diese es jetzt mit uns genauso machten.«

Um das Vordringen der alliierten Truppen zu stoppen, befiehlt Hitler, beim Rückzug alle Industrie-, Verkehrs- und Versorgungsanlagen sowie alle Sachwerte zu zerstören. Sie sollen »dem Feind« nicht in die Hände fallen. Wo sich die Wehrmacht zurückzieht, soll nur »verbrannte Erde« zurückbleiben.

Von Januar bis Mai 1945 werden mehr Deutsche sterben als in den fünf Kriegsjahren zuvor.

Anfang Februar 1945 treffen sich die Großen Drei auf der Krim. Eine Woche sprechen Stalin, Roosevelt und Churchill über die endgültige Niederwerfung des faschistischen Deutschland und die europäische Nachkriegsordnung. Sie kommen überein, drei Besatzungszonen in Deutschland zu errichten, wobei Briten und Amerikaner einen Teil ihrer Zonen an die Franzosen abtreten wollen. Frankreich soll auch viertes Mitglied des Alliierten Kontrollrats mit Sitz in Berlin werden, worauf insbesondere Stalin dringt. Und ein wesentlicher Punkt der Beratungen ist die Erörterung von Reparationen, die Deutschland zu leisten hat.

Am 18. April 1945 rollen amerikanische Panzer in Leipzig ein, überall wehen weiße Fahnen. Acht Tage zuvor haben britische Bomber noch einen Großangriff geflogen, es war der 24. und kostete 337 Menschen das Leben. Über vierzig Prozent der Wohnungen in Leipzig sind nicht mehr bewohnbar. Amerikanische Spähtrupps stoßen weiter vor bis zur Elbe, wo es in Strehla und Torgau am 25. April zu Begegnungen mit sowjetischen Soldaten kommt.

Im Juli 1945 ziehen die Amerikaner aus Leipzig ab und sich hinter die in Jalta festgelegte Demarkationslinie zurück. »In aller Eile wurden wertvolle Fabrikeinrichtungen demontiert und abtransportiert. Das besondere Interesse der amerikanischen Firmenvertreter in Uniform galt den wissenschaftlichen Apparaten aus den Instituten der Universität und den Forschungslaboratorien großer Betriebe«, berichtet später der Zeitzeuge Fritz Selbmann. »Die Demontagen beschränkten sich nicht auf Maschinen, Apparate, Laboreinrichtungen und ganze Bibliotheken, noch wichtiger schienen Menschen zu sein: Wissenschaftler, Forscher, Konstrukteure, Fertigungsingenieure. Es war eine groß angelegte, zielbewusste Demontage der Intelligenz. Professoren, Assistenten und Erfinder waren ebenso Kriegsbeute wie Banksafes und Patentschriften. Wer nicht freiwillig mitging, wurde, wenn man Wert auf ihn legte, einfach eingefangen und fortgeschleppt.«

So geschieht es auch in den anderen ostdeutschen Regionen, aus denen sich die amerikanischen Truppen zurückziehen.

In Moskau werden im April in der Parteiführung die Listen mit den Personen zusammengestellt, die als Beauftragte des Zentralkomitees der KPD nach Deutschland fliegen sollen. Ihr Auftrag: Verbindung zu Hitlergegnern aus den verschiedenen politischen Lagern herstellen und mit diesen gemeinsam neue, demokratische Selbstverwaltungsorgane zu schaffen. Dabei soll mit Berlin das Beispiel für den demokratischen Neuaufbau und die Zusammenarbeit aller Antifaschisten geschaffen werden. Dafür wird die »Gruppe Ulbricht« am 30. April in Marsch gesetzt.

Deutlich schreiben!

Lebenszeichen von Ulbricht, Dora
(Zuname) (Vorname)

aus Leipzig O 5, Geißlerstr. 2 I l
(Ortsangabe) (Straße)

Datum: 8.3.45 (Inhalt zugelassen höchstens 10 Worte Klartext)

Wir sind gesund und haben auch Wohnung noch. Gruß Dorle

am 15/3 erhalten.

StdW. 43 05 43

Ein Lebenszeichen von Dora Ulbricht und ihrer Mutter vom 8. März 1945 aus Leipzig, gerichtet an die Familie Otto Heyden in Lübeck – dort eingegangen am 15. März

In Berlin wird zu dieser Zeit noch gekämpft. Neben Walter gehören zu dieser Gruppe zehn einstige Kriegsgefangene, die eine Antifa-Schule besucht haben, sowie neun Parteiarbeiter. Sie fliegen zunächst von Moskau nach Minsk, danach weiter nach Meseritz in Westpreußen, keine hundert Kilometer östlich der Oder. Von dort geht es per LKW nach Bruchmühle, etwa dreißig Kilometer von Berlin. Tage später, als die Waffen in Berlin schweigen, zieht man in ein Wohnhaus in Berlin-Friedrichsfelde. Walter spricht mit dem Arzt Ferdinand Sauerbruch, mit dem Schauspieler Heinz Rühmann, führt lange Gespräche mit Vertretern bürgerlicher Parteien, die er noch aus dem Reichstag kennt und die überlebt haben. Er spricht mit Ferdinand Friedensburg, Andreas Hermes, Eugen Schiffer und anderen. Sie zeigen sich zunächst reserviert, lassen sich dann aber überzeugen, in einer Phase des Übergangs gemeinsam mit den Linken zu gehen.

Schon nach wenigen Tagen kann Walter dem sowjetischen Stadtkommandanten eine erste Namensliste mit Vorschlägen zur Besetzung wichtiger Verwaltungsposten in Berlin übergeben. Bersarin akzeptiert alle Vorschläge und setzt zwischen dem 12. und 19. Mai die Bezirksbürgermeister und Stadträte ein.

Anfang Juni reist Walter mit Anton Ackermann und Gustav Sobottka, die die Gruppen in Sachsen und Mecklenburg geleitet haben, nach Moskau. Am 4. Juni treffen die drei und Wilhelm Pieck mit Stalin zusammen. Es ist ihr erstes Gespräch mit ihm seit Jahren. Er hat die Deutschen während des Krieges nie konsultiert und auch nicht ihren Rat gesucht, als die sowjetischen Truppen in Deutschland einrückten und Fragen etwa nach dem Umgang mit den Deutschen und der Nachkriegsordnung akut wurden. Jetzt aber erteilt er ihnen »Ratschläge«.

Einen Tag, nachdem die Sowjetische Militäradministration mit dem Befehl Nr. 2 die Bildung antifaschistisch-demokratischer Parteien und Gewerkschaften gestattet hat, am 11. Juni 1945, veröffentlicht das Zentralkomitee der KPD einen Aufruf. Der Appell wendet sich an das »Schaffende Volk in Stadt und Land! Männer und Frauen! Deutsche Jugend!« und knüpft an die insbesondere von Walter seit mehr als zehn Jahren propagierte Volksfrontpolitik an.

Obgleich die Redaktion bei Anton Ackermann liegt, ist Walter der eigentliche Urheber. Das sieht man an dem deutlichen Bruch mit den klassenkämpferischen Parolen der zwanziger und frühen

dreißiger Jahre, an der Aufnahme von Überlegungen einer breiten antifaschistischen Koalition und der Verarbeitung von Erfahrungen aus der Zusammenarbeit mit Soldaten und Offizieren
im Nationalkomitee »Freies Deutschland«. Nach der schonungs-
losen Zustandsbeschreibung und der Benennung der Schuldigen
werden die nächsten Aufgaben umrissen. Das Aktionsprogramm
erteilt allen Überlegungen eine Absage, Deutschland das Sowjet-
system aufzwingen zu wollen. Begriffe wie Sozialismus oder Diktatur des Proletariats kommen darin nicht vor.

Der Aufruf war in der Parteiführung und mit Dimitroff abgestimmt worden, Stalin nickte ihn am 7. Mai ab. Auch er ist für
die Bildung einer parlamentarisch-demokratischen Republik,
in der die »Arbeiterklasse« – womit er deren vereinte Parteien
meint – die politische Vorherrschaft ausüben soll.

Vier Tage nach Veröffentlichung des KPD-Aufrufs wendet
sich der Zentralausschuss der SPD mit einem Appell an die Bevölkerung. Beide Erklärungen atmen den selben Geist, die Vorstellungen und Ziele der Sozialdemokraten und Kommunisten
stimmen in vieler Hinsicht überein. Sie haben aus der Niederlage
1933, aus dem Bruderzwist davor und aus dem antifaschistischen
Widerstand danach analoge Schlüsse gezogen.

Am 2. Juli 1945 rückt die Rote Armee in Leipzig ein. Walter, inzwischen wieder aus Moskau zurück, begleitet zwei Tage später
sowjetische Offiziere, um eine neue Verwaltung in der Stadt einzusetzen. Die Reise ist eine Vorbereitung für den designierten Chef
der Militärverwaltung Thüringens, Iwan S. Kolesnitschenko, der in
einer Woche sein Amt antreten soll.

Walter lässt an der Ruine des Leipziger Centraltheaters halten; es war wie die drei anderen städtischen Bühnen der Stadt
beim Bombardement am 4. Dezember 1943 zerstört worden. Allein biegt er in die Bosestraße ein, läuft weiter durch Gottsched-

und Thomasiusstraße in die Lessingstraße. Dort stand einmal das Elternhaus. Jetzt ist davon nicht mehr viel übrig. Ein unbewohnbarer Trümmerhaufen. Schweigend kehrt er zum Fahrzeug zurück und dirigiert den Fahrer in die Geißlerstraße. Die alte Adresse. Ob das Haus noch steht? Und: Wohnt Martha noch dort, und seine Tochter Dora, die jetzt Mitte zwanzig ist? Er hat Glück – und trifft sie beide unversehrt an. Wie viele Jahre hat man sich nicht gesehen? Hat man sich auch viel zu erzählen?

Unten wartet der Russe im Auto. Walter muss weiter nach Weimar. Es hat sich in all den Jahren nichts geändert: Das Leben ist ein ewiger Wettkampf zwischen Privatem und Pflichterfüllung. Fast immer gewinnt die Partei.

Auch jetzt.

Postskriptum

Der Rest der Geschichte ist Geschichte. Dazu wurde schon genug erzählt. Dora Ulbricht beginnt ein Wirtschaftsstudium, bricht es ab, als sie zusammenbricht. Vor Hunger, vor Überanstrengung, wegen Überforderung. Sie hätte jede Unterstützung von ihrem Vater haben können, aber sie wollte ihn nicht bitten. Dazu ist sie zu selbstbewusst und stolz. Sie hat vom Vater Selbstbeherrschung und Disziplin geerbt, das wirkt wie ein seelisches Korsett.

Und Martha, die nach der Befreiung sofort wieder in die KPD eingetreten war, welche sich im Frühjahr 1946 mit der SPD zur Sozialistischen Einheitspartei Deutschlands vereinigt hat, muss 1949 »das Schwerste« in ihrem Leben erleiden. »Ich habe meinen Mann, ohne ihn und die Partei zu schädigen, auf freundschaftlicher Basis hergegeben.« Die Einwilligung zur Scheidung habe sie aus Parteidisziplin und aus Ergebenheit gegenüber der Partei gegeben, versichert sie. So erklärt man sich nicht, wenn – wie die offiziell nötige Begründung des Leipziger Scheidungsrichters lautet – die Ehe zerrüttet sei. Wahr ist, dass Walter seit 1928 nicht mehr in der gemeinsamen Wohnung in der Geißlerstraße 2 lebte. Am 31. Dezember 1949 wird die Scheidung rechtskräftig beurkundet.

Und es trifft weiter zu, dass ihre Nachfolgerin an Walters Seite – Charlotte Kühn, jetzt Lotte Ulbricht – ein sehr vernünftiges Verhältnis zu ihr unterhielt, wie eben auch das Verhältnis zwischen den geschiedenen Eheleuten bis zum Tod von

Geburts- und Scheidungsurkunde von Martha Ulbricht, geborene Schmellinsky. 1949 wird der formale Akt vollzogen, der bereits seit zwei Jahrzehnten Realität ist

Martha sehr ordentlich war. Lotte, im Hause Ulbricht für die Finanzen zuständig, setzte für ihre in den fünfziger Jahren bei der Vereinigten Großberliner Versicherungsanstalt geschlossenen Lebensversicherung Martha als Begünstigte ein. Am 28. November 1959 schickte sie an die »Werte Martha« die Quittungen für das zweite Halbjahr 1959, aus denen ersichtlich ist, dass »die gesamte Lebensversicherung bezahlt und die Versicherungssumme (10 000 DM) zum 1.1. 60 fällig« sei. Am zweckmäßigsten sei es, so rät ihr Lotte, »wenn Du Dir ein Bankkonto anlegst, auf das zur gegebenen Zeit die Versicherungssumme überwiesen werden kann. Mit bestem Gruß Lotte.«

Am 1. November 1971 wies sie die Berliner Volksbank an, ab sofort einen Dauerauftrag einzurichten. Bis auf Widerruf sollten monatlich vierhundert Mark auf das Konto von Martha Ulbricht bei der Kreissparkasse Leipzig gezahlt werden. Der Widerruf erfolgte zum 1. Juli 1974. Im Juni war Martha Ulbricht im Alter von 74 Jahren verstorben – ein Jahr nach Walter.

In seinem »Letzten Willen« vom 28. Juli 1973 verfügte Walter Ulbricht zudem für den Fall, dass er und Lotte Ulbricht gleichzeitig vom Tode betroffen sein würden, »außer den in der letztwilligen gemeinsamen Verfügung angegebenen Zuwendungen« an seine erste Frau Martha einmalig 5000 Mark der DDR und seiner in Frankreich lebenden Tochter Rose ein Drittel seines Bankguthabens auszuzahlen. Walter versucht in Berlin, wo er im »Städtchen«, einer gesicherten Siedlung in Pankow, mit Lotte, deren Schwester Margarete, die ihnen den Haushalt führt, sowie ihrer Mutter Elisabeth in einem bescheidenen Einfamilienhaus lebt, eine Familie zu gründen. Sie adoptieren die Tochter einer ehemaligen sowjetischen Zwangsarbeiterin in Leipzig. Beate Ulbrichts Schicksal kann man tragisch nennen, sie ist unter anderem überfordert von den hohen Erwartungen Lottes, die sie zu einem »sozialistischen Menschen« erziehen will. Walter hingegen ist da nachsichtiger, toleranter, väterlicher. Beate schickt man zum Studium nach Leningrad, dort heiratet sie unter Auflagen den Sohn eines italienischen Funktionärs. Die Ehe scheitert wie auch eine zweite. Nachdem Walter verstorben ist, gleitet sie völlig ab. Alkohol, arbeitslos, die Behörden entziehen ihr das Sorgerecht über ihre beiden Kinder. 1991 wird sie in ihrer Wohnung erschlagen aufgefunden. Lotte nimmt nicht an der Beerdigung teil, kümmert sich aber um ihre Enkel.

Weihnachten 1947 heiratet Tochter Dora in Lübeck den Sohn von Otto Heyden, mit dem einst Walter auf Wanderschaft war. Jürgen war nach seiner Entlassung aus sowjetischer Kriegsgefangenschaft zu den Eltern in die Hansestadt gezogen. Dort, in einem Zimmer in der elterlichen Wohnung, lebt das junge Paar in der ersten Zeit. Walter, inzwischen Stellvertretender Parteivorsitzender der SED, kommt nicht zur Hochzeit: Es herrscht inzwischen Kalter Krieg zwischen den Großmächten und damit auch in Deutschland. Die Antihitlerkoalition, kaum dass das Naziregime niedergerungen, ist zerbrochen. Die Folgen erlebt das junge Paar unmittelbar: Walters Hochzeitsgeschenk wird von der britischen Besatzungsmacht konfisziert. Es handelt sich um ein Klavier.

Und in der Parteiführung in Berlin wird gestichelt, weil doch Tochter Dora nicht in der sowjetischen Zone, sondern in der Westzone lebt: »Wenn das meine Tochter wäre ... Ich hätte sie nicht gehen lassen.«

Was können denn Liebende dafür, unter welchen Umständen sie leben? Walter hat bis jetzt – und wird es bis an sein Lebensende tun – für ein einiges, nicht für ein geteiltes Deutschland politisch gekämpft. Für ein antifaschistisch-demokratisches, nicht für ein kapitalistisches. Da war der Kommunist sich mit den Christdemokraten einig, die am 3. Februar 1947 im Gymnasium

Das Brautpaar Dora
und Jürgen Heyden
1947 in Lübeck. Das
Klavier, welches der
Brautvater Walter
schickt, wird von den
britischen Besatzungs-
behörden konfisziert

St. Michael in Ahlen ihr Programm beschlossen haben. »Das kapitalistische Wirtschaftssystem ist den staatlichen und sozialen Lebensinteressen des deutschen Volkes nicht gerecht geworden. Nach dem furchtbaren politischen, wirtschaftlichen und sozialen Zusammenbruch als Folge einer verbrecherischen Machtpolitik kann nur eine Neuordnung von Grund aus erfolgen. Inhalt und Ziel dieser sozialen und wirtschaftlichen Neuordnung kann nicht mehr das kapitalistische Gewinn- und Machtstreben, sondern nur das Wohlergehen unseres Volkes sein.« Dem CDU-Programm war nur zuzustimmen.

Familie Heyden vor
ihrem Haus in
Lübeck – von links
nach rechts: Otto
Heyden, dessen
Schwiegertochter
Dora, Ottos Frau Else
Heyden, ihr Sohn
Jürgen, Ehemann von
Dora und Großvater
des Autors

Doch die Westmächte wollen offenkundig das halbe Deutschland lieber ganz, als das ganze Deutschland nur halb. Und darum
sorgen sie für die Konfrontation. Und das können sie, weil sie
Besatzungsmacht sind. Das aber sind sie, weil die Nazis erst das
eigene Volk und sich dann ganz Europa unterworfen hatten.
Ohne den 30. Januar 1933 kein 8. Mai 1945. So war der kausale Zusammenhang. Und dass die Nazis an die Macht gelangt waren,
mussten sich Sozialdemokraten, Kommunisten und alle anderen
Antifaschisten zuschreiben, weil sie die Weimarer Republik nicht
entschlossen und gemeinsam verteidigt hatten.

Die Heydens in Lübeck leben ein normales, unauffälliges
Leben. Gelegentlich reisen sie zu dritt zur Mutter nach Leipzig.
Und die informiert ihren Ex-Mann, damit er vorbeischaut. »Dorle
kommt mit Jürgen und Jörg im September nach Leipzig«, schreibt

sie dem Großvater in Berlin. »Du kannst in dieser Zeit vielleicht auch nach hier kommen, um Dir mal Deinen Enkel anzuschauen. Dorle schrieb, es sei ein kleiner Ulbricht.«

Walter hält auf Umwegen Verbindung zu seiner Tochter in Lübeck wie auch zu jener in Paris, die er mit Rosa Michel hat. Diese lebt inzwischen wieder in Frankreich. An der Hochzeit ihrer Tochter Mimi mit Etienne Picard, Ingenieur am französischen Atomforschungszentrum Saclay, kann Walter ebenfalls nicht teilnehmen. Dennoch schreiben sich Lotte, Rosa und Mimi und halten sich auf dem Laufenden. Sporadisch erhält Walter Besuch von Tochter Mimi und seinen Enkeln Alain und Dominique.

Im Sommer 1960 verunglückt Etienne, Walters Schwiegersohn, am Mont Blanc tödlich. Rosa schreibt ihm, es »bleibt Mimi mit zwei Kindern zurück. Die Kinder, die noch nichts wissen, sind bei Freunden. In den nächsten Wochen muss Mimi ein Examen vorbereiten und sich als Lehrerin in einem Gymnasium bewerben.« Es ist ein schweres Jahr für Mimi.

Rosa Michel siedelt 1986 aus Paris nach Berlin über und nimmt die DDR-Staatsbürgerschaft an. Bis zu ihrem Tod 1990 hat sie eine gute Beziehung zu Lotte, doch die Beziehung zu ihrer eigenen Tochter ist frostig. Rosa Michel wird in Berlin-Friedrichsfelde beigesetzt, später nach Paris überführt. Walters Tochter Rose stirbt kaum fünf Jahre nach ihrer Mutter in der Nähe von Paris.

Die Kontakte zu seinem in den USA lebenden Bruder Erich und seiner Schwester Hildegard in Westdeutschland, deren Tochter Luise Mitte der fünfziger Jahre ebenfalls in die USA zieht, liegen auf Eis. Von beiden Seiten. Nicht, weil man sich nichts zu sagen hätte. Sondern weil es der Kalte Krieg nicht zulässt. Walter ist ein wichtiger Politiker im Osten, ein im Westen nicht sonderlich gelittener, um nicht zu sagen gehasster Mann. Unter diesen Umständen verschweigt man aus Gründen des Selbstschutzes bes-

Dora und Jürgen
Heyden sowie Jörg,
der Sohn: Die Heydens
leben in Lübeck ein
normales, unauf-
fälliges Leben

ser die Verwandtschaft. Allerdings scheint auch die Verbindung
zwischen den Geschwistern Erich und Hildegard nicht sehr eng
gewesen zu sein. Gegenüber einer westdeutschen Illustrierten
erklärte Erich Ulbricht Ende der sechziger Jahre: »Mit meiner
Schwester stehe ich auch nicht in Verbindung.«

Die Reporter hatten sich aufgemacht, um Walters Verwandte
im Westen aufzuspüren und damit neben anderem den Beweis zu
liefern, dass der Erste Mann der DDR herzlos und ein kalter Hund
sei, der auf Familie nichts gebe. Im New Yorker Stadtteil Queens
fanden sie den inzwischen sechzig Jahre alten Bruder Erich, der
drei Kinder hatte. Eleanor, Roger und Leonard sprechen kein Wort
deutsch, was Wunder: Sie waren in den USA geboren und aufgewachsen. Erich sagte, er habe seit dreißig Jahren keinen Kontakt
zu Bruder Walter gehabt, und ohne näher auf die Gründe einzugehen, sagte er beiläufig: »Ich glaube, ich wurde vom FBI eine Zeit
überwacht, aber man tat mir nichts.«

Luise Flavin – Tochter von Walters Schwester Hildegard, also
Walters Nichte – erinnerte sich eines Besuches in der Bundes-

republik. Sie war 1966 mit ihrer damals siebenjähriger Tochter nach Frankfurt am Main geflogen, um sich mit ihrer Mutter zu treffen. Sie wurden ganztägig von einem Herrn observiert. Selbst im Zoo verfolgte er sie. Erst als sie am Abend in den Zug stiegen, um Freunde zu besuchen, hätten sie den Schatten verloren. »Es ist schwer zu beweisen, wie weit in den Jahren des Kalten Krieges politische Fühler in mein Privatleben gereicht haben«, schrieb sie später. Vor allem sei nicht auseinanderzuhalten, ob dies an Walter Ulbricht lag, an ihrer eigenen aktiven Haltung zum Vietnam-Krieg oder am politischen Engagement ihres Vaters. Der war schon vor der Nazizeit aktiver Sozialist gewesen und habe in Berlin in der Leitung der Gewerkschaft »Bau-Steine-Erden« gearbeitet. 1934 musste er nach Großbritannien emigrieren. Dort wurde er 1940 mit Hunderten anderen Emigranten interniert und mit dem Ge-fangenenschiff »Dunera« nach Australien deportiert. 1946 kehrte er nach Lübeck zurück und arbeitete wieder in der Gewerkschaft.

Dann wurde er Senator, 2. Stellvertretender Bürgermeister und bis 1955 Stadtpräsident in Lübeck. Seinen Aussagen nach wurde er schließlich wegen seiner Verwandtschaft zu Walter zum Rücktritt gezwungen Danach half er als Maurer, die zerstörten Kirchen der Stadt wieder aufzubauen.

Luise weiter: »Wenn ich in den 50er/60er Jahren meine Fami-lie besuchte – meist via London –, hatte ich das Gefühl, besonders lange bei den Kontrollen warten zu müssen, weil die Herren in ihrem schwarzen Buch nach mir suchten.«

Luise Flavin war 1951 mit 19 Jahren als Kindergärtnerin nach England gegangen. Dann wollte sie ihr Französisch verbessern und bewarb sich – von dieser Stelle wusste sie von ihrem Vater, der wiederum gute Kontakte zu französischen Gewerkschaftern hatte – bei einer amerikanischen Familie. Der Mann, ein Regierungsbeamter, bat sie zum Gespräch. »Am Ende des Inter-

Enkel Jörg Heyden auf
einer Demonstration
in der Bundesrepublik
1975

views fragte er mich, ob ich Verbindung zur kommunistischen
Partei habe oder Verwandte oder sonstige Verbindungen dorthin. Ich erwähnte meinen Onkel, worüber er höchst erstaunt war
und erklärte, er werde mir am nächsten Morgen Bescheid geben.«
Offenkundig nahm er Rücksprache mit seiner vorgesetzten Dienststelle, ob er ein Kindermädchen beschäftigen könne, deren Onkel
Walter Ulbricht heiße. Zwar habe sie ihn noch nie gesehen, und
auch sonst scheine es keine Verbindungen zu geben – aber man
wisse ja nie.

Nun, die Prüfung fiel offenbar gut aus, Luise bekam den Job.
Später habe sie ihren Arbeitgeber als Pensionär getroffen und ihn
gefragt, was er in jener Nacht getan habe. Er hatte, so gestand er
ihr, sich »mit einem vertrauten Politiker in Amerika besprochen«.
Und warum? Damit er, falls er einmal wegen seiner Personalent-
scheidung Schwierigkeiten in seiner Funktion bekommen würde,
sich notfalls auf dieses Telefonat berufen konnte.

Erstaunlich, welche Schrecken der Name Ulbricht auslöste.

Luise Flavin zitierte auch ihre Mutter Hildegard mit der Bemerkung: »Walter Ulbricht ist mein Bruder. Er war etliche Jahre
älter als ich, wir Kinder hatten nicht viel gemein. Als junger Mann

Dora Heyden (Mitte) im Gespräch mit der Tochter von Luise Flavin. Links Jürgen Heyden, Ulbrichts Schwiegersohn

war er politisch sehr interessiert, er war viel unterwegs und ist dann ins Ausland gegangen. Ich habe nie wieder von ihm gehört. Ich teile seine politische Richtung nicht.« Luise und Hilde beherrschten wie die ganze Familie das Abwiegeln der Verwandtschaft zu Walter.

Tatsache ist, dass Hildegard aus Bad Segeberg ihren Bruder Walter 1973, wenige Tage vor seinem Tod, in der DDR besucht hat. Das Treffen mit dem Staatsratsvorsitzenden hatte eine Hallenser Cousine von Hildegard arrangiert. »Über Einzelheiten des Besuches hat meine Mutter nie gesprochen, der Besuch war ihr letzter Wunsch«, so Luise Flavin.

Auch Jörg Heyden, Walters Enkel, besuchte seinen Großvater kurz vor dessen Tod. »Im Staatsratsgebäude habe ich – selbst bereits Mitglied von SDAJ, MSB Spartakus und der DKP – ihn im großen holzgetäfelten Saal getroffen. Ich hatte Platz genommen, und er kam energiegeladen im schwarzen Zweireiher auf mich zu. Ganz beeindruckend (…). Er war ja kein Hüne, er kam mir aber vor wie ein Schrank, überwältigend, groß, fast massig. Und wir hatten dann ein freundliches Gespräch, meinerseits mit idiotischbanalen Fragen.«

Am 1. August 1973 stirbt Walter. In Berlin findet ein Staatsbegräbnis statt, Hunderttausende säumen die Straßen

342

Martha Ulbricht
verstirbt 1974 in
Leipzig, die LVZ
vermeldet ihren Tod,
die Familie setzt einen
Stein auf das Familien-
grab: Unvergessen

Walters Schwester ist wiederholt Opfer journalistischer Ausspähung (zumindest dies wird bekannt). Ein Hamburger Nachrichtenmagazin hat sie 1960 in Bad Segeberg aufgespürt und trotz einstweiliger Verfügung moniert, sie »führt den Familiennamen ihres Ehegatten, von dem sie seit Jahren getrennt ist. Die 61-jährige, weißhaarige Frau lebt allein in einem Drei-Familien-Haus am Rande der norddeutschen Kleinstadt. Sie trägt in ihrer Wohnung mit Vorliebe einen roten Hauskittel und eine braune Baskenmütze. Ihre Gesichtszüge weisen eine entfernte Ähnlichkeit mit ihrem Bruder auf; im Gegensatz zu ihm ist das sächsische Idiom aus ihrer Sprache jedoch verschwunden. Als Korrektorin einer Provinzzeitung ihres Wohnsitzes verdient sie ihren Unterhalt.«

Über Erich Ulbrichts Familie in New York wird ebenso »enthüllend« berichtet – mit Fotos, Adresse und Telefonnummer. Datenschutz gilt weder für Kommunisten noch für deren Angehörige. Erich Ulbricht meldet 1962 seinen Telefonanschluss ab, um nicht mehr belästigt zu werden. Der Londoner *Daily Herald* schreibt im Jahr nach dem Mauerbau über Martha in Leipzig, die den Reporter mit den gleichen Argumenten abwimmelte wie drei-

Erster Personalausweis nach dem Kriege, 1. März 1946

ßig Jahre zuvor die politische Staatspolizei. Der abfällige Beitrag erscheint anschließend auch in der westdeutschen Presse.

Bruder Erich geht noch vor Walter, der von seiner Schwägerin Erna über den Tod ihres Mannes informiert wird. »Er war nie krank. Wir hatten ein sehr zufriedenes Leben, 3 Kinder und 5 Enkelchen. Wir hatten immer Eure Bilder bewundert & alle gesammelt. Wenn Freunde sagten: Was für intelligente Kinder ihr habt, sagten wir immer: Aber natürlich kommen die nach Onkel Walter. Wir waren & sind immer Stolz auf Dich und haben es auch nie vor der Presse oder FBI verleugnet«. 1973 sterben alle drei Geschwister.

Im Juni 1974 verstirbt Martha Ulbricht im Leipziger Feierabendheim »Martin Andersen Nexö«. Drei Monate später besucht ihr Enkel Jörg Heyden das Grab seiner Großmutter. Natürlich wird er von den einschlägigen DDR-Behörden wahrgenommen, das Ministerium für Staatssicherheit erwägt sogar, ihn für eine Mitarbeit zu gewinnen, was jedoch, wie die Stasi-Unterlagen belegen, unterbleibt. Als Enkel Walter Ulbrichts werde er »in der BRD politisch diskriminiert und verfolgt«, heißt es da. Deshalb bestehe »keine operative Perspektive«. Das über ihn gesammelte Material geht ins Archiv.

Dora Heyden, seine Mutter, stirbt 2013 im Alter von 92 Jahren. 2002, kurz bevor sie sich geistig von der Welt verabschiedet, berichtet *Bild* über »Ulbrichts heimliche Tochter.« Das Boulevard-Blatt hat in Erfahrung gebracht, dass sie »mit ihrem Ehemann Jürgen im neunten Stock eines Seniorenwohnheims in Schleswig-Holstein« lebt und »eine rüstige Frau« sei, »die gern ausgedehnte Spaziergänge macht und ausgesprochen beliebt ist.« Und gänzlich überrascht fragt das Blatt, als wäre es das Normalste der Welt, Tochter des einstigen Staats- und Parteichefs Walter Ulbricht zu sein: »Warum hat sie nie erzählt, wer ihr Vater ist?«

Und Jürgen antwortet darauf gleichermaßen diplomatisch wie weise: »Die Menschen sind nicht sehr tolerant, deswegen haben wir dieses Geheimnis für uns behalten. Wir haben keine Lust auf Ärger.«

Bekommt man anno 2020 Ärger, wenn man sich als Urenkel Walter Ulbrichts öffentlich zu erkennen gibt?

Wir werden sehen.

Lebensdaten Walter Ulbrichts

1893, 30. Juni Geburt in Leipzig

1899–1907 Besuch der 5. Bezirksschule (Volksschule)

1907 Eintritt in den Arbeiterturnverein »Eiche«

1907, April Beginn der vierjährigen Tischlerlehre

1908 Eintritt in die Sozialistische Arbeiterjugend

1910 Mitglied des Jugendausschusses des Leipziger Arbeiterbildungsinstituts, Eintritt in den Deutschen Holzarbeiterverband

1912 Eintritt in die SPD

1915, 23. Mai Einberufung als Infanterist

1918, Oktober Verurteilung durch das Leipziger Militärgericht

1919, 4. Januar Gründung der Ortsgruppe Leipzig der KPD

1919 Mitglied der KPD-Leitung Westsachsen (bis 1921)

1920, 7. Februar Hochzeit mit Martha Schmellinsky

1920, 18. Mai Geburt der Tochter Dora

1920/21 Redakteur der KPD-Bezirkszeitung Halle-Leipzig »Klassenkampf«

1921, April Politischer Leiter der KPD Großthüringen (bis März 1923)

1922 Teilnahme am IV. Weltkongress der Komintern in Moskau

1923, 28. Januar VIII. Parteitag der KPD, Wahl in die Zentrale

1923, 23. November Verbot der KPD, Haftbefehl gegen Ulbricht

1924/25 Instrukteur des Exekutivkomitees der Komintern (EKKI) und der KPD in Wien und Prag

1926 Org.-Abteilung des EKKI in Moskau

1926, 31. Oktober Wahl in den Sächsischen Landtag

1927, März Wahl zum Kandidaten des Politbüros

1928, 20. Mai Wahl in den Reichstag (Wahlkreis Westfalen-Süd)

1928, Sommer Teilnahme am VI. Weltkongress der Komintern

1928, November Vertreter der KPD beim EKKI in Moskau

1929, Juni Wahl zum Mitglied des Politbüros des ZK der KPD

1929, 24. November Politischer Leiter der KPD-Bezirks-organisation Berlin-Brandenburg-Lausitz-Grenzmark

1930, 14. September Wahl in den Reichstag (Wahlkreis Potsdam II)

1931, 26. September Zwei Jahre Festungshaft, Amnestie

1931 Geburt von Rose Michel, genannt Mimi, in Moskau

1932, 31. Juli Wahl in den Reichstag

1932, 6. November Wahl in den Reichstag

1933, 7. Februar Teilnahme an der illegalen Funktionärs-konferenz, der letzten mit Thälmann, in Ziegenhals

1933, 5. März Wahl in den Reichstag

1933, 5. August Haftbefehl des Amtsgerichts Berlin

1933, 27. Oktober Flucht nach Paris. Dort tätig in der Auslands-leitung der KPD

1935, 30. Januar Beginn der Beziehung zu Lotte Kühn

1935, Sommer Teilnahme am VII. Weltkongress der Komintern

1935, Oktober Brüsseler Konferenz der KPD. Wahl ins Politbüro

1935 Verantwortlicher Leiter der Operativen Leitung des ZK der KPD in Prag (bis Februar 1937) und ab

1936, Dezember auch in Paris. Dort Mitglied des Ausschusses zur Vorbereitung einer deutschen Volksfront

1936, Dezember Madrid und Barcelona, zwei Monate bei den antifaschistischen Internationalen Brigaden

1937, Februar Leiter des Sekretariats des ZK der KPD in Paris (bis Mai 1938)

1937, 14. April *Reichsanzeiger* veröffentlicht Nachricht von Ulbrichts Ausbürgerung

1938, Juni Als Vertreter der KPD beim EKKI in Moskau (bis zur Auflösung der Komintern im Juni 1943)

1941 Nach Überfall auf die Sowjetunion im Juni Vertreter der KPD bei der Politverwaltung der Roten Armee, Frontarbeit (bis Kriegsende) und Federführung bei der Gewinnung einer breiten antifaschistischen Volksfront gegen Hitler

1942, Dezember Einsatz in Stalingrad als Frontpropagandist

1943, 12. Juli Gründungsmitglied des Nationalkomitees »Freies Deutschland« (NKFD) und deren Motor

1943, Ende Einsatz bei der 1. Belorussischen Front (bis Anfang 1944)

1945, 29. April Rückkehr nach Deutschland, Personalvorschläge für den Berliner Stadtkommandanten Bersarin

1946, 20. Oktober Wahl in den Sächsischen Landtag

1947, 20. September Wahl zum Stellvertretenden Parteivorsitzenden der SED

1948 Großvater, Dora Heyden bringt Sohn Jürgen zur Welt

1949, 12. Oktober Berufung in die erste DDR-Regierung als einer der drei Stellvertreter des Ministerpräsidenten

1949, 31. Dezember Scheidung von Martha Ulbricht vorm Amtsgericht Leipzig

1950, 25. Januar Eheschließung mit Lotte Kühn

1950, 25. Juli Wahl zum Generalsekretär des ZK der SED

1952 Zum zweiten Mal Großvater (Tochter Mimi wird zum ersten Mal Mutter)

1955 Zum dritten Mal Großvater (Tochter Mimi bringt eine Tochter zur Welt)

1960, 12. September Wahl zum Vorsitzenden des Staatsrates der DDR (Präsident Pieck war am 7. September verstorben)

1971, 3. Mai 16. ZK-Plenum, Ulbricht wird zum Rücktritt von der Funktion des Ersten Sekretärs und des Vorsitzenden des Nationalen Verteidigungsrates gezwungen

1973 Treffen mit Schwester Hildegard Niendorf

1973 Tod des Bruders Erich Ulbricht in New York

1973, 24. Juli Schlaganfall und Koma

1973, 1. August 12.55 Uhr Walter Ulbricht verstorben

1973 Tod der Schwester Hildegard

1990 Rosa Michel in Berlin verstorben und dort beigesetzt

1994 Tochter Rose geborene Michel in Dif-sur-Yvette verstorben

2002 Lotte Ulbricht in Berlin verstorben

2013 Tochter Dora Heyden in Bad Segeberg verstorben

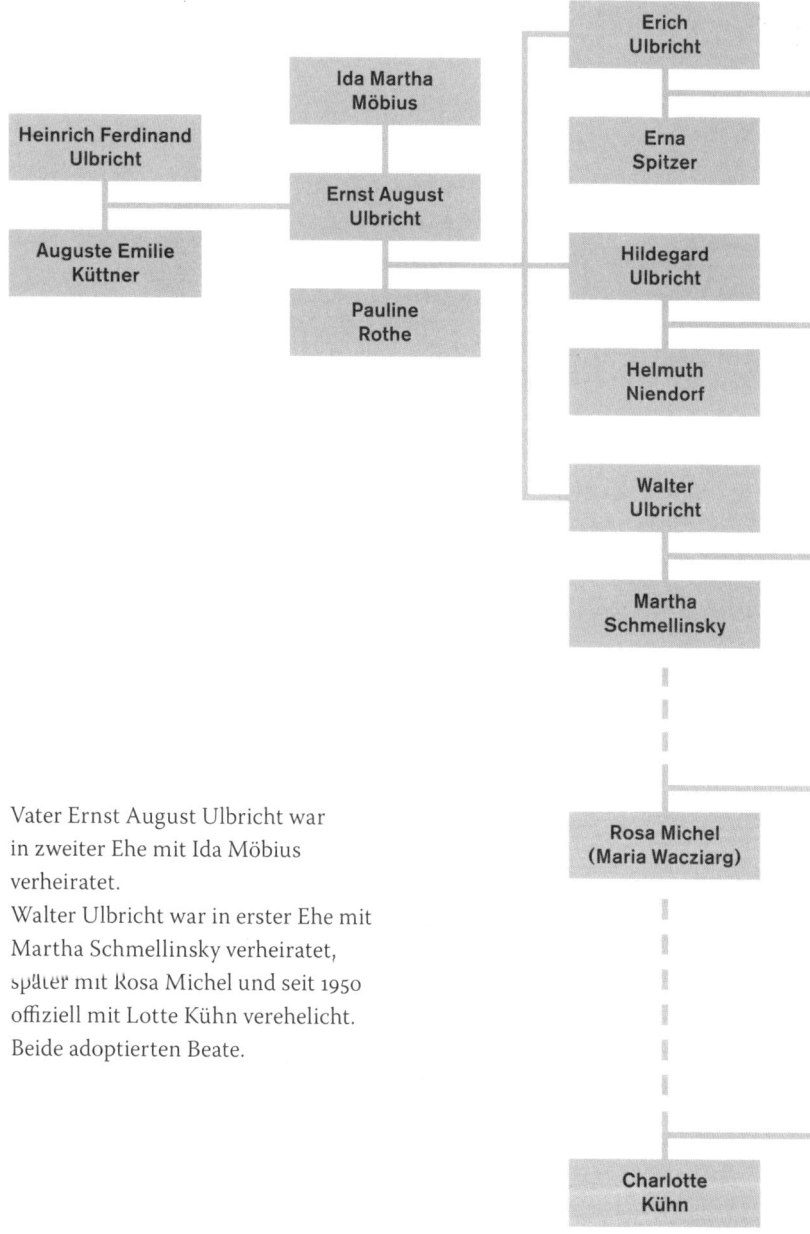

Vater Ernst August Ulbricht war
in zweiter Ehe mit Ida Möbius
verheiratet.
Walter Ulbricht war in erster Ehe mit
Martha Schmellinsky verheiratet,
später mit Rosa Michel und seit 1950
offiziell mit Lotte Kühn verehelicht.
Beide adoptierten Beate.

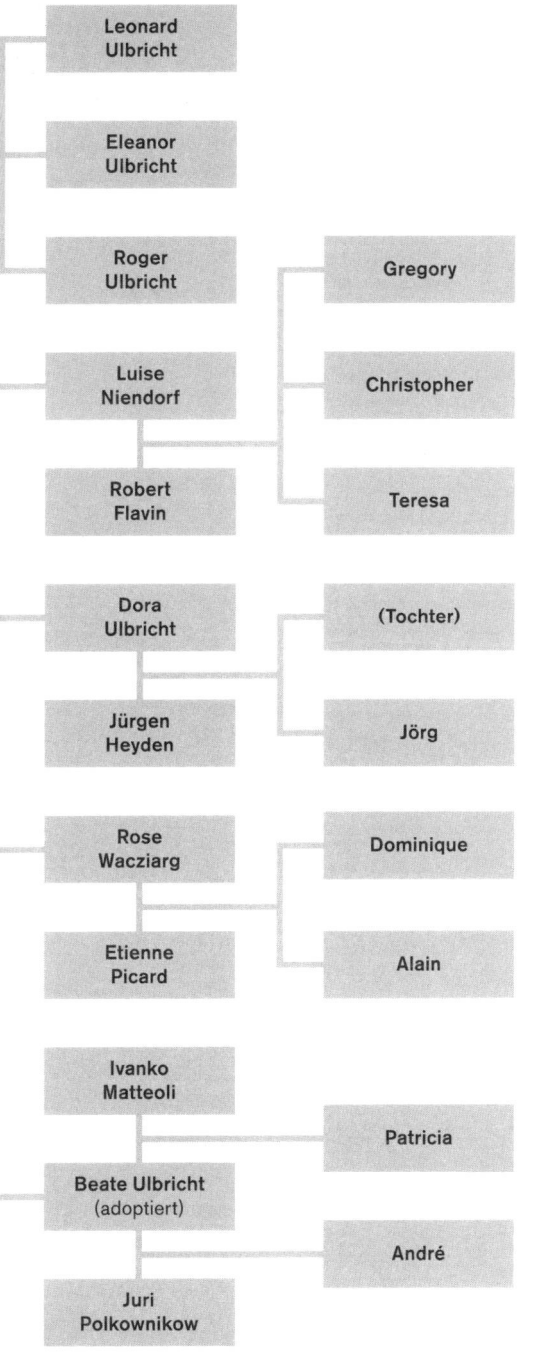

Leonard Ulbricht

Eleanor Ulbricht

Roger Ulbricht — Gregory

Luise Niendorf — Christopher

Robert Flavin — Teresa

Dora Ulbricht — (Tochter)

Jürgen Heyden — Jörg

Rose Wacziarg — Dominique

Etienne Picard — Alain

Ivanko Matteoli — Patricia

Beate Ulbricht (adoptiert) — André

Juri Polkownikow

Bildnachweis
Archiv Florian Heyden: S. 16–21, 25, 29, 30, 32, 36, 39, 40, 43, 44, 48, 50, 51, 53,
56, 60, 63, 75, 78, 99, 101, 123, 130, 131, 132, 134, 142, 153, 166, 183, 186, 192, 193,
196, 207, 212, 213, 226, 237, 248, 255, 266, 272, 283, 293, 297, 298, 304, 306, 313,
314, 317, 318, 321, 322, 326, 332, 335, 336, 338, 340, 341, 342, 344;
Archiv edition ost: S. 15, 35, 65, 72, 84, 112, 117, 139, 174, 175, 204, 208, 221, 222,
223, 225, 244, 257, 342

edition ost im Verlag Das Neue Berlin –
eine Marke der Eulenspiegel Verlagsgruppe Buchverlage

ISBN 978-3-360-01893-9

1. Auflage 2020
© Eulenspiegel Verlagsgruppe Buchverlage GmbH, Berlin
Alle Rechte der Verbreitung vorbehalten.
Ohne ausdrückliche Genehmigung des Verlages ist nicht gestattet,
dieses Werk oder Teile daraus auf fotomechanischem Weg zu vervielfältigen
oder in Datenbanken aufzunehmen.

Umschlaggestaltung: Buchgut, Berlin, unter Verwendung eines Fotos
aus dem Archiv Florian Heyden
Druck und Bindung: buchdruckerei.de, Berlin

www.eulenspiegel.com